Nelson Bustamante

Gente que motiva

ANA MARÍA SIMÓN
JALYMAR SALOMÓN
LAUREANO MÁRQUEZ
LEONARDO PADRÓN
MARÍA ALEJANDRA REQUENA
AMÍLCAR RIVERO
KIARA
LUIS CHATAING
SERGIO NOVELLI
VALENTINA QUINTERO
MONCHO MARTÍNEZ
CARLOS RODRÍGUEZ
MÓNICA PASQUALOTTO
ROSARIO PRIETO
VÍCTOR DRIJA
ANNARELLA BONO
LUIS OLAVARRIETA
RAÚL GONZÁLEZ
CARLOS CRUZ
CARLOS FRAGA
NELSON BOCARANDA
JUAN CARLOS GARCÍA
OSMAN ARAY
JOSEMITH BERMÚDEZ
GUSTAVO AGUADO
CAMILA CANABAL
CARLOS MATA

® Gente que Motiva Vol. I
Primera edición: 2019

ISBN: 978-0-9995523-8-4

Compilador: Nelson Bustamante (@nelsonbus)
Productores: Félix Morantes y Rogelio Jaua
Editora en Jefe y Corrección:
Andrea Vivas Ross (@andreavivasross)
Asistente de Corrección:
Corina Álvarez (@profecoral)
Diseño y Maquetación:
Fernanda Figuera Ulloa (@ferfigueraa)

Productora: 360 Media
Editorial: Paquidermo Libros (@paquidermolibros)
Fotografía de portada: Nilo Jiménez (@pais2go)
Fotografía de contraportada: Nelson Pinto
(@nelsonpintofoto)
Fotografías internas: Archivo de Motiva Channel
(@motivachannel)

Dedicatoria

*Este libro está dedicado a todos aquellos
que creen en la magia de los sueños,
y se atreven a hacerlos realidad.*

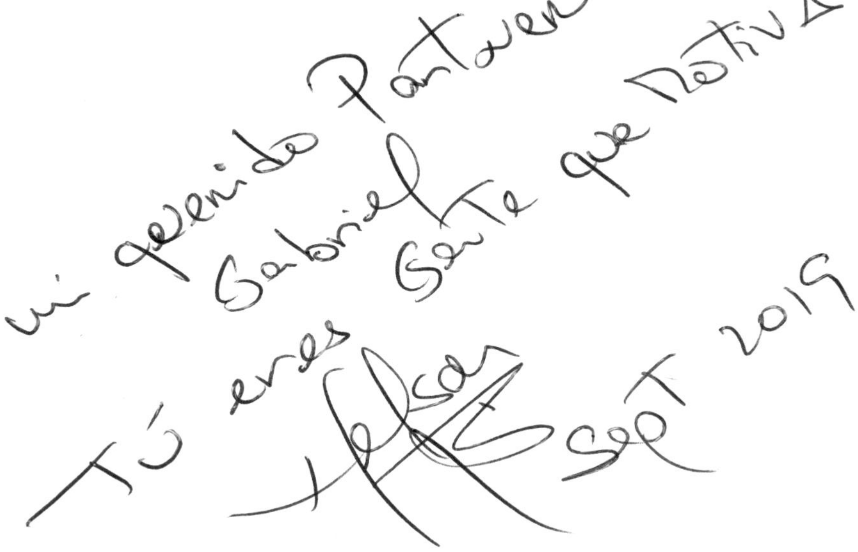

Agradecimientos

Una frase en la que creo es "El trabajo en equipo obra milagros", por ello quiero agradecer al gran equipo que me motiva a seguir adelante para materializar cada uno de mis "sueños".

Este libro *Gente que Motiva, vol. I* es parte de un proyecto mucho más grande y ambicioso, que incluye la realización de contenido para redes, televisión y radio.

Primero, gracias a Dios y a mi Virgen del Valle por las bendiciones recibidas.

Gracias a...

Mis socios **Félix Morantes** y **Rogelio Jaua** por creer en esta idea y acompañarme en el proceso.

Mi hermosa familia que celebra cada logro y me llena de fuerzas cuando flaqueo. Mi mamá, mis hijos, mis hermanos, mi papá... a todos.

Alessandra por cada sonrisa y el apoyo en mis *"Doideras"* y a Ari por cada susto.

Johana Ertl por creer en Motiva y crear el logo.

Los hermanos Scheuren por apoyarnos desde el primer día.

Todo el equipo de Prime Time Venezuela por toda la ayuda en la elaboración del empaque gráfico de *Motiva Channel.*

Jeff y todo el equipo que nos acompañó en las grabaciones en Miami.

Mi brother, Jorge Antonio, por todo tu apoyo y el de **Picante Films** para la creación de la imagen gráfica de *Gente que Motiva.*

Alan, Max y **Alejandro** por la música para *Motiva* y *Gente que Motiva.*

Patricia por creer en que podíamos hacer contenido en positivo para Venezuela y, desde nuestro país, mostrar al mundo televisión de calidad.

Mariale Paredes, "enana", por tu entrega y profesionalismo.

Mica, Marisela, Mairicris y todo el maravilloso equipo de Televen.

Todo el gran equipo de TV Venezuela por apoyar nuestro programa en los Estados Unidos desde el principio.

VivoPlay por llevar nuestro contenido al mundo entero.

CB24 por darlo a conocer en toda Centro América.

Todo el equipo de Unión Radio por difundir *Gente que Motiva Radio* en toda Venezuela.

Rebeca y Jorge Añez de Avior Airlines y Tina Tours por el apoyo, y llevarme a Venezuela para las grabaciones y la gira de charlas "Atrévete a soñar".

José Antonio por ser parte de la seguridad durante las grabaciones y la gira de charlas "Atrévete a Soñar" en Venezuela.

Verónica y a tu **gran equipo de VCreative** por creer en *Motiva* desde el primer día.

Fabrizio y a tu equipo por darle plataforma digital a nuestro canal.

Nilo Jiménez de **País2go** por la foto de la portada.

Andrea y a tu **equipo de Paquidermo Libros** por darle forma de libro a las entrevistas de televisión.

Gracias a cada una de las personas que ha confiado en el concepto *Motiva*.

Gracias a cada uno de los invitados por su entrega y por ayudarnos a seguir creyendo en el poder de los sueños.

Gracias a ti que tomas parte de tu valioso tiempo para leer lo que, con tanto cariño y respeto, hemos realizado.

Introducción

El libro que tienes en tus manos es el resultado de una frase que me ha acompañado desde hace 20 años: "Atrévete a Soñar".

Para quienes conocen mi trayectoria en la televisión venezolana, saben la trascendencia de este programa que llegaba a los hogares de mi país, a través de RCTV. Programa que cambió mi vida y la de muchos de nuestros invitados. Me enseñó que se puede hacer televisión con contenido positivo y que los medios se pueden usar para hacer el bien.

En el año 2013, analizaba qué quería hacer con mi vida. Pensé que, tal vez, un programa al estilo de *Atrévete a Soñar* sería lo ideal, sin embargo, se me ocurrió que en vez de un programa, debía crear un medio que se encargara de producir contenido en positivo, de inspiración y que brindara herramientas de crecimiento a los demás. Entonces, llamé a dos grandes amigos y extraordinarios profesionales del medio de la comunicación para invitarlos a ser parte de este nuevo sueño:

Félix Morantes, Director de Comerciales y amigo desde mis días en la UCAB y Rogelio Jaua, quien había sido, primero, mi pana productor en RCTV y luego, pasó a ser mi jefe en el canal. Siempre les estaré agradecido por creer en este sueño. Porque de eso se trata, de conseguir gente que te apoye en tus ideas, por muy locas o descabelladas que parezcan.

Nuestro primer objetivo era darle forma, concepto y nombre a la idea de hacer televisión en positivo. Recuerdo que jugábamos con nombres. A mí me gustaba Positivo TV hasta que Félix dijo: "si es motivación, debemos usar algo con la palabra Motiva". Entonces les dije: "¿y si le agregamos *Channel*?". Así nació Motiva Channel, Televisión en Positivo, en el 2013.

Desde ese momento, nos encargamos de la construcción de un sueño. Muchos nos han acompañado en este trayecto y nos han apoyado. Luego, con la creación de motivachannel.com, el canal de youtube y las redes sociales, comenzaron a llegar nuestros colaboradores, personas a quienes les estamos agradecidos por ser parte de Motiva. Gracias a todos.

El paso siguiente era la creación de un programa de televisión. Rogelio sugirió el nombre "Gente que Motiva" y de allí comenzamos la pre producción de un programa, cuyo concepto era entrevistar, inicialmente, a personalidades, que nos contaran sus sueños, el duro camino para hacerlos realidad, los fracasos. En fin, que nos hablaran de la vida tal como es. Rogelio conversó con TV Venezuela para ofrecerles el programa y ellos nos apoyaron desde el principio. Llamamos a Jefferson Cárdenas para que nos realizara un presupuesto de estudio y cámaras y se portó como si fuese un socio más de Motiva. Dio el todo por el todo. Estudio, luces, cámaras, tiempo, los equipos para post producción, chistes, apoyo... Gracias Jeff y a todo el equipo humano que nos ayudó en nuestros principios.

La primera tanda de grabaciones fue de 14 entrevistas de los artistas más cercanos, nuestros amigos (y familiares).

Así pude entrevistar en Miami a Mariale Requena, Mónica Pasqualotto, Raúl González, Jalymar Salomón, Carlos Mata, Camila Canabal, George Harris, Maritza Bustamante, Max Pizzolante, Gabriela Vergara, Janettsy Chiszar, Vicente Passariello, Fernando Osorio y Amílcar Rivero.

Gente que Motiva ya existía como programa de televisión.

A finales del 2015, en una de mis visitas a Televen, me reuní con Patricia González, Gerente de Producción, y conversamos sobre la posibilidad de hacer el programa desde Venezuela. Su apoyo fue inmediato e incondicional. A los pocos días, estaba reunido con Omar Gerardo Camero (dueño del canal), quien le dio el visto bueno, desde el primer momento.

Allí comenzamos las grabaciones de la primera temporada de *Gente que Motiva* en Televen y ya llevamos dos temporadas grabadas, sumado a los 14 programas de Miami, tenemos un total de 88 entrevistas realizadas. ¡Motivación pura!

Qué satisfacción saber que lo que comenzó como un sueño, actualmente, sale al aire en Venezuela, Estados Unidos y Centro América.

El proyecto ha seguido creciendo y lo que era un programa de televisión, se convirtió en radio. Actualmente, Unión Radio transmite cápsulas de *Gente que Motiva* en toda Venezuela.

Y ahora... ¡el libro!

Aquí encontrarás 27 entrevistas de personas que espero te motiven tanto como lo hicieron con nosotros. Adicionalmente, hay una entrevista que yo llamo un "bonus track" y que mi editora, Andrea Vivas, selló como epílogo del libro. Una entrevista sorpresa que me realizó mi gran amiga María Alejandra Requena, al mejor estilo de *Atrévete a Soñar*. Resulta que mi equipo de producción, bajo la tutela de María Alejandra Paredes, había hablado con Mariale Requena para que me entrevistara en Venezuela, sin yo saberlo. Así lograron el permiso con CNN y sacaron el pasaje aéreo Miami/Caracas/Miami. Cuando entré al estudio en Televen, estaba Mariale sentada esperándome para entrevistarme: ¡¡¡SORPRESA!!!

Ella viajó, me entrevistó y regresó a Miami. ¡GRACIASSSSSSSS MARIALE! Te quiero tricolor con estrellas y todo.

¿Cómo se definieron las entrevistas para este primer libro? Pues todo tiene un sentido. Los invitados tienen (tenemos) un delicado hilo conductor que nos une a unos pasillos llenos de sueños; y el número 27 que marca un final y un inicio.

Las 27 entrevistas no tienen desperdicio, son una belleza de esfuerzo y motivación.

Ya estamos en la realización de los próximos volúmenes de *Gente que Motiva*.

Son muchos invitados y tú, que lees este libro, mereces tener en tus manos todas las entrevistas para enriquecer tu vida y la de los tuyos.

Honrado de saber que nuestro esfuerzo pueda, en algo, ayudarte.

Disfrútalo, compártelo, y... *Atrévete a Soñar*.

Nelson Bustamante

Prólogo 1

Este libro es el resultado de una mente enfocada, metódica y perseverante. A lo largo de su carrera, Nelson Bustamante ha trascendido, profesionalmente, en varios países de Latinoamérica y, más reciente, en los Estados Unidos. Ha demostrado que, no solamente, es un animador de televisión excepcional, sino que es una mente creativa de contenido audiovisual que le ha permitido ser ganador de muchos premios internacionales. En esa búsqueda constante de producir ideas que, comunicacionalmente, lleguen a las multitudes de habla hispana, nace este libro, basado en las entrevistas que él les hace a muchos venezolanos de gran trayectoria en las artes, el deporte, las ciencias y el entretenimiento.

Este libro recoge la esencia de *Gente que Motiva*, un programa concebido por los fundadores de Motiva Channel (Nelson, Rogelio y mi persona), para ahondar en la vida de los invitados, a través de una conversación cercana y sincera, mostrando el lado positivo — y negativo— del éxito y los fracasos.

Hoy queremos dar fe y testimonio, enmarcado en la palabra de muchas personas, que la motivación, la perseverancia, el foco y el compromiso, pueden responder la pregunta mágica que Nelson les hace a todos los entrevistados:

¿Se pueden alcanzar los sueños?

La respuesta la encontrarás en este libro.

Félix Morantes León
Socio Fundador de Motiva Group

Prólogo 2

En febrero del 2013, Nelson Bustamante me llamó para compartir conmigo un emprendimiento en el que venía trabajando hace tiempo. Para ese momento, se llamaba "Positivo". Me invitó a formar parte de una idea que, luego de varias tormentas de ideas, se convirtió en Motiva Channel. Empezaron las reuniones, los planes, las ideas, el *business plan* y las primeras acciones.

La meta era convertir *Motiva Channel* en el principal vehículo de contenido motivacional que, para el 2013, estaba en pleno proceso de ebullición.

Como parte de las iniciativas para arrancar el proyecto nació *Gente que Motiva*. Este programa se grabó, inicialmente, en Miami, con un total de 14 episodios, 14 personas, 14 historias y 14 vidas que, bajo una conducción de lujo de Nelson Bustamante, le dieron más sentido al proyecto. Un programa de media hora de duración, donde se daban a conocer grandes personalidades, con historias no tan conocidas, para ofrecerle a la audiencia ejemplos de cómo sacar lo positivo dentro de las dificultades, ejemplos de valía, esfuerzo y, al final, de éxito en distintos planos de la vida.

Gente que Motiva se siguió grabando y aumentando el número de episodios y de historias.

Gente que Motiva se ha transmitido en varios canales de televisión en Latinoamérica y los Estados Unidos.

Gente que Motiva está en plataformas digitales y OTT.

Gente que Motiva se hizo micros de radio.

Y hoy, gracias al esfuerzo y empeño de Nelson Bustamante, al apoyo de Félix Morantes y de tantos colaboradores, *Gente que Motiva* ahora queda impreso en este libro que se convierte en un documento muy valioso para quienes gocen el privilegio de tenerlo en sus manos y frente a sus ojos.

Gracias a todos los que nos abrieron las puertas de sus vidas para compartirlas con el mundo.

Gracias Nelson Bustamante por tanto esfuerzo, empeño y perseverancia para que podamos disfrutar este extraordinario trabajo que estoy seguro los lectores también lo agradecerán.

Rogelio Jaua

Socio Fundador de Motiva Group

Ana María Simón

"Allí te das cuenta esa cosa tan cliché,
tan autoayuda y muy válida,
que nada es imposible".

Nelson: Hoy damos la bienvenida en *Gente que Motiva* a mi negrita bella: Ana María Simón.

Ana María: Lo logramos Nelson. *Yeeesssss.*

¿Cómo estás?

Muy contenta de estar aquí, muy feliz por ti, está hermosa tu casa.

¡Gracias!

Sé que la Virgencita del Valle está por allí esperando su lugar, sé que lo estás pensando muy bien.

Allí está. Yo estoy feliz de tenerte en el programa. Si hay alguien que conoce mis proyectos de vida, en especial, este proyecto llamado *Motiva,* eres tú, y que todos sepan que Ana María es de esas amigas que me ha regalado la vida. Esa persona a la que le he contado la gran mayoría de mis sueños, y hoy quiero que seas parte de este nuevo sueño que se llama *Gente que Motiva,* ahora aquí en Venezuela.

Televisión de calidad que motiva + Venezuela.

Muy, muy contento. ¿Cómo estás Ana?

Yo estoy bien, estoy feliz por ti, estoy feliz de ver que, en las pantallas venezolanas, se están haciendo estas cosas. Que podemos venir aquí a conversar un rato así como lo hacíamos antes y que regresemos a la televisión de calidad. Eso me encanta.

Ana, ¿en qué momento de tu vida comenzaste a soñar con trabajar en los medios de comunicación, con estar en radio, en televisión, sobre las tablas?

"El teatro fue el primer escenario donde me paré y también el último escenario donde estuve".

Yo nunca soñé con eso. Yo no sé en qué medio estaba soñando yo cuando estaba chiquita, pero, definitivamente, en ese momento, el ballet era mi manera de comunicarme. Bueno, imagínate tú, mira lo perdido que está uno, de chiquita en ballet, con esta contextura mi amor, ¡imagínate tú! En Maracaibo son muy permisivos, tú sabes cómo son los maracuchos.

¿Empezaste con ballet?

Empecé con ballet, en Bellas Artes, con dos profesores ciegos que nunca me vieron el tamaño de las batatas. No se dieron cuenta de mis dimensiones, unos profesores a quienes adoro. Comencé en el Teatro de Bellas Artes, que fue el primer escenario donde me paré y también el último escenario donde estuve recientemente con mi *stand up*.

Entonces, ese escenario particular de Bellas Artes, en Maracaibo, es muy mágico para mí porque tiene mucho significado de lo que ha sido mi vida artística.

¿Y qué sentiste ahora cuando regresaste nuevamente a ese escenario?

La primera vez que regresé fue muy impactante porque las maderas del escenario están exactas y las marcas, que yo recuerdo, están ahí. Entonces, número uno, no lo han remodelado, eso es lo primero que hay que saber, pero está muy bien mantenido. Y, además, también lo disfruté por muchos años del lado del público, porque, como buena maracucha, pues iba a ver espectáculos allí. Y estar de este lado, con ese tapiz maravilloso que es ese telón, ese tapiz guajiro es... allí te das cuenta, esa cosa tan cliché, tan autoayuda y muy válida, de que nada es imposible.

Es así.

En distintas medidas ¿no? A lo mejor para mí no es que sea imposible, yo no tengo como meta Hollywood, por ejemplo, esa no es mi meta, no me quita el sueño, pero para quien la tenga y se la trace es posible, sí lo es.

Bueno Edgar Ramírez, que es tu gran amigo, está en Hollywood.

¡Hollywood! Si te trazas una meta, apartando las excusas, lo logras.

Es así, es así. ¿Qué sentías cuando estabas sobre el escenario, primero como público viendo a los artistas en tarima y luego como artista que se dirigía a un público? Me refiero cuando compaginas las dos, la niña como espectador y ahora la Ana María grande, triunfando sobre ese escenario.

Oye, tú tienes una manera de decir las cosas que hace que a uno se le agüe el guarapo en tres segundos... ¡qué talento Dios mío! ¿y por eso te pagan también? ¿Eso está dentro del contrato?

Es por lágrima (entre risas), es por lágrima.

(Entre risas). Ahhhh okey, es por lágrima, creo que vas a cobrar poquito hoy.

"Todo el camino recorrido para llegar hasta allí había valido la pena".

Fue muy satisfactorio entender que todo el camino recorrido para llegar hasta allí había valido la pena. Y mira que valió la pena porque en realidad han sido penas reales. No es que ha sido un sufrimiento horrible ni nada, pero, definitivamente, en el camino hay cosas, hay trancas, hay gente que quizás te mete la zancadilla, hay gente que, sencillamente, no le interesas, porque también hay gente a la que no le interesas, mucha.

Y yo creo que, cuando estás allí parado, te das cuenta de que casi le estás hablando a esa niñita que estuvo sentada allí en algún momento y no a esa gente que te metió la zancadilla. Y bueno, ahora tengo a Micaela que, además pa´ remate, es como mi cloncito, no se salvó. Entonces verla a ella, de alguna manera, es verme a mí, y pienso: “bueno ojalá que esta chama tenga la inteligencia, la sabiduría y, si se quiere, la guía que le puedo brindar para que sepa que cualquier cosa que quiera hacer en la vida lo va a lograr”.

La vida está llena de constantes cambios.

Y gracias a Dios por eso.

Sí, gracias a Dios. ¿En qué momento decides ese primer cambio de dejar tu centro de seguridad, tu Maracaibo lindo para venir y arriesgarlo todo, para comenzar de cero en Caracas?

Eso no lo decidí yo, eso lo decidió, sabiamente, mi mamá cuando se divorció de mi papá.

¿Ahhh sí? (entre risas).

(Entre risas). Nos vinimos cuando yo tenía 12 años, y digo sabiamente, aunque yo los amo a los dos, ¡mentira, por igual no! Pero no voy a decir a cuál prefiero ja, ja, ja, el punto es que a los 12 años a ti te llevan, mi mamá se divorció de mi papá y ella tenía su familia aquí en Caracas, así que lo más lógico era que se viniera porque, imagínate tú, un divorcio —no he pasado por allí—, pero la verdad no debe ser fácil con dos chamos además, ¿no?

Llegaste a una nueva realidad, llegaste a Caracas, llegaste a un nuevo acento.

"Llegué a una ciudad muy chévere".

Llegué a un nuevo acento, a nueva realidad, a una Venezuela muy chévere, en realidad llegué a una ciudad muy chévere, debo reconocer. Yo estudiaba música en esa época, estaba en un conservatorio en Santa Capilla, en la avenida Urdaneta, y yo vivía en El Paraíso. Recuerdo que cuando a mí me daba la gana de no esperar el carrito, caminaba, atravesaba la plaza Bolívar, empezaba a bajar por la Baralt, me iba hasta la plaza Madariaga, caminaba toda la avenida Páez y llegaba hasta Las Fuentes (El Paraíso). Y lo hacía sin el más mínimo temor, lo hacía las veces que me daba la gana porque, bueno, lo que quería era pasar el rato. Yo tuve el privilegio, creo que al igual que tú, de disfrutar esta ciudad, en libertad quiero decir, porque todavía tratamos de disfrutarla.

Muchísimo.

Sin miedo, la disfruté feliz. Y mi mamá, creo que por el tema del divorcio, fue muy permisiva y yo, gracias a Dios, fui muy responsable. Entonces, esa libertad que yo tenía no es que la usaba para *"ehhhhh Living la Vida Loca"*, bueno, eventualmente sí, pero nada del otro mundo, en general la usé para invertir el tiempo en lo que yo quería hacer.

Ana ¿cómo convertiste tu voz en una herramienta para lograr el éxito? Y hablando del camino al éxito, que está lleno de muchas piedras, muchas

personas te ven en pantalla, en las tablas, en tu ola de éxitos y piensan que tú naciste allí en el éxito. ¿Qué significó para ti? ¿Cuáles fueron tus primeros pasos? ¿La locución o después vino la actuación, cómo fueron esos primeros pasos ya en Caracas?

Primero fue el teatro, incluso en Maracaibo, con el profesor Ernesto Rubino que he tratado de seguirle la pista a ver dónde anda. Pero bueno, Ernesto fue mi profesor de teatro en el Bellas Artes, en el colegio, y allí entendí que había una forma de comunicarme distinta.

Lo que pasa es que yo he tenido el privilegio, al igual que tú y otras personas en este medio, de trabajar en lo que disfruto. Entonces yo no trabajo, yo voy a disfrutar, yo voy a hacer lo que me gusta y, al final, lo que me gusta es comunicar, lo que me gusta es ver si, de alguna manera, lo que yo digo modifica a alguien y le lleva algún mensaje que pudiera, no sé si hacerle bien pero, por lo menos, ponerlo a pensar.

Claro, pero ¿hubo oportunidades en que te dijeron que tú no servías para esto?

¡No te imaginas! El primero que me dijo que yo no servía que, además se lo agradezco mucho porque si no estaría muy frustrada, fue Vicente Nebrada. Cuando él —que en paz descanse por cierto—, en el Teresa Carreño me dijo: "niña, pero ¿qué haces tú aquí? ¿quién te dijo que tú eras bailarina? Tú puedes ser bailaora pero bailarina olvídalo". Y bueno, no me fui a inscribir a la Academia de Siudy Garrido porque, en ese momento, la depresión no me dio por el flamenco, así que dije: "no soy bailarina, es verdad, ya yo me lo sospechaba".

Y allí mismo, en el Teresa, operaba la compañía Nacional de Teatro y el programa de formación de actores de la Compañía Nacional, que en ese momento lo llevaba Isaac Chocrón, también que en paz descanse. Oye fue muy, si se quiere, conmovedor, darme cuenta de que, en el mismo sitio donde me estaban cerrando una puerta, sin drama, se me estuviera abriendo otra, en esos mismos salones, porque la sala de ensayo del ballet estaba cerca del estacionamiento.

Al ladito, allí.

Y esto era al lado del cafetín. Al final, me quedé más o menos en el mismo sitio. Entonces primero fue el teatro acá. Luego, con Enrique Porte, tuve la suerte de estudiar durante tres años y bueno de aquí pa´ lante vinieron...

¿La radio?

"Las gemelas fantásticas".

La radio siempre me interesó. Yo hice un demo terrible, terrible, una cosa horrorosa que, si no me hubiesen rechazado, yo me auto rechazaba (risas). A veces lo escucho, se llamaba las *Gemelas Fantásticas*.

Ahh ¡qué bien, qué buen nombre!

Ahh sí, súper creativo, con una amiga queridísima que se llama Rosana Veracierta, compañera de teatro. A las dos nos interesaba la radio, ella está ahora en Italia, casada con un italiano, ganando en euros (entre risas). Rosana se fue para allá y entregamos ese demo en una emisora donde tú y yo tuvimos la suerte de conocernos. Y yo tuve la suerte de hacerme amiga de este señor que está aquí presente, que fue la 92.9 fm.

Entonces fue una cosa muy rara porque tú piensas: "oye, las casualidades no existen", porque yo entrego el demo un lunes, estaba en temporada haciendo una obra llamada *Esta Noche Renny Presenta,* que era un homenaje a Renny Ottolina. Chataing, que todos sabemos que es admirador de Renny, fue a ver la obra y yo tenía que sacar a alguien del público en cada función, entonces, para no complicarme la vida ya había escogido un puesto, el que se sentara allí, lo agarraba... Y se sentó Chataing.

¡No!

Chataing no era el Chataing de hoy, él hacía un programa de radio que se llamaba *Tarde o Temprano* creo.

"¿Quieres ir a mi programa de radio?"

Pero no era un personaje que de repente tú vieras y...

¿Que lo reconocieras en la calle? No, para nada. Además era gente de radio, no era un personaje mediático como lo es ahora. Y lo escojo, hacemos la escena y él se queda tras bastidores y me dice:

"oye ¿quieres ir a mi programa de radio?". Yo, simultáneamente, estaba con Luis Velazco en un programa que se llamaba *Aprieta y Gana* en RCTV. Yo era una muchacha que estaba allí como en los premios...

Una azafata.

Exacto, una azafata. Yo estaba en el programa de Luis Velazco, que los premios eran una maravilla ¿te acuerdas? (risas). Luis preguntaba:

— ¿Qué se puede ganar la gente hoy?

— Se puede ganar una nevera, una lavadora y un carro.

En esa época se regalaban carros, ¡imagínate!

Todos pasamos por eso (risas). Todos pasamos por entregar premios en algún momento de nuestros inicios.

Sí y todos pasamos por RCTV en algún momento.

Así es.

Entonces me dice: "bueno por la obra y por el programa, ¿quisieras venir a mi programa de radio?". Imagínate tú y le digo: "chévere, ¿dónde es tu programa de radio?"

Y me dice que en la 92.9. ¡Justo donde acababa de entregar el demo! Me callé la boca, fui al show y, a las dos semanas, me llama Chataing y me dice: "mira, me voy a cambiar de horario, me voy para un programa en las mañanas (en tono de terror) de 6 a 9 am". Yo soy la menos tempranera del mundo y me dice: "¿quisiera saber si te interesaría encargarte de la móvil, porque la móvil de la 92 no tiene quién la lleve, quién la guíe y quisiera que...”

Para mí sonaron campanitas, porque yo dije “oye, no estoy entrando como por el lado formal de la entrega de un demo, a mí nadie me conoce, esto es una emisora que se escucha, era local pero era muy reconocida aquí en Caracas”.

Muy reconocida sí...

Además, luego empiezas a ver el movimiento que pudiese tener la 92 y dices: “guaoooo”. Ahora, cometí un pequeño error el día del estreno porque yo escuchaba La Mega en esa época.

Ajá, a ver.

Bueno me tocó la móvil de 92.9, primer pase a la móvil de 92.9...

¡Vamos a actuarlo!

Ok, ok.

(Actuando). “Bueno vamos a la móvil de la 92.9...” Espera ¿ya se llamaba el *Monstruo*?

El Monstruo de la Mañana.

Okey vamos de nuevo. (Actuando). “Aquí, en el estreno del *Monstruo de la Mañana,* Ana María Simón está en el colegio Mater Salvatoris”.

Doña Caraotica.

¡Doña Caraotica!... Okey, vamos a rectificar de nuevo... “Tenemos a Ana María Simón en Doña Caraotica... Ana...”

(Actuando, hace que tiene un micrófono en mano y finge nervios, tartamudea).

Ho-hola Luis, gra-gracias por el pase con La Mega Móvil de 92.9.

¿¿La qué??? ¿¿¿La qué??? (risas de ambos).

¿Cómo recoges tú ese pedazo de metida de pata?

No, no puedes.

Todos los chivos oyendo la transmisión. No fue debut y despedida, gracias a Dios. Luego se dañó la móvil, que todo el mundo dice que yo le espiché el caucho.

Claro, seguro se lo espichaste tú.

Y allí comenzó Luis a tener parejas en cabina. Me dijo: "bueno si se dañó la móvil no te vas a ir, entras en cabina conmigo". Allí estuvimos casi tres o dos años, no recuerdo exactamente. Fue en el 95, el 31 de octubre del 95 comenzamos las transmisiones.

Y, a pesar de los errores y gracias a los errores, seguiste creciendo en la radio, en la televisión, en la animación, en novelas...

En todo lo que se pueda crecer.

¡Y en teatro! Porque ahora has hecho, de tu propia historia, *De Pura Madre*.

Lo impensable, un temor que nadie sabe.

Tú no querías tener chamos.

No, no, me aterraba, no quería.

Nos conocemos desde hace muchísimos años y recuerdo que tú decías "yo no quiero tener chamos".

Veinticinco años para ser exacta, tú y yo nos conocemos hace veinticinco años.

Veinticinco años exactamente, ¿en qué momento cambió todo?

Cuando casteé al Pollo. ¿Por qué se ríen en el estudio? Yo casteo al Pollo, porque yo tenía 33 años cuando conozco al Pollo. Y digo "oye qué tipo tan chévere, mira, no había vivido con él, por eso decía qué tipo tan chévere... (risas). Tiene más o menos mi edad, tiene cuatro hijos, este no me va a venir a decir que..."

Que quiere más hijos.

Exacto, que quiere ser padre, no, no, no. Este está listo, esa cuota ya la cubrió y bueno él anda *Living la vida loca* y vámonos de pachanga por todo el mundo.

Ya tú tenías todos los *check marks* perfectos.

Sí, me puedo gastar mi sueldo en zapatos, en viajes y listo.

Y listo.

"Voy a tener un hijo contigo o sintigo".

Un día me levanté y no hubo un detonante, eso siempre lo cuento en el *stand up*, no hubo un detonante como tal, no hubo un niñito que me conmoviese, no hubo un click especial con nada. No sé qué pasó, Nelson, hasta hoy en día no lo sé. Me levanté y dije: "bestia, creo que voy a traicionar el pacto porque yo quiero ser mamá". Y fue un domingo a las 7 de la mañana, lo levanté y le dije la frase esa temidísima para ustedes: "Pollo tenemos que hablar".

Noooo, eso no se hace un domingo a las 7 de la mañana.

No, no se hace. Y le dije: "mira voy a tener un hijo contigo o sintigo".

"Sintigo", ja, ja, ja.

La cual aceptó y llegó Micaela.

¿Qué es Micaela en tu vida?

¿Micaela? Chamo, Micaela es... Micaela es el motor, Micaela es la conciencia de que ya no me voy lisa de acá. Ya yo entendí que todo sentido pasa por acá, aunque sea para dejarla a ella. O sea, yo creo que quien tiene una misión acá es ella, no yo. Yo creo que, realmente, quien vino a hacer algo es ella. Eso lo dicen todos los papás. Tú lo dices de tus hijos. Todos somos, quizás, poco objetivos. En ese sentido, es un amor irracional ¿no?

Es así.

Pero yo sí creo que ya me ha modificado tanto a mí, o sea, el simple hecho de su noticia me ha modificado tanto que no puedes ser de otra manera con el resto del mundo. Yo creo que cada uno de nuestros hijos llega acá para hacernos un gran bien, para modificarnos para bien. Oye, Micaela no tiene que ser la excepción ¿no? (entre risas). Además me dio foco, porque toda esa pachanga, o sea, aunque estaba en pareja y vivía con el Pollo, y tú dices "¿bueno, pero luego me voy de aquí y qué?".

No es que me volví una evangelizadora de la maternidad. O sea, mi proyecto *Soy de pura Madre* tiene que ver con la tolerancia, tiene que ver con que cada quien toma la decisión que quiere, que a quien no quiera ser madre se le debería respetar tanto como a quien quiera serlo. Porque también están quienes no pueden serlo, y eso hay que respetarlo pero el triple. Y de verdad que hay una disparidad en cuanto a quienes quieren serlo y no pueden, y quienes pueden y no les interesa.

"Micaela es mi foco".

Eso es una gran injusticia que no le encontramos todavía una explicación. Pero Micaela es un foco muy importante, es un gran despertador para todo, no solamente para despertarme en las mañanas sino para decir "ajá ¿y ahora qué viene?".

¿Y ahora qué hago, ahora qué viene? Lo que acabas de decir: el foco.

¿Qué decisión hay que tomar? El foco, sí, Micaela es mi foco.

Te cambió el norte, te cambiaron tus prioridades de vida.

Totalmente.

Comenzamos hablando del éxito, de las oportunidades y de esa niña que estaba detrás del escenario viendo y ya, después, de la adulta del éxito. Dijiste que todo es posible, que no hay imposibles, cuando le hablas a Micaela y le siembras los valores de vida, le dices...

Todo el tiempo, todo el tiempo. Porque además, cuando te has dado cuenta de que quizás, pese a que quienes tenías más cerca no te daban todo el apoyo, tú lograste las cosas, te pones a pensar "¿y si yo hubiese tenido todo el apoyo qué hubiera pasado? O sea, cuánto más no hubiera hecho si hubiese tenido todo el apoyo?".

Entonces, como te digo, mi historia no es la más dramática, o sea, yo no vengo de una familia así terrible. Mi familia es, más o menos, ordenadita, dentro de lo disfuncionales que son casi todas las familias. Pero Micaela, en este momento, tiene todo el apoyo en las cosas que ella se vaya a trazar en su vida como profesional, como niña. Incluso, cuando se vaya a equivocar yo le diré: "gorda no debería ser por allí". Entonces es muy gratificante como mamá decirle "dale, te vas a equivocar pero dale". Se equivoca y te dice "gracias mamá" y cuando Micaela me dice "gracias", cuando Micaela me dice "por favor" tú me hablas de éxitos ahorita, cuando eres mamá, los éxitos son más chiquitos, pero son todavía más satisfactorios.

Son más significativos.

Exactamente. Yo con Micaela me siento exitosa cuando come brócoli, ¿sabes? Porque ni yo como brócoli. Me siento exitosa cuando ella le dice a alguien "señor me da un permisito por favor", esas nimiedades ¿no?

Yo con Micaela me siento exitosa cuando me abraza de la nada y me dice “te amo mamá”. Allí me siento yo exitosa... y creo que sí vas a cobrar (se ríe).

Son éxitos distintos...

Exitos hasta más profundos.

Eso sí, éxitos profundos y son más satisfactorios porque no dependen de ti. Tú puedes criar a un niño, tú te das cuenta en esas familias que tienen tres hijos criados en el mismo colegio, con los mismos papás y cada uno es distinto, cada uno tiene una personalidad, gracias a Dios. Y tú dices “bueno depende de mí que lo oriente, pero no depende de mí 100% cómo van a ser ellos al final”. Eso es su responsabilidad también, dentro de todo, porque es casi que impredecible ¿no?

Te quiero.

Ohhhh y yo a vos... no te imagináis, te quiero, Nelson. Estoy muy feliz por ti y por esta casa nueva.

Gracias, y ¿por qué nos decimos negrito y negrita?

Porque nos dio la gana, un día nos dio la gana y empezamos.

Porque nos dio la gana. Negrita te quiero mucho, qué honor que hayas pasado por esta casa.

Además este día tan importante.

Este día tan importante.

¡Gracias por recibirme, te quiero mucho!

¡Gracias por venir, te quiero mucho!

Jalymar Salomón

"Los miedos solo nos paralizan, pero cuando atravesamos esa línea para superar los miedos es cuando ocurren los milagros y eso fue lo que me pasó a mí".

Nelson: Hay personas que son ejemplo a seguir, que nos impulsan a hacer realidad nuestros sueños e ir tras el éxito, hoy en *Gente que Motiva* qué honor dar la bienvenida a Jalymar Salomón.

Jalymar: Honor el mío de estar aquí contigo Bustamante, muchísimas gracias. Súper feliz de ser parte de *Motiva*.

¡Qué bella Jaly gracias! Aparte tú conoces el proyecto *Motiva* desde que era una idea.

Desde que era una idea así es.

Y lo hemos hablado muchas veces ¿no? Un sueño que es una idea si no lo pones en acción para hacerlo realidad. ¿En qué momento de tu vida comenzaste a soñar, a soñar en trabajar con comunicación?

Mi primer sueño en realidad fue ser bailarina clásica y para ello comencé a estudiar ballet clásico a los 6 años. Lo hice hasta los 15 años, aproximadamente, mi sueño no era ser presentadora ni ser actriz, pero pienso que uno tiene que aprovechar las oportunidades que le va poniendo la vida ¿no? Y se me empezaron a abrir los caminos por ese lado; lo aprendí a amar y a disfrutar hasta que se convirtió en mi pasión y es lo que he hecho durante todo este tiempo.

Muchas personas y, sobre todo los jóvenes, te ven y ya te imaginan exitosa, famosa o que naciste siendo Jalymar Salomón.

No es así.

Y dices que comenzaste y te preparaste para hacer realidad tu sueño con, tan solo, 6 años de edad.

Exactamente, desde muy pequeña.

¿Qué pasó después, en qué momento se comenzaron a abrir las puestas de la televisión y del éxito?

¡Ohhh! Bueno cuando ya tenía 15 años —que fue cuando comencé en *Tigritos*— me llamaron un día para un casting. Yo fui aterrada (risas), le tenía pavor a hablar en televisión y allí está un mensaje que les puedo dejar: los miedos solo nos paralizan, pero cuando atravesamos esa línea para superar los miedos es cuando ocurren los milagros y eso fue lo que me pasó a mí.

Pero ¿cómo lo haces a nivel práctico? Porque suena bonito cuando tú dices "uno debe traspasar esa línea", pero a nivel práctico, cuando estás frente a ese temor, cuando estás frente al miedo, ¿cómo se hace?

Confiar en ti es la clave, creer en ti. La clave para todo inicia desde ti mismo, cuando crees en ti puedes pasar cualquier obstáculo. No es fácil, obviamente, eso uno lo va aprendiendo con la práctica y preparándote. Si te dan una oportunidad aprovecharla y prepararte lo mejor posible.

Y que la oportunidad te agarre preparado también.

Exacto también (risas).

Si no lo estás, pues prepararse y arriesgarse.

Sí, al menos intentarlo, lanzarse al vacío y confiar en uno mismo.

Jaly ¿*El Club de los Tigritos* cambió tu vida? Para las personas que, tal vez, no conozcan *El Club de los Tigritos*, este fue uno de los programas más importantes en la televisión latinoamericana, no solamente en Venezuela, y eso te catapultó siendo muy joven.

Sí, totalmente.

A niveles que creo que pocas personas pueden soñar, ¿qué significó para ti?

¡Guao! Para mí fue un fenómeno. En realidad tuve una gran guía que fue mi madre porque, al principio, no fue fácil como que asumir todo eso que estaba pasando. No podía caminar por ningún lado, era una locura y no entendía. Apenas tenía 15 años y mi mamá fue esa persona que me puso los pies sobre la tierra y un día me dijo: "Hija yo estoy muy orgullosa de lo que tú has logrado, pero quiero que sepas algo, tú no eres ni más ni menos que nadie", y eso nunca se me olvidó, fue un gran mensaje que me ayudó a vivirlo de la mejor forma.

¿Y tienes idea de por qué te lo dijo? ¿Será que en algún momento sintió que tus pies se iban elevando?

Puede ser, puedes ser, se estaban elevando quizás. Y le puede pasar a cualquier persona y más a esa edad...

Claro...

Entonces la tuve a ella de guía y le doy gracias siempre por eso.

¿Y qué pasó después de *El Club de los Tigritos*?

Fueron 4 o 5 años haciendo el programa, luego hice una novela y experimenté la actuación. Me gustó, pero ya la animación era mi pasión. Me voy de Venevisión donde hacían *El Club de los Tigritos* y llego a RCTV.

A Radio Caracas Televisión.

Exactamente. La directora de casting, que era María Eugenia Marrero, me ofrece un personaje en una novela y le digo: "es que yo no soy actriz, yo soy animadora". Entonces me dice que el personaje es buenísimo, pero yo seguía insistiendo en que era animadora hasta que me dijo: "está bien" y me dio la dirección donde era Promofilm que estaban haciendo casting para *Atrévete a Soñar.*

Atrévete a Soñar.

En ese momento yo no tenía ni idea de lo que era *Atrévete a Soñar,* pero llegué allá y cuando veo a este personaje (señalando a Nelson) que me recibe en la puerta (risas ambos).

Es que yo era el portero en realidad, el de seguridad que trabajaba allí (risa de ambos).

Bueno, hice el casting, fue un trabajo arduo. Voy a aprovechar la oportunidad para agradecerte, nuevamente, el haber confiado en mí desde el principio y haber sido mi maestro. De verdad que *Atrévete a Soñar* para mí fue una de las experiencias más maravillosas que me ocurrieron en mi vida profesional y personal.

Tú te atreves a soñar, tú sueñas todos los días, pero ¿qué viviste en ese programa? Y te lo pregunto porque yo viví cosas maravillosas en ese programa que me hicieron crecer como ser humano ¿Qué viviste que te haya hecho crecer como ser humano?

¡Guaooo! Fueron tantas experiencias, semana a semana, que uno siempre salía nutrido espiritualmente. Te darás cuenta de que a veces creemos no poder con nuestros problemas, pero luego comparas con los demás y dices: "soy un niño de pecho", como decimos nosotros, en comparación con los demás y aprendes a valorar la vida, la familia, hasta lo más mínimo. Es de las cosas más bonitas que recuerdo.

Después de *Atrévete a Soñar*, ¿otra vez novelas?

¡¡Nooo!! Depués vino *De Boca en Boca.*

De "De Boca en Boca".

Otro programa de televisión, claro, pero ya era otro estilo.

Ya era otra tónica, otro estilo porque era un programa de farándula, que me dio la oportunidad de conocer a artistas muy importantes, aprender a hacer entrevistas, —que no estaba muy ducha en el asunto— y allí aprendí. Estuve como tres años y disfruté muchísimo. También al público le gustaba mucho.

Éxito tras éxito, novelas, programas de televisión en Venezuela. A nivel artístico era un territorio que te quería mucho, pero la vida cambia y cambia a cada rato.

Cuando ya cierra RCTV, pues se puso todo más difícil, llegó el momento de enfrentar la realidad y decir: "¿qué voy a hacer ahora con mi vida? Porque yo quiero continuar haciendo lo que amo, no me quiero dedicar a otra cosa". Fue duro tomar la decisión, primero porque me tenía que ir sola, o sea, yo no podía llevarme a mi familia conmigo, empezando por allí, y eso era lo que más me dolía, separarme de los míos.

Había, otra vez, que enfrentar los miedos, enfrentar los temores.

Así es, además, nunca me creí capaz realmente de poder irme sola a otro país, enfrentarme yo sola a algo totalmente desconocido. Lo hice con todo el miedo del mundo y no fue fácil, para nada ha sido fácil el hecho de estar lejos, el hecho de tener que hacer cosas que, de repente, jamás imaginé. No llegué trabajando en lo que amaba, no era como lo esperaba pero, al mismo tiempo, lo agradezco porque fui creciendo de otra manera.

Nacer mil veces.

Jaly, cada uno de los programas de *Gente que Motiva* tiene un título. El título de tu programa es *Nacer mil veces*, porque experimentaste una vida de mucho éxito en Venezuela y luego tuviste que comenzar de cero en Estados Unidos. Comenzar de nuevo en otra realidad, en otro país, dejar atrás tu fama, tu éxito, tu familia, tus amigos, tus recuerdos... ¿qué significó para ti este "Nacer de Nuevo"?

Después de cinco años de haber vivido ese proceso —que es el tiempo que ha pasado— ¿qué ha significado? Crecimiento, autoconocimiento, he aprendido a conocerme mejor y saber de lo que soy capaz, de lo que puedo dar. También mucho sufrimiento, soledad.

A lo mejor hay muchas personas que no lo saben, pero en todo ese proceso trabajé de maquilladora, de instructora de zumba, promotora, cualquier cantidad de cosas que, de repente, no imaginé hacer. No por nada malo sino porque yo tenía una profesión o la tengo pues, y para eso me preparé durante toda mi vida, es lo que he ejercido. No te miento, muchas veces todo eso me llevó a sentir baja autoestima, a sentir miedos, a sentirme perdida, a preguntarme "¿qué hago yo aquí? ¿por qué no me voy otra vez a mi casa y termino con esta pesadilla?". Dios aprieta pero no ahorca, ese dicho es muy cierto, siempre hay una mano que te apoya y te guía para que agarres el camino y vuelvas, otra vez, a tener esa confianza en ti mismo. Es parte de un proceso de crecimiento, no ha terminado, todo lo contrario, estás creciendo para cada día ser mejor. Pero hace falta muchísima fortaleza, muchísima.

"Yo me metía en un personaje de maquilladora".

Y si retrocedemos un poco la película, cuando estabas en esos momentos que tenías que agarrar tus herramientas para ir a maquillar, o ser promotora,

cuando ibas a hacer cualquiera de estos trabajos, para los que no estabas preparada, por lo menos, tu ego, tu interior no estaba preparado para eso, ¿cómo hacías para enfrentarlo?

Pues por lo menos cuando estaba trabajando de maquilladora, yo me metía en un personaje (risas nerviosas) ¡te lo juro!

Esa técnica, guaoooo ¡qué buenaaaaaaa! ¿Cómo hacías? Dale, dale, cuenta...

Yo me metía en un personaje de maquilladora pues.

¿Cómo te llamabas?

Jaly igual, tenía el mismo nombre, pero yo me sentía que estaba haciendo un personaje de maquilladora y jugaba, porque uno cuando está actuando está jugando. Entonces yo jugaba a que era maquilladora y me lo creía. Fue como la técnica que encontré para hacerlo de la mejor manera.

Es una maravillosa técnica (chocan las manos). ¿Qué fue lo más difícil en todo este proceso de nacer mil veces? ¿Qué ha sido lo más difícil?

Caer y volver a levantarme, caer y volver a levantarme, porque no ha ocurrido solo una vez... ha pasado en varias oportunidades.

¿Tuviste, en algún momento, que dormir en algún lugar prestado?

Sí. Antes de venir yo tenía ya cuadrado un sitio para llegar, para vivir, y una semana antes de llegar la persona me dijo: "Jaly, no puedes llegar aquí, ocurrió un problema y no puedes llegar aquí" y yo dije: "¿ok ahora qué hago?". Total que una amiga de mi hermana, la cual había visto una sola vez en mi vida, me llamó: "mira Jaly ¿cómo van los preparativos? ¿qué ha pasado?", y yo le cuento...

Okey, cambio de vida y no tienes dónde vivir.

No tenía dónde vivir. Ella me dijo: "Bueno, yo vivo sola con mis dos perros, en un apartamento de una habitación, si te sirve un colchón en la sala de mi casa, bienvenida".

Jaly venías directamente de Venezuela, del éxito, a dormir en un colchón en el piso.

Así mismo.

Te reinventas.

Sí, constantemente...

Jalymar Salomón ha nacido, no una, sino mil veces.

Sí... voy a ser mamá... (risas).

¿Cómo te sientes con todo esto?

Me dio mucho miedo cuando me enteré, muchísimo y todavía tengo mis temores. Volvemos otra vez a los miedos pero, al mismo tiempo, súper agradecida por esta bendición y con muchas expectativas. También volvemos al tema de estar lejos de tu familia, vivir un proceso tan importante, como es un embarazo, y aprender a ser madre; uno lo va aprendiendo poco a poco y, sin mi familia al lado, es duro, gracias a Dios mi mamá viene pronto, pero igual viene por poco tiempo, entonces quedará ese vacío otra vez, que después de compartir con la familia se tenga que volver a ir, pero bueno es parte del nuevo comenzar.

El nacer mil veces implica también tener que llenar esos vacíos como acabas de decir, si se vacía mil veces, mil veces tienes que llenarlos... Todas las veces que haga falta ¿cómo haces Jaly? ¿De qué te nutres?

No sé, trato de hacer las cosas que me llenan como mi trabajo, leer, ver películas, rodearme de gente que me motive, que me nutra y he tenido el privilegio de estar rodeada de gente bonita.

"Siempre la respuesta está dentro de ti, no la busques afuera".

Esa es la energía que tú atraes. En *Gente que Motiva* tú eres nuestra invitada porque eres un ejemplo para quienes ya te conocían y están descubriendo una nueva faceta de Jalymar. Para quienes no te conocían seguro muchos estarán ahora buscando también en Google "Jalymar Salomón"... Y van a quedar sorprendidos con tu carrera, pero también sorprendidos con tu calidad humana y tu historia es una historia que motiva.

Gracias. Como lo dije al principio, uno de los mayores aprendizajes, que he tenido en esta etapa, es el aprender a creer en ti mismo aunque las circunstancias de la vida te digan: "no, no creas en ti, no vas a poder", pues sí, siempre la respuesta está dentro de ti, no la busques afuera, aunque te digan mil veces no, siempre cree en ese "sí" y ejecuta, como lo hablamos también al principio, si solamente se queda en un sueño no sirve de nada, entonces es soñar, enfoque y ejecutar.

Y agradecer...

Agradecer cada día.

En nuestro caso, Jalymar, agradecerte que hayas sido nuestra invitada y hayas aceptado esta invitación para compartir tu hermosa historia, tu historia que motiva con toda la gente.

¡Gracias a ustedes!

Laureano Márquez

"Cuando tú tienes un 'defecto', tienes dos opciones: una de ellas es resignarte y sufrir, y la otra es tratar de vivir de ese defecto, porque ese es un defecto del que se puede vivir, como lo hice yo, que vivo de él hasta el sol de hoy".

Nelson: Hay personas que nos impulsan a seguir, a no decaer para ir tras el éxito, a luchar por hacer realidad nuestros sueños. ¡Qué gusto tenerte Laureano!

Laureano: Gente que motiva y es emotiva.

Y muy emotiva (risas de ambos), tú eres motivador Laureano.

Bueno, hacemos lo que se puede, yo creo que el humor es un acto de motivación también del ser humano.

El humor inteligente.

Sí, también, el bruto.

El bruto ayuda también ja, ja, ja, ja, ja.

Todo el humor es bueno, muchas gracias por la referencia que debe ser inteligente.

No, pero eso no era contigo

Ahhh cooooo (risas de ambos).

No, corta, corta, vamos a empezar de nuevo (risas de ambos).

Mira vale pero es genial porque el humor te ayuda, cualquier tipo de humor, te ayuda, entonces es un acto de rebeldía del alma frente a las cosas del mundo, y es esperanza.

¿Cuándo comenzó el humor a entenderse así?

Yo creo que desde que el hombre comenzó a ser un ser racional, también comenzó a hacer eso que llaman los latinos "Homo ridens", que es el animal que ríe, o el hombre que ríe. Nosotros no somos solamente el animal político que decía Aristóteles, sino que somos el animal que piensa, el animal racional, pero hay pensamientos que llegaron a través de la risa.

De la risa ¿verdad?

Sí.

Qué importante eso...

Creo que cuando comenzamos a reír, comenzamos a pensar.

¿Y comenzamos a ser más felices también?

Ehh bueno, estamos en esa búsqueda, yo creo que la historia de la humanidad es la historia del hombre buscando la manera de ser feliz y de hacer felices a los demás. Recuerda que el hombre es un animal extraño porque, además de que es el animal más hermoso, también es el animal más peligroso de la creación.

O sea, no hay otro animal, por ejemplo, en la tierra que torture a otro animal. Es decir, un animal puede comerse a otro, pero NO hay un animal que agarre a otro y lo meta preso, por ejemplo, eso no existe. No existe un animal que torture a otro animal para causarle dolor a propósito, sin embargo, eso lo hacemos los seres humanos que, además, somos capaces de cosas de altruismo, que tampoco la hacen los otros.

Exacto que tenemos esas dos...

Claro, eso es lo apasionante del ser humano.

Laureano esa búsqueda ¿en qué momento, si es que lo tuviste, comenzó o hubo un sueño de estar en los medios de comunicación, de hacer reír a la gente?

No, no (niega con la cabeza), nunca.

"Mi propósito era ser un hombre de estudio, un académico, serio y riguroso".

¿Qué pasó entonces? ¿Cómo llegaste hasta aquí?

Yo me dejé llevar, yo siempre quise ser una persona seria en la vida, yo iba para allá y la vida me empujaba para acá (señalando cada ruta), y yo decía "no, no" y volvía a enrumbar las cosas de la vida, hasta que en un determinado momento yo solté el timón y dije "bueno, pa´ donde vaya, pa´ donde me lleve la vida", y la vida me trajo para el humor y allí sí me dejé llevar.

Mi propósito era ser un hombre de estudio, un académico, serio y riguroso, investigador, universitario, profesor, docente, probablemente, incluso, presidente de la república (risas de ambos). Es que me hizo gracia porque dije que quería ser alguien serio y presidente de la república, ¡imagínate tú! O sea que no... pero bueno, no importa... (risas de ambos). Mira, Zapata dice algo que yo comparto, él decía que el humor era como un defecto con el que vienen al mundo algunos seres humanos. Los humoristas somos gente defectuosa que le faltó como un hervor para hacerse bien, entonces quedaron humoristas y no hay otra cosa que resignarse frente a eso. Otra gente siguió avanzando y se transformó en otras cosas, y el humor... cuando el humorista descubre eso, porque el humorista habla en serio, y él ve que la gente se ríe y no entiende...

Claro porque tú estabas hablando en serio.

Sí, sí, totalmente.

¿A ti te pasó alguna vez eso? ¿Esa fue la parte de la vida que te llevó...?

Yo siempre he hablado en serio.

Y la gente se ríe...

Y la gente se ríe, pero es porque yo soy una persona defectuosa, o sea, yo no tengo capacidad para comunicar bien las cosas como las comunica la gente seria, entonces me quedo así y, claro, cuando tú tienes ese "defecto", tienes dos opciones: una de ellas es resignarte y sufrir, y la otra es tratar de vivir de ese defecto, como lo hice yo, que vivo de él hasta el sol de hoy.

¿En qué momento descubriste que ese "defecto" podía ser parte de... porque qué estudiaste?

Yo estudié Ciencias Políticas.

Tú eres politólogo.

Sí, yo estudié Ciencias Políticas y Planificación y Gestión Gubernamental.

¡Ah caramba! ¡Pero es en serio!

Sí, yo me preparé para gobernar este país.

Debes ser la única persona que ha estudiado para eso.

No vale, aquí hay mucha gente que ha estudiado para eso, hay varias escuelas para estudios políticos.

Quiero decir que han llegado a presidentes (entre risas), o sea que tal vez hubieses llegado a ser un presidente que estudió para eso.

¡Sí, claro!

Porque normalmente no se estudia para eso.

No, no se estudia.

Llegan y ya.

No, los presidentes son... bueno hay gente que... en la historia de Venezuela, nosotros hemos tenido distintos tipos de presidentes, hay presidentes que se preparan para eso. En general, por ejemplo, en los países del primer mundo, la gente que quiere ser presidente se prepara para ello... se ha preparado a lo largo de una carrera política, en la que han ejercido como alcaldes, como gobernadores, y después de probar eficiencia en distintas cosas, evolucionan.

En países como los nuestros no pasa eso, muchas veces, trágicamente, el que llega no es el que está más preparado. En algunos casos, incluso, es el que está menos preparado... y eso no es bueno para las naciones.

Pero tú estás preparado para ser presidente.

Estoy preparado y tengo la disposición de ofrecer (en actitud de político). No, mentira (risas de ambos).

"El tipo de humor que yo hago es un humor de contenido político, yo no soy neutral en la vida, o sea, yo tomo partido frente a las cosas y fijo mi opinión".

¿Pero te preparaste con la visión de ser "algo" a nivel político?

Cuando uno estudia Ciencias Políticas es porque tiene una inquietud política, sí. De hecho, yo sigo teniendo mis inquietudes políticas, el tipo de humor que yo hago es un humor de contenido político, yo no soy neutral en la vida, o sea, yo tomo partido frente a las cosas y fijo mi opinión.

Vamos a suponer, entonces, que estamos en plena campaña política. Tienes tus cinco segundos para decirle a la gente que vote por ti.

No pierdan su voto, busquen a alguien inteligente que valga la pena (risas de ambos).

Laureano, creo que esa no fue la mejor campaña política...

Yo soy malo, malo, malo. Es que mira, yo pienso que los políticos, muchas veces, juegan a llegarle a la gente por el lado de la simpatía; por el lado, a veces, de decir cosas que no son. Puntualmente, yo le diría a la gente —si yo fuese candidato— la verdad, o sea, la verdad: "mira, yo no estoy demasiado preparado para esto, honestamente no tengo mucha capacidad... tendría la voluntad para buscar gente buena que me ayude y me asesore pero, de verdad, lo más razonable es que usted se busque a alguien bueno de una vez, o sea, pa´ que yo no tenga que buscar gente buena que esté a mi lado".

Es como el "pa´ qué me invitan si ya saben cómo soy" (risas).

"La primera vez que el pueblo venezolano escogió un presidente por votación universal, directa y secreta, escogió al mejor literato que tenían en ese momento".

Exactamente, pero si es que aquí en nuestros países, en nuestros continentes, hay gente muy buena y muy preparada. Por ejemplo en Venezuela, la primera vez que el pueblo venezolano escogió un presidente por votación universal, directa y secreta, escogió al mejor literato que tenían en ese momento, y era la primera vez que la gente votaba. Además, ni siquiera se podía votar por nombre ni nada, sino por colores porque había mucha gente que no sabía leer ni escribir, pero la gente tuvo la lucidez, la gente es inteligente. Yo creo mucho en la inteligencia de la gente, lo que pasa es que hay que ayudar a la gente para que sea mejor y más inteligente.

En Venezuela lo han examinado muchas veces, nuestro gran problema es cultural, nosotros tenemos que mejorar, nosotros tenemos que ser más inteligentes. El humor también tendría que tener la misión de ayudar a la gente a pensar más...

Te iba a preguntar ¿cómo es el papel del humor dentro de esta parte de la educación de los pueblos latinoamericanos, el humor como tal?

Tú sabes que Aquiles Nazoa decía que "el humor es una manera de pensar, sin que el que piense se dé cuenta de que está pensando". Esa, para mí, es la mejor definición de humorismo. Yo creo que el humorismo, cuando logra convertirse en humorismo trascendente de verdad, del bueno, ese es un humorismo que va a formar a la gente. O sea, por ejemplo, tú ves la obra de Pedro León Zapata, eso es un humorismo que te ayuda a formar, te ayuda a pensar. Por ejemplo, Zapata nunca pretendió evadir la realidad sino al contrario, sumergirse en ella, y fijar posición frente a las injusticias del mundo.

Cuando tú ves la obra de Charles Chaplin, una obra tan trascendente como, por ejemplo, *El Gran Dictador*, ves que Chaplin se compromete y hace una crítica muy dura y muy difícil, además del momento en que la hizo. Esta críttica, incluso, lo enemistó con el gobierno de los Estados Unidos que todavía no había entrado a la guerra y le reclamaron. El

Presidente —creo que fue Truman o Roosevelt— le dijo "usted nos ha enemistado con un aliado que era Argentina". Los argentinos prohibieron la exhibición de *El Gran Dictador*, en España también se prohibió su exhibición y los españoles no vieron *El Gran Dictador* hasta que murió Franco. Entonces fue un gran compromiso, de su parte, fijar posición y una interpretación del mundo con un mensaje de respeto y tolerancia, a través del humor. Alguna vez dijo José Ignacio Cabrujas que quizás la mejor manera de definir el humor era describirlo "como un misterioso y extraño acto de amor", el humor es una forma de amar al mundo.

¿Entonces cómo entró el politólogo en el mundo del humor? Tú dices que la vida te fue llevando y, en ese momento, tú dijiste "bueno está bien, yo no sigo negándome".

El humor siempre estaba presente en mí Nelson, lo que pasaba es que yo era una persona sumamente tímida, y lo sigo siendo. Soy una persona tímida y a mí no me gusta mucho hablar en público. Claro, yo tenía gracia, es una cosa que me acompañó desde niño. O sea, yo hacía cosas y la gente se reía, y bueno yo no sabía muy bien por qué pero entonces, en mi casa, mis tías me decían: "ven y cuéntale cómo habla fulano y cuéntale lo que dijo". Después en el liceo también estuve en actividades teatrales. Luego en la universidad, entre clase y clase, imitábamos a los profesores y teníamos rutinas de caracterización de ellos, hacíamos chistes. En las fiestas de la universidad, me invitaban siempre a mí, entonces, claro, yo tenía una fama de que tenía gracia...

"Cuando me subo a un escenario, me subo aterrorizado porque es que yo no me lo creo y digo: 'esta gente no se va a reír'."

¿Allí te lo ibas creyendo ya?

No, no, yo no me lo creía... es que yo no me lo creo aún. Cuando me subo a un escenario, me subo aterrorizado porque es que yo no me lo creo y digo: "esta gente no se va a reír". Yo nunca me siento seguro de tener el don y, claro, la vida te va llevando. Yo me gradué en Ciencias Políticas y empecé a buscar trabajo en esa área, pero esas puertas no se abrían. Sin embargo, la del humor se iba abriendo, un amigo que estaba en Radio Caracas, ¿te acuerdas de Radio Caracas, nuestra Radio Caracas Televisión? (risas de Nelson). Tanto que has hecho tú por recordarla y hacer que vuelva. En esa época, alguien que estaba allí, le insistía al productor de *La Rochela* que yo era muy bueno, "este muchacho es muy divertido y no sé qué, deberías traerlo", hasta que un día me hicieron una audición. Comencé como escritor y como actor.

¿Tú comenzaste como escritor? ¿Verdad?

Sí, lo primero que hice, en realidad, fue escribir antes de aparecer en pantalla.

Allí fue donde nos conocimos, justamente, en nuestra querida Radio Caracas. Después empezaste ya frente a cámara.

Sí, casi simultáneamente, porque estaba comenzando la campaña electoral y Eduardo Fernández, "El Tigre", era candidato y no había quién lo caracterizara, es decir, estaba Cayito, pero Cayito hacía a Carlos Andrés Pérez, él siempre tenía mucho trabajo, entonces el productor me dijo (con acento Argentino): "vos te parecés a Eduardo Fernández, si te preparas el personaje... porque los otros ya los tenemos" y yo ya hacía caracterizaciones de los políticos habituales, Caldera, Carlos Andrés, etc., entonces comencé imitando al candidato Eduardo Fernández y escribiendo.

¿En qué año, recuerdas?

En el 87, estaba recién graduado, un año después.

Es decir que el politólogo, recién graduado, sin darse cuenta ya estaba metido en *La Radio Rochela*, ya estaba haciendo humor.

Claro, yo asumí eso como algo provisional para sobrevivir, porque yo no me imaginaba en ese mundo de forma permanente, pero después...

¿El provisional va para 30 años?

Sí, como todas las cosas provisionales en Venezuela. Cuando tú veas que hacen una avenida, que la llaman "la provisional", eso es pa´ siempre hermano (risas de Nelson), asúmelo así. Entonces me quedé y claro, llegó un momento en el que tuve como un punto de inflexión y pensé en que uno no siempre es lo que uno cree ser, a veces es lo que la gente cree de uno, como diría Fernando Pessoa, el gran poeta portugués, (imitando el portugués): "eu sou un intervalo, entre lo que deseo ser y lo que otros me hicieron". En fin, el humor para mí ha sido muy satisfactorio.

"Yo me imagino a Dios como en una carcajada eterna... Para mí el cielo es la risa".

Es un gran gusto, primero, ver a la gente reír, sentir la risa de la gente, la alegría a mí me satisface. La risa es como la música especial para mí, yo me imagino a Dios como en una carcajada eterna... para mí el cielo es la risa, entonces, cuando yo subo a un escenario soy una persona auténticamente libre, para pensar, para hablarle a la gente. Hay una fuerza que me mueve, que es una cosa como difícil de explicar, pero hace que me mueva, me invita a sintonizarme con el público y cuando esa sintonía se logra, yo comunico bien lo que quiero decir. Allí lo que le estoy diciendo al público, me lo estoy diciendo a mí mismo también, como para animarme, no es animar al otro gratuitamente, sino comprometer. El humor a mí me compromete con la vida, me compromete con la sociedad en la que vivo, y bueno, es un compromiso que pesa.

Porque, aparte, ese compromiso mismo es el que te hace estudiar constantemente, tú estás estudiando la realidad, estás estudiando la historia, porque tú lo dices en tu show, la historia nos enseña para no repetir los mismos errores.

Claro, hay que estudiar mucho, yo estudio, hago esquemas...

Tú estudias mucho, es más, antes de empezar esta entrevista tú estabas estudiando.

Sí, sí estaba. Todo lo que estudio me sirve y, además, lo hago con el propósito de incorporarlo. El tema de la historia me interesa mucho, sobre todo, la historia de Venezuela y la universal porque, bueno, es una pasión que tengo, una cosa que me gusta y después siento que, en la medida en que uno hace lo que yo llamo en mi monólogo (imitando a Carlos Andrés) "una introspección retrospectiva, que hay que mirar pa´ dentro y pa´ atrás", entonces tú entiendes mucho.

A mí me parece que el humor debe ayudarnos a entender, a descifrar claves, como el cuento aquel de *El Traje Nuevo del Emperador*: el humorista es el niño que dice que el Emperador está desnudo, el que muestra las cosas que están detrás de lo aparente, el que le ve otra vuelta a la realidad, ¿para qué? Para ayudarnos a entenderla mejor. Como la caricatura que es una deformidad, uno deforma la original, pero con el propósito de destacar los rasgos y, al exagerarlos, tú notas las fallas; un buen caricaturista es aquel que cuando tú ves una caricatura, primero reconoces el original y, encima de reconocer el original, te das cuenta de los defectos que tiene el original, a través de la caricatura. En conclusión, es algo que todo el mundo vio, pero solo el humorista lo destacó.

Tú utilizas el humor inteligente para hacer reír pero también para hacer pensar.

Sí. A mí no me gusta lo de humor inteligente.

¿Cómo le ponemos?

De verdad no me gusta porque pareciera que hay un humor inteligente y otro humor que no lo es tanto, como dijimos al principio, un humor "bruto".

Un humor diferente entonces.

Sí, son estilos, y yo creo que a mí me gusta todo el humor, me gusta todo. Me gusta todo lo que hacen mis compañeros, todos me hacen reír y todos son muy buenos. Yo, a veces, incluso me critico a mí mismo, me cuestiono, porque me pongo demasiado serio en el escenario. Lo que sí trato de hacer con el humor es entender, o sea, tratar de analizar cosas.

Okey, déjame ver cómo lo ponemos, tú también...

Mosca, mosca, con lo que vas a decir (risas).

Nos haces pensar mucho.

"El humor es mi manera de pensar".

Sí, porque yo también estoy pensando en la medida que hago humor. El humor es mi manera de pensar.

Porque uno no sabe si reírse o, simplemente, quedarse como "¿qué pasó aquí?". Tú sacas la risa, pero también sacas un bate y nos das con la realidad de lo que está ocurriendo.

Sí, porque en el escenario uno está pensando y, en la medida en que piensas, es un proceso como mágico que se da allí. Yo no tengo un guión, yo tengo esquemas de trabajo, me llevo una libretita y desarrollo el esquema que quiero. Si leí algo esa tarde y lo quiero incorporar, o si estoy leyendo, como ahora, la biografía de Miranda (por Picón Salas), y hay una serie de cosas interesantes las incorporo también.

Por ejemplo, el otro día la pude incorporar en una conferencia con unos estudiantes. Miranda es el primer emigrante venezolano que se va por las circunstancias del país y que vuelve 40 años después, ya con 60 años. Miranda se fue a los 20 años, vuelve y sufre, además, la angustia que sufre todo retornado, que es: "no lo comprendo, no lo entiendo. ¿Qué hace este tipo aquí? ¿Por qué volvió?". Entonces Miranda es un emblema para mí porque es un hombre que siempre tuvo a Venezuela en su mente y en su norte, entonces eso me ayudó a entender algo, porque en Venezuela, por ejemplo, tú dices: "me voy del país, ¿me voy o me quedo?". Yo dije en una conferencia de estudiantes: "mira, no importa si te vas, no importa si te quedas. Mientras Venezuela esté en el norte de tu alma, te vayas o te quedes estás haciendo lo correcto, ¿por qué? Porque Venezuela es tu norte. Miranda se fue con Venezuela en la cabeza y volvió 40 años después a convertirse en Generalísimo de los Ejércitos Venezolanos a luchar por Venezuela. Miranda se fue 40 años del país y fueron 40 años solo pensando en cómo liberar a Venezuela. Entonces uno, desde cualquier lugar, puede hacer cosas extraordinarias, uno puede irse y hacer mucho, y uno puede quedarse y hacer nada.

¿Venezolano puede ser sinónimo de éxito?

Mucho, muchísimo. Yo cuando evoco a Venezuela, lo que evoco es éxito, porque los venezolanos, por lo menos los que yo recuerdo, son todos gente maravillosa, de éxito. O sea que esta es la nación de José María Vargas, esta es la nación de Rómulo Gallegos, la de Arturo Uslar Pietri que se ganó el premio "Príncipe de Asturias"; esta es la nación de Antonio Lauro, de Carlos Raúl Villanueva que construyó la Universidad Central, magnífica obra de arte, inigualable, y esta es la tierra de Dudamel, la tierra del Sistema de Orquestas Juveniles e Infantiles. Esta es la tierra de Jacinto Convit que descubrió una cura maravillosa para una enfermedad ancestral. O sea, este es el país que construyó el Guri que fue la segunda central hidroeléctrica del mundo, que construyó el puente sobre el Lago de Maracaibo, el teleférico más largo y alto del mundo, y este es el país del sistema de autopistas más modernas; es el país del teatro Teresa Carreño y de las torres más altas, que fueron las Torres del Silencio.

Y ahora tenemos que decir, este es el país de Laureano Márquez.

Caramba, bueno, y el de Nelson Bustamante.

Para darte las gracias Laureano (estrecha su mano).

Las que te adornan guapo (risas de ambos).

Muchísimas gracias Laureano.

Gracias a ti.

Leonardo Padrón

"Uno debe hacerle caso a sus ganas, debe hacerle caso a sus deseos, es decir, yo me planteé el vivir entre las palabras, habitar la belleza de las palabras y, después, resolvería cómo ganarme la vida con ellas".

Nelson: Qué honor darle la bienvenida a mi gran amigo, Leonardo Padrón.

Leonardo: Encantadísimo hermano.

¿Cómo estás?

Bien, bien, bastante bien.

Contento de tenerte aquí

Igualmente.

Porque, como te decía antes de comenzar esta entrevista, la vida cambia, porque comenzamos en televisión hace ya algunas canas atrás...

Unas cuantas ja, ja, ja, ja.

Coincidimos muy jóvenes, trabajando en Venezolana de Televisión ¿recuerdas?

Bueno, yo era asistente de producción de Nelson Bocaranda, en un programa que se llamaba *En Confianza*, veníamos de Radio Caracas Televisión, cuando estaba *A Puerta Cerrada*. Yo empecé en RCTV como empezó mucha gente de la televisión. Radio Caracas fue la gran escuela y emigramos a Venezolana de Televisión, creo que en el momento más luminoso del canal 8, porque era la época de los productores independientes, estaba Nelson Bocaranda, Orlando Urdaneta al mediodía, Simón Díaz, Guillermo González, entre otros. Un momento espectacular del canal 8.

Estaba Leonardo Padrón, pero comenzando.

Ja, ja , ja, sí, comenzando.

Así se van escribiendo las historias, ¿no? Comienzan con esos sueños que tú tenías. También estaba un Nelson Bustamante que estaba comenzando.

Te estaba comentando, fuera de cámaras, que yo era locutor de cabina. Yo abría el canal, tenía la llave del canal 8 je, je, je, abría a las 4 y media, 5 de la mañana.

Sí, literalmente la tenías... ja, ja, ja.

"Venezolana de Televisión, el súper canal le da los buenos días, trabajaremos para ustedes..." (aquella cola de gente). Y recuerdo que nos conocimos allí.

Sí, fui asistente de producción, hacía todas esas cosas que uno hace en el piso y que termina siendo un aprendizaje maravilloso...

¿Qué hace un asistente de producción? Porque quizás haya personas que no imaginan qué hizo un Leonardo Padrón a sus veintipico de años.

Desde estar en cabina de edición, editando un micro sobre Cruz Diez o Alirio Rodríguez, hasta yendo a buscar el invitado que llegó y conseguirle el cafecito.

El cafecito no falla ja, ja, ja.

Claro todo eso, salir a la calle a grabar muchas veces, lo cual es un aprendizaje extraordinario. Por supuesto, ya yo escribía, ya yo había publicado un primer libro de poemas y recuerdo, perfectamente, el momento que Nelson lo mostró en cámara y yo estaba un tanto abrumado, pero, de paso, yo era su mini guionista porque, de cada tema yo le escribía el texto, las introducciones del programa. No pensé que iba a terminar siendo lo que soy, con la magnitud que ha ocurrido pero, en ese momento, sí estaba muy enfocado en que mi presencia en la televisión era para terminar en la zona de dramáticos, donde se escribían las novelas, porque ya yo ahí tenía claro que quería ganarme la vida siendo escritor.

"Mira, lo primero que yo tuve claro fue que quería ser 'lector'."

¿A qué edad decidiste que ese sería tu camino?

Mira, lo primero que yo tuve claro fue que quería ser "lector", pero antes de eso, a uno lo arrastra, a veces, la inercia de lo que son las generaciones. En mi generación, toda la gente quería ser ingeniero o médico, que siempre ha sido como una carrera muy de moda... pero yo desemboqué en un pequeño pueblo en Estados Unidos llamado Cookeville en Tennessee, estudiando Ingeniería de Sonido porque yo, en el fondo, fondo, fondo remoto de mis condiciones, yo siempre he sido un melómano, me encanta la música, y yo quería ser músico, pero como tenía muy claro que, absolutamente, no tenía el piano atravesado aquí (se señala los oídos) sino aquí en los zapatos, en fin.

Yo descubrí en los *long plays*, en los discos, que había un crédito debajo del tecladista, del bajista, del vocalista que era "Ingeniero de Sonido". Así que decidí estudiar Ingeniería, pero de sonido.

Tú sabías que ibas a estar en un disco ja, ja, ja. ¿Estuviste alguna vez en un crédito de un disco?

He estado, pero con "letra de Leonardo Padrón", claro.

¡Pero lo lograste! No como Ingeniero de Sonido, pero estás en un disco.

Lo logré, ja, ja, ja, ja. Estoy en uno de Nancy Toro...

Oye yo no he logrado estar en un disco. Eso me gusta... pero creo que no voy a lograrlo ja, ja, ja.

Ja, ja, ja, ja, te llevo una (chocando las manos).

¿Cómo llegaste a Tennessee?

Buscando estudiar Ingeniería de Sonido, me gano una beca en la Mariscal de Ayacucho, me mandan a ese sitio remoto junto a 12 venezolanos más que no conocíamos la nieve y el primer impacto, el paisaje al bajar de las escalerillas del avión, fue justamente la nieve, que fue alucinante. Pero después, cuando estaba en las clases, me empecé a aburrir inmensamente en ese mar de logaritmos y decía: "bueno ¿y la música, dónde está la música?, ¿los estudios?, ¿los conciertos?" y entonces descubrí que esa no era la vía. Lo que hacía en el fondo de los salones era leer literatura latinoamericana, era leer a García Márquez, a Onetti, a Vargas Llosa, entonces dije: "no, yo tengo que buscar la manera". Yo lo que sí tenía claro era que quería pasar la vida haciendo lo que me gustara...

"Descubro que hay una carrera que te legitima el leer, el vicio de leer, que se llama Letras".

¿Pero aún no tenías claro qué era lo que te gustaba?

No, pero entonces pensé "coye a mí me encanta leer, me fascina leer" y es cuando descubro que hay una carrera que te legitima el leer, el vicio de leer, que se llama Letras. Y dije: "bueno yo me devuelvo a Venezuela, quemo las naves y estudio Letras".

Tooodo el mundo se escandalizó en mi familia: "te vas a morir de hambre, ¿tú estás loco? Los Licenciados en Letras terminan dando clases en liceos o como Bibliotecólogos, y yo dije "no importa, no importa", o sea, realmente mi meta no era un tema de dinero.

Eso es maravilloso: "bueno no importa, asumo mi barranco". Ese era tu sueño. Cuéntanos ¿qué significa "quemar las naves" en ese momento que decidiste cambiar de carrera?

Quemar las naves es una decisión extrema, radical. Digamos es lo que llaman los gringos un *turning point,* es decir, cuando "quemas una nave" ya no tienes cómo volver de donde acabas de tomar la mayor decisión de tu vida. Yo lo hice con absoluta conciencia de que era un salto al vacío porque no sabía qué iba a pasar en mi vida, yo siento que esa decisión fue clave...

¿Quiénes se enfrentaron a esa decisión clave en casa? ¿Te dijeron que estabas loco?

Bueno, fue unánime (se ríen). El grito de "estás loco" fue un clamor unánime (risas), "no lo hagas, no saltes" (risas), pero tampoco fue tan excesivo, de alguna manera, yo he tenido siempre como una cierta dosis de sentido común y hubo también respeto a la decisión. Yo soy hijo único, entonces siempre he estado como... los hijos únicos cultivan mucho la imaginación, porque bueno no tienen más remedio...

Con razón, mira cómo todo se explica (risas), con razón Leo lo que hace es crear personajes. Todos están allá adentro (se toca la cabeza).

¡Claro! Comienzas a hacer diálogos tú mismo y a bautizar gente, en fin, tramas... (risas).

"Yo le digo el 'modus arepandi', en vez del 'modus vivendi', o sea, el 'cómo te vas a ganar la arepa', pero no importó, yo disfruté enteramente la travesía por la universidad".

Recuerdo, entonces, que me vine y me metí a estudiar en La Central sin tener el cupo oficial, iba a las clases a estar en éxtasis hasta que, finalmente, donde oficialicé mi carrera y me gradué fue en la Universidad Católica Andrés Bello. Igualito estaba en el cuarto año de la carrera y no sabía qué iba a ser de mi vida profesional, eso que llaman el "15 y último", yo le digo el "modus arepandi", en vez del "modus vivendi", o sea el "cómo te vas a ganar la arepa", pero no importó, yo disfruté enteramente la travesía por la universidad.

Y ¿cuál fue tu primer "15 y último" después de la universidad o todavía estabas en la universidad cuando comenzaste ya a recibir dinero para la arepa?

Tuve un primer trabajo en una librería. Yo, a veces, digo que en el fondo quisiera terminar trabajando en una librería propia. Bueno, el caso es que recuerdo unos jesuitas cerca del Banco Central de Venezuela, por el centro de Caracas, que tenían una librería llamada Distribuidora Asturias —ya no existe allí—. Yo arreglaba los libros e, incluso, redactaba y ayudaba a redactar los libros de sexto grado, entonces ya eran mis primeras redacciones ¿no? Bueno era un "15 y último" seguramente muy simbólico en sí.

¿Y la televisión entonces?

Llegué a la televisión buscando el cine, porque estando en la universidad me empecé a apasionar por el cine. Un día fui a ver los "martes clásicos", aquí uno siempre iba a ver películas europeas y alguien me repartió un folleto donde estaban dando un taller de cine del CONAC y, entonces, yo me metí en el taller de cine y ahí daban todo: guión, dirección, fotografía, producción, y me metí en un intensivo maravilloso, tuve un profesor, Abraham Pulido, de dirección y guión y, de repente, lo nombran productor general de *Lo de Hoy,* que era un programa que se hacía en vivo en Radio Caracas Televisión. Allí estaba, en ese momento, Neyra Moronta, Carlos Fraga, Belén Marrero, Marieta Santana, Nelson Bocaranda, Rosana Ordóñez.

"Digo pasillo porque yo asumí la televisión como un pasillo para llegar al cine y es un pasillo que tiene 27-28 años".

¡Dios mío, la historia de la televisión acaba de pasar por el frente!

Sí, y yo con los cafecitos y Abraham me dijo: "vente conmigo a trabajar", o sea, de todos los talleristas que estaban, él vio en mí cierto talento y me invitó a trabajar con él. Bueno allí empecé, fue un "pasillo", y digo pasillo porque yo asumí la televisión como un pasillo para llegar al cine y es un pasillo que tiene 27-28 años (risas).

Tienes 27-28 años allí ¿y entonces, después las novelas?

Es que llegué al cine también, escribí películas pero, obviamente, la televisión es fabulosa, cuando la terminas descubriendo... Bueno estuve mucho rato como productor y yo quería estar en la zona de dramáticos, quería estar con los escritores, hasta que, finalmente, el maestro Salvador Garmendia me hizo así (hace seña de llamado) y me senté con él a dialogar una novela llamada *Amanda Sabater*, que era con Maricarmen Regueiro y Flavio Caballero.

¿Qué significa dialogar?

Dialogar es ponerle diálogos, palabras, expresiones, frases a una escena donde te dicen: "mira esta escena, el marido le confiesa a su esposa que se cansó, que se aburrió, que tiene una crisis existencial, y se quiere ir de la casa", entonces tú tienes que dialogar la escena, pero, por supuesto, hay que ponerle, tú sabes, los rasgos, el color a cada personaje... Hay dialoguistas muy sonsos y hay dialoguistas maravillosos, por ejemplo, José Ignacio Cabrujas era una clase magistral de diálogo, de hecho uno decía: "diálogos Cabrujianos" como referencia, que estos los sientes en sus obras teatrales y en sus telenovelas. Eso fue una gran escuela para mí, pero estuve nada más de dialoguista en esa novela porque, muy rápidamente, me dieron la pelota para que pichara mi primer juego.

Esa primera pelota que te dieron ¿cuál fue?

Primero fueron unos unitarios, gracias a César Miguel Rondón que hoy es mi compadre, pero él era Gerente de Producción allá de unitarios y dramáticos. Imagínate tú, César Miguel me dice: "oye tú quieres escribir la historia de José Gregorio Hernández" y yo, en un momento, me crispé, yo no soy particularmente devoto ni católico, yo soy más bien agnóstico.

Tremenda prueba.

Sí, José Gregorio Hernández. Mira Nelson, salí de Radio Caracas y me fui caminando hasta la Hemeroteca Nacional que quedaba, en esos momentos, frente a la Asamblea Nacional, o sea, allí estaba la biblioteca y la hemeroteca. Allí empecé a revisar y descubrí que José Gregorio Hernández es mucho más que estampitas y que el santo, que era un tipo maravilloso, tocaba el violín, era el mejor bailarín de la época, era sastre de sus propios trajes, y empecé a descubrir un personaje delirante. Al día siguiente, le dije a César Miguel: "yo mismo soy, yo lo escribo". Se llamó *El Venerable*, ese fue mi primer trabajo como autor y después vino la telenovela, con la que me dieron la pelota para pichar el gran juego.

Leo al bate (se cuadra para batear), le ponen la pelota para que la saque de Home run. ¿Cuál fue esa primera telenovela?

Imagínate tú, fue una novela de Delia Fiallo, me dijeron: "haz el *remake* de la novela" y se terminó llamando *Gardenia,* que yo odiaba el título, no se lo puse yo porque, además, había un papel higiénico que estaba de moda llamado "Gardenia" y, entonces, la analogía me parecía un poquito lamentable.

En fin, el director de la novela era, nada más y nada menos, que Luis Alberto Lamata y los protagonistas Orlando Urdaneta y Caridad Canelón, unos protagonistas de lujo. Otra cosa maravillosa fue que, con esa novela, me gradué y después vino mi propia novela: *Amores de Fin de Siglo*.

¡Qué belleza de novela, pana!

De lujo, yo me la gocé muchísimo.

Leo, a mí siempre me ha llamado la atención tu capacidad de crear personajes y eso ahora se explica un poco con lo de ser hijo único y tu creación de

personajes durante muchos años de tu vida, pero cuando estás creando esos personajes, ¿hay alguno que ames más que a otros; alguno que abraces más que a otros, o que odies más que a otros? Es decir, ¿hay alguna relación directa con ellos?

Sí, hay unos con los que empatizas más, hay unos que se parecen a ti mismo; hay unos desabridos que dices "bueno, están aquí para esto, tienen cierta función dramática" y cuando ya esos personajes adquieren la tangibilidad de un rostro de un actor o una actriz, entonces eso también puede variar, porque hay actores que dimensionan el personaje, le ponen su carisma, su energía y lo terminan de crear. Entonces, generalmente, un personaje se escribe entre el escritor, el actor y el mismo público.

Y los personajes... ya va, estoy buscando la manera de hacer la pregunta porque me vas a decir que estoy loco, los personajes... ¿Hay personajes que nacen solos, digo, llegan en sueños o te hablan en sueños y te dicen "mira yo necesito estar, méteme en tal lugar de la novela o del libro"?, ¿aparecen en algún momento?

Yo lo salgo a buscar ¿y sabes dónde lo salgo a buscar? Ni siquiera en mi imaginación aunque, por supuesto, ese es siempre un clóset amplio, pero yo lo salgo a buscar a la calle que está llena de personajes maravillosos.

Esa imagen del escritor encerrado en su torre de marfil, escribiendo la gran obra, no, yo siento que el escritor debe tener los zapatos llenos de calle porque allí es donde está la vida, y si tú estás escribiendo un producto de consumo masivo, ese producto tiene que oler a calle ¿no?

Sí, tus novelas siempre han tenido esa cercanía de la calle.

Claro, mis novelas siempre han tenido un corte realista.

Tus personajes siempre han sido muy cercanos, seguramente por eso. ¿Algún personaje de todos los que han nacido de la calle te ha dado las gracias después de algún tiempo?

¿El personaje o el actor?

El personaje.

Yo diría que quizás hay unos cuantos. Recuerdo mucho a Luna Camacho —interpretado por Gledys Ibarra— en *Amores de fin de Siglo*, que es portentosa y, además, fue un reto porque le dije a Gledys: "necesito que te rapes el pelo" y decirle eso a una actriz no es fácil, pero ella lo hizo en cámara. Ese momento fue una suerte de alumbramiento de ese personaje porque, ya rapado, este adquirió su verdadera fortaleza... y sí, es un personaje que siempre me visita, me da una palmadita y me da un besito aquí (se toca la mejilla).

"La premisa clave es que apuestes todas las fichas que tienes a lo que quieres lograr".

¡Ahhh qué bien! Leo, hablando contigo uno descubre tantas cosas. Cuando nos sentamos a conversar así es maravilloso, porque hablamos sobre una Venezuela que, tal vez, muchos no conocieron, la Venezuela de nuestros sueños, donde hemos logrado, tanto tú como yo, hacer realidad nuestros propios sueños. El tuyo, convertirte en uno de los escritores más importantes de América Latina. ¿Los sueños se pueden hacer realidad?

¡Claro, seguro, totalmente! Tú sabes que yo creo que uno debe partir de una premisa, uno debe hacerle caso a sus ganas, debe hacerle caso a sus deseos, es decir, yo me planteé el vivir entre las palabras, habitar la belleza de las palabras y, después, resolvería cómo ganarme la vida con ellas. Lo he hecho de distintas maneras porque todo lo que yo hago tiene que ver con las palabras, es decir, yo manejo un programa de entrevistas que, obviamente, es con la oralidad, con las palabras. Sigo escribiendo mi poesía y ahora, también, me he dedicado a la crónica, que ha sido descubrir un género maravilloso, muy poderoso en Latinoamérica, el cual relata la realidad tan compleja y tan bizarra de Latinoamérica.

Me gano la vida con la palabra, entonces ¿tú sabes qué es triste? Cuando ves a alguien a los 60-70 años de edad que ve por el retrovisor lo que está atrás de su vida y dice "oye, yo no hice lo que quería hacer, me hubiese gustado hacer tal cosa". No, eso no existe para mí, la premisa clave es que apuestes todas las fichas que tienes a lo que quieres lograr. Yo así lo he hecho, es más, sigo abriendo, descorriendo cortinas en mi propio registro como escritor. Hace tres años empecé a escribir literatura infantil, entonces yo me vacuno constantemente contra el aburrimiento.

¡Exactamente! Leo muchísimas gracias, nosotros nos vacunamos aquí contigo para no quedarnos siempre en el mismo lugar, por eso te invitamos a *Gente que Motiva*, porque sabíamos que nos ibas a regalar un programa maravilloso Leo.

¡Gracias, gracias! Fue un placer.

¡Muchísimas gracias, compañero de viaje!

(risas). Gracias a ustedes por la invitación muy sabrosa porque yo creo que, efectivamente, vale la pena que la gente tenga claro que en la vida hay que apostar todo a ganar.

María Alejandra Requena

"Yo nací en Venezuela, mis hijos nacieron en Venezuela, ha sido duro, he pasado transiciones en el trabajo, ahora estoy en CNN y, por un lado, han sido triunfos pero, por el otro, ha sido un maratón con obstáculos".

Nelson: Hay personas que nos impulsan a seguir, que nos motivan a luchar por lo queremos, hoy recibimos a María Alejandra Requena.

¡Hola Mari, bienvenida! ¿Cómo estás?

Mariale: Feliz, feliz de compartir contigo, cada vez que tengo la oportunidad de estar frente a una cámara, junto a mi gran amigo, compañero y profesor, Nelson Bustamante, para mí es un honor.

¡Qué bella, muchísimas gracias! Vamos a contarles un poco a las personas que te conocen, y a las que no te conocen, sobre cómo empezaste en todo esto de la televisión porque, ahora, muchos de ustedes la ven todos los días, con un café, a través de CNN en Español, para toda América Latina, pero todo ese éxito tuvo un principio. Todo ese éxito tuvo sueños.

Yo lo llamo un maratón con obstáculos. El maratón de la vida pero, definitivamente, siempre con ese programa que marcó mi vida, creo que marcó el tuyo también y el de muchos venezolanos que siempre se atrevieron a soñar. Yo creo que eso es fundamental en la vida de todos y, sí, ha habido momentos muy duros, muy difíciles, de esos que te provoca decir: "¡ya no puedo más!", o comienzas a dudar, a sopesar todo lo que ha pasado en tu vida, pero realmente, así como nos caemos hay que levantarse, eso es parte de la vida, hay que salir adelante; muchas veces la gente piensa que es fácil, que cuando llegas a cierto punto en tu carrera o a nivel personal, inclusive, hay quienes te dicen: "pero tú tienes todo, estás casada no sé cuántos años, los hijos", y no es fácil mantener un equilibrio, muchas veces puede ser peligroso porque atentas, incluso, contra la salud, terminas descuidándola, pero yo creo que lo más importante es no tenerle miedo a los retos y seguir soñando.

¡Atrévete a soñar!

Así es, atrévete a soñar.

***Atrévete a Soñar* fue un programa en Venezuela, hace unos años, donde tuvimos la oportunidad de ser compañeros en la conducción del mismo y tus inicios fueron sueños, primero como modelo, después como presentadora de televisión y, hoy en día, como periodista reconocida en toda América Latina. Paso a paso, pero ¿hubo dudas, hubo momentos en los que pensaste, tal vez, que no era lo tuyo, que no lo ibas a lograr?**

"Es un amor, un cariño, un agradecimiento infinito que yo tengo, por ejemplo, hacia RCTV".

Cuando comencé en la televisión, algo que realmente me llegó, la vida me lo presentó y dije "vamos a hacerlo, vamos a prepararme, vamos a tomar este reto que me está dando la vida, que me está poniendo Dios", y fueron momentos muy bonitos, de verdad. El poder desarrollar mi carrera mientras viví en Venezuela, porque me crucé con gente maravillosa que me enseñó mucho, a nivel profesional y a nivel personal. Luego vino ese primer golpe que todavía duele y duele mucho, personas o cosas que ya no están en tu vida, y algunos te dirán: "pero ya está, pasa la página, ya eso pasó", pero cuando son cosas, momentos importantes, personas importantes en tu vida, siempre van a estar allí presentes; es un amor, un cariño, un agradecimiento infinito que yo tengo, por ejemplo, hacia RCTV. Para los que no lo saben, RCTV es el primer canal de Venezuela que, pues lamentablemente, tuvo que... les cerraron las puertas... en el año 2007 y, año tras año, se recuerda con mucho dolor, pero eso fue un punto de quiebre, un punto de cambio en mi vida.

¿Qué pasó después de tantos años trabajando en Radio Caracas Televisión, en Venezuela?

Pasó que cambió todo, pasó que llegó el momento donde me senté a hablar con mi esposo y dijimos o yo, sobre todo, dije: "¿y ahora qué? ¿ahora qué hago? Bueno vamos a comenzar a hacer radio, vamos a comenzar a hacer...", porque no quería parar y yo quería seguir, no solamente trabajando en lo que me gustaba sino, en aquel momento, también hacer algo por mi país. Luego pasaron una serie de cosas, sufrí un secuestro exprés, la parte del trabajo influyó, vine a los Estados Unidos a sellar mi visa de trabajo, que mi esposo fue el que me dijo en aquel momento: "vamos a hacerlo, no perdemos nada, vamos a que saques tu visa de trabajo y toca puerta a ver qué sucede".

En aquel entonces Diosito y, como siempre, estaba Nelson Bustamante presente en mi vida. Ya tú estabas acá y me dijiste: "Mariale ven, acompáñame, vamos a América Tv", estabas trabajando en ese momento allí... Me presentaste a Miguel Ferro, y Miguel Ferro me recomendó con una persona en Mega Tv. Era la primera oportunidad real de tener un trabajo fuera de mi país, representaba mucha emoción por un lado pero, también, muchos miedos a comenzar de cero, la gente no me conocía, la gente me conocía era en mi país, por tantos años de trabajo, pero comenzar aquí Nelson, ese cambio fue muy duro, muy duro...

Pero ¿qué fue lo más duro del cambio?

"Mis hijos son venezolanos también y si hay algo que me llena de orgullo, te lo digo sinceramente, es que ellos se sienten tan venezolanos como cualquiera que pueda vivir en Venezuela".

Todo, todo, estaba dejando mi país, (se quiebra) un país al que amo, cambios muy duros, cuando tienes que comenzar de cero. Yo me vine prácticamente sola, mi esposo es piloto, para los que no lo conocen, entonces él viajaba mucho, (llorosa) venía cada tres semanas por un fin de semana y se volvía a ir. Estaba yo sola con mis hijos, y ustedes no tienen ni idea cuántas veces yo acostaba a dormir a mis hijos y me sentaba a llorar, porque te cambia la vida. Sin embargo ¿qué tocaba? Pues secar las lágrimas y seguir adelante... yo tenía que ser la mujer fuerte que está trabajando, que es ama de casa, que es mamá por sobre todas las cosas, buscando que mis hijos se sintieran en un hogar, lejos de su hogar... lejos de su país.

Mis hijos son venezolanos también y si hay algo que me llena de orgullo, te lo digo sinceramente, es que ellos se sienten tan venezolanos como cualquiera que pueda vivir en Venezuela. A veces pienso que quizás abuso al mostrarles lo que sucede en Venezuela porque a ellos les pega mucho, pero no, ellos tienen que sentir también el país donde nacieron, ellos no pueden... yo siempre cito la canción de Franco de Vita: "no me arranquen de raíz que solo se nace una vez", yo nací en Venezuela, mis hijos nacieron en Venezuela, ha sido duro, he pasado transiciones en el trabajo, ahora estoy en CNN y, por un lado, han sido triunfos pero, por el otro, ha sido un maratón con obstáculos. Puede ser muy, muy duro, incluso a nivel de salud porque ya yo en Venezuela me había operado varias veces de la columna pero, estando aquí, me tuve que operar de las dos rodillas, tuve dos lesiones pre cancerígenas de la piel y, más recientemente, tuve un susto muy grande con algo que tenía en uno de los senos, gracias a Dios terminó siendo un tumor benigno, pero son esos momentos en la vida que te mueven.

Por más que uno se vea fuerte o quizás exitoso —aunque para mí, el mayor éxito en mi vida siempre será que mis hijos sean felices—, hay muchas cosas detrás de eso, que nos mueven como persona y que nos enseñan a ser un poco más fuertes y a seguir hacia delante.

Mari, cada episodio de *Gente que Motiva* tiene un título y el tuyo es "Atrévete a Soñar" porque fue, justamente, ese programa que nos unió y creo que nos cambió también la vida, a nivel de poder ayudar a los demás a hacer realidad sus sueños, pero nos enseñó también a luchar por los nuestros. En este momento hay mucha gente que te está

viendo, venezolanos y no venezolanos, que están conociendo tu historia de desarraigo, de cambio, de lucha y de carrera de obstáculos. Cuéntanos, ¿cuán importante son tus sueños para ti y lo que estás haciendo con tus hijos y con tu Venezuela querida?

"Me enseñó que lo poquito que uno pueda hacer por otra persona hace una gran diferencia, una diferencia impresionante".

Yo creo que atreverse a soñar es lo más importante que puede pasar en la vida de una persona, cuando te atreves a soñar, piensas que puedes hacer realidad eso que tanto anhelas. El programa como tal me enseñó muchísimas cosas, me enseñó que lo poquito que uno pueda hacer por otra persona hace una gran diferencia, una diferencia impresionante.

Cada vez que he sentido que se me cierra una puerta, que se están truncando esos sueños, siempre trato de buscarle la vuelta, dicen que hay que ver las cosas desde otra perspectiva y buscar otro enfoque, uno siempre está en esa búsqueda.

¿Recuerdas algún momento específico de tu vida donde dijeras "ya se truncaron mis sueños", y cómo lograste, a nivel práctico, darle esa vuelta? Porque

cuando estamos metidos allá abajo, con nuestros sueños truncados, pensamos que no hay salida por ningún lado, todo se ve muy oscuro, entonces en esos momentos, ¿cómo has hecho para salir de allí?

He estado allí donde ves todo muy pero muy oscuro, pues de la nada yo creo que llega, a lo mejor es Dios, a lo mejor es una fuerza interna que uno trata de tener, no solamente para ti mismo, sino para los que están alrededor. Gracias a Dios tengo una familia maravillosa, unos padres que siempre han estado muy pendientes de mí, que sé que puedo contar con ellos.

Cuando alguien está en un momento así jamás le digo "no llores", yo creo que uno tiene que desahogarse, uno tiene que terminar de drenar y decir: "¡okey ya! Ahora vámonos a buscarle la vuelta, hay que salir de este lugar donde estamos".

Es decir, que si es momento de llorar, se llora pero se debe pasar la página, porque no te vas a quedar llorando toda la vida.

No, no hay que quedarse llorando toda la vida, hay que levantarse, seguir adelante. Lo implemento con mi hijo en el béisbol, porque hay veces que a lo mejor tiene un mal día, y le digo: "Andrés eso pasa, no todos los días pueden ser maravillosos, ojalá, pero la vida no es así".

¿Qué pasa cuando me caigo? Pues nada, me levando, no me voy a quedar en el piso, y así de esos momentos está llena la vida, uno tiene que aprender con el tiempo, por muy difícil que sea, a levantarse, a darle la cara y a ponerle el pecho al problema y a decir "Okey, esto está pasando, déjame ver cómo puedo manejarlo, cómo es la mejor forma de hacerlo". No es fácil, es lo que yo le digo también a las personas, cuando a veces hablamos de convertirse en inmigrante, para las personas que lo han pensado, o que están recién llegando, muchas veces me dicen: "Mariale, ¿qué nos puedes decir?", les digo que no es fácil, no les voy a mentir.

Y que están no solamente en Estados Unidos, que es donde estamos, porque hay muchísima gente viéndonos desde Panamá, Perú, Costa Rica, Honduras, es decir, hay inmigrantes en todos lados. ¿Cómo lograste pasar esos momentos tan difíciles de cambio de vida, de cambio de país, de cambio de todo, Mariale?

Uno: Mente positiva

Dos: Apoyarse en amigos y familiares

Tres: Hacer lo mejor posible con lo que tenemos

Cuatro: Paciencia. Eso se lo digo a muchísimas personas cuando están llegando a un país nuevo, es difícil pero sí se puede.

"Esté donde esté soy venezolana y siempre voy a hablar las maravillas de mi país, para que las personas sepan que Venezuela es mucho más de lo que sale en las noticias".

Y otra cosa muy importante, es preferible empezar de menos a más, siempre con los pies puestos en la tierra. Poco a poco, el venezolano en el exterior, ha demostrado, por lo que he podido ver, que es trabajador y eso es algo que me hace sentir muy orgullosa. El venezolano, en general, es una persona echada pa´ lante; nos pueden poner muchas trabas, pero estamos allí para demostrar que sí podemos y eso es lo que tratamos o, por lo menos, yo trato de hacer día a día, trato de poner el nombre de mi país bien en alto. Hay veces que, inclusive, por las redes sociales —que son una maravilla por un lado, porque por el otro pueden ser muy difíciles— cuando te dicen cosas duras, yo siempre contesto que yo estoy orgullosa de ser venezolana. Esté donde esté soy venezolana y siempre voy a hablar las maravillas de mi país, para que las personas sepan que Venezuela es mucho más de lo que sale en las noticias.

La oportunidad que tuvimos tú y yo de llevar adelante ese programa musical donde mostrábamos al mundo entero que Venezuela es mucho más. Una anécdota rapidito.

Cuando yo tenía un año viviendo aquí, fui a visitar a mis amigos y familiares en Venezuela y tú todavía vivías allá. Pues resulta que por esos días era tu cumpleaños y fui para tu fiesta, donde estaban todos mis amigos. Te conté que ser inmigrante no era fácil, que el cambio era muy duro, el desarraigo, el dejar todo atrás era sumamente duro y te dije: "yo no regreso más a Miami, yo me quedo en mi Venezuela", ¿recuerdas qué me dijiste tú?

Te dije que yo misma te iba a llevar para el aeropuerto, porque no te quedabas (entre risas). Además Nelson, no solamente por el cariño, usted tiene un talento maravilloso. Eres un venezolano que, definitivamente, el mundo merece conocerte.

¡Qué bella gracias, gracias!

Y aunque te queremos y te necesitábamos en Venezuela, como amiga tuve que decirte: "No señor, te llevo directo al aeropuerto y te monto en el avión para que te regreses directo a Miami".

Tenía que vivir mi nueva realidad.

Esa era tu nueva realidad, bueno, es nuestra nueva realidad.

Esta es nuestra nueva realidad y, desde este lugar, tenemos que seguir luchando por los sueños y por lo que queremos, esto es nuestro *Atrévete a Soñar* y esto es tu *Gente que Motiva* (le toma la mano).

Te quiero.

Yo también te quiero.

Hablemos de tus sueños Mari. Tus sueños primero para tus hijos y después para Venezuela y los venezolanos.

¡Imagínate! Para mis hijos sueño que sean un hombre y una mujer de bien, que sean felices por sobre todas la cosas, que yo pueda estar presente en sus vidas para poder ver eso, para poder verlos felices.

Cuando dices: "poder estar allí", ¿en algún momento dudaste que podías estar allí?

Claro, cuando tuve el miedo de lo que tengo en el seno.

Cuéntame, ¿qué pasó?

Bueno, me hago una mamografía, me dicen que me debo hacer un ultrasonido, luego una biopsia y, posteriormente, esperar una semana el resultado de la biopsia. Todo ese proceso fue muy duro. En un principio era "no, no va a pasar nada, todo está bien, mente positiva, no va a pasar nada", pero el miedo estaba allí. Luego comienzas a pensar en lo maravilloso que es la vida, en que cada vez, como dijo Anna Vacarella, a quien le mando un beso y un abrazo, que está pasando por un momento muy duro...

Anna Vacarella es una periodista venezolana que está pasando también por un momento duro en su lucha contra el cáncer.

Sí, recordé que ella, el día de su cumpleaños, tuvo que hacerse una quimioterapia, y dijo: "este es un momento que me va a recordar siempre lo importante que es celebrar la vida". Cada vez que cumplimos años Nelson, no es que estamos más viejos, que la piel está horrible, que las arrugas, que es lo que muchas veces pensamos, sino celebrar la vida.

En grande.

Sí, celebrar la vida en grande, por eso cada momento que tengo con mis hijos, trato de apreciarlos, trato de celebrar muchísimo y espero también, te digo sinceramente Nelson, que pueda haber una Venezuela en la que todos entendamos que somos hermanos venezolanos, que queremos lo mismo para Venezuela, un mejor país, con trabajo para todos. Yo no quiero ver más una Venezuela dividida en colores, ni en raza, yo quiero ver a una Venezuela como cuando nacimos, sencillamente somos venezolanos y eso es lo que quiero para mi Venezuela querida; quiero que mis hijos conozcan Venezuela, quiero que todos los venezolanos puedan vivir y estar orgullosos de su país, que su mayor preocupación, día a día, sea "mañana tengo que apagar muy temprano el despertador para ir a trabajar", y no que sea: "¿qué voy a comer mañana? ¿dónde voy a conseguir tal medicamento o tal producto? ¿cómo alimento a mis hijos?".

O que "no puedo salir a la calle porque voy a estar inseguro".

No, yo quiero que mis hijos puedan, por ejemplo, pasear bicicleta en la calle, así como cualquier otro venezolano, sin miedo, quiero una Venezuela con la que soñamos todos.

Multicolor sí.

"Te quiero tricolor".

Hay que atreverse a soñar. Y quiero una Venezuela, como tú me dijiste en una oportunidad, tricolor con estrellas y todo (risas de ella). Te quiero tricolor con estrellas y todo.

Te quiero tricolor (risas).

Así me dijiste en una oportunidad.

En este momento cambiamos el nombre del programa, ya no es *Atrévete a Soñar,* ahora es *Te quiero tricolor*.

"Con estrellas y todo", así mismo.

Mari eres símbolo de la mujer venezolana y la mujer latinoamericana, eres luchadora, soñadora, emprendedora y te vemos todas las mañanas con el orgullo y el corazón bien grande, porque sabemos que cada uno de tus pasos, que han sido muy duros en este maratón de la vida, te han llevado hasta allí, hasta donde estás todas las mañanas.

Seguimos en el maratón, pero muy contenta de estar allí bien tempranito, ayudando a todas las personas a despertarse con la mejor información, trato de ponerle la mejor energía. Hay momentos que las noticias no lo permiten, es complicado, pero allí estamos, poniéndole todo el empeño, preparándome día a día, y dispuesta a seguir adelante. Siempre hay momentos que intentan llevarte hacia abajo, no señor, vámonos, a sacudirnos eso, a sacar la mejor energía y hacia arriba.

Usa esta cámara como lo haces cada mañanita con tu café y vamos a reglarles a todos una noticia motivacional.

A ver, vamos a comenzar como lo hago todas las mañanas: "muy buenos días, bienvenidos a Café CNN, a despertarse (da palmadas), a levantarse, comienza un nuevo día. Yo sé, a veces es muy temprano, uno se levanta con flojera pero hay un día maravilloso por delante y espero que sea el mejor de todos. Lo mismo lo voy a decir mañana, por supuesto, pero vamos a seguir adelante, porque sí se puede".

Vamos a seguir adelante (y aplaude).

Te quiero tricolor.

Te quiero tricolor

Con estrellas y todo.

¡Muchísimas gracias Mari!

A ti.

Amílcar Rivero

"Yo he hecho novelas durante toda mi vida y he contado las historias de los demás, ahora yo quiero contar mi historia, basado en lo que he tenido que hacer, porque es muy fácil ver los toros desde la barrera".

Nelson: Hay personas que son ejemplo a seguir, por eso hoy damos la bienvenida a Amílcar Rivero.

Amílcar: ¿Cómo estás Nelson? Un placer estar en tu programa, seguro que eso no te lo habían dicho antes ¿no?

Gracias (risas). ¡¡Nooooo!!

¡¡Siempre hay una primera vez!! (risas).

Gracias por acompañarnos. Son muchas las personas que nos leen y que, desde hace tiempo, siguen tu carrera, sin embargo, hay otro grupo de personas que tal vez dirán "¿quién es Amílcar Rivero?". Google nos puede ayudar, pero podemos contarles un poco de tu carrera: comenzó cuando eras muy joven en la televisión, específicamente, en la actuación. Además, podemos decir que tú eres una de las pocas personas que ha hablado directamente con Dios.

¡Sí, es mi amigo!

¡Es tu amigo Dios! Cuéntanos un poco de tu carrera desde sus inicios.

Bueno, yo empecé a los diez años. Hice una novela, bueno pasaron varias cosas antes de hacer esa novela, pero me dieron el chance de tener un personaje que habla y lo digo porque también está el extra que entra a un lugar y sale, o pasa por la cámara, pero este era un personaje hablado. Recuerdo que Muñoz Rico, en una novela de RCTV con María Conchita Alonso y Jean Carlos Simancas, llamada *Marielena*, me preguntó que qué nombre me gustaba para el personaje, el cual era uno corto, de diez capítulos, un muchacho que limpiaba botas... y, como Dios siempre ha sido mi amigo, hice una de las aperturas más grandes que se puede hacer para un artista, que es dar a conocer su nombre y le dije: "a mí me gusta mi nombre: Amílcar". Que yo decía "a mi mamá debe gustarle un tipo con ese nombre", porque tuve que investigarlo...

¿De dónde salió Amílcar? (risas).

No sé de dónde salió en la familia, pero tuve que investigarlo en los diccionarios y sé que "Amílcar" es un Príncipe Cartaginés y padre de Aníbal que cruzó los pirineos en elefante.

¡Ahhhh mira!

Así que, por lo menos, sé que el empeño y las dificultades vienen de familia. Bueno, hice esa novela y, a raíz de allí, pegué nueve novelas, consecutivamente, como protagonista infantil. Eso es un récord que perdura en la televisión venezolana y creo que cómo se está haciendo televisión en Venezuela va a durar como cien años ese récord (risas de Nelson).

"Rompió con muchos mitos de la televisión, por ejemplo, era un Dios de color".

Después, vino la novela en la que yo era un niño que hablaba con Dios, escrita por Fausto Verdial. Quizás la que me hizo más popular porque rompió con muchos mitos de la televisión, por ejemplo, era un Dios de color. La canción tuvo más éxito que el título de la serie porque todo el mundo dice "Ay Dios, mi amigo Dios", nadie recuerda que se llamaba *Juanito y Él.* Fue un éxito para ese momento, ya que las series infantiles duraban 130 capítulos y él decidió hacer una segunda parte, basada en la historia de amor, ahora con otra niña, pero seguía hablando con Dios por eso se llamaba: *Juanito, Julieta y Él.*

Tú tenías como 11 años, ¿no?

Sí, 11 años de edad, yo era el único niño al que le permitían manejar bicicleta en Radio Caracas Televisión y no lo botaban.

¿Cómo era eso? O sea, tú manejabas bicicleta dentro de un canal de televisión, estamos hablando de uno de los canales más importantes de la televisión en Venezuela y tú eras el protagonista de una telenovela juvenil, pero, aparte, ¿manejabas bicicleta dentro del canal?

Sí, te explico, mi vida era un poco complicada porque yo me levantaba a las 6 de la mañana, me iba al colegio a las 7, al mediodía iba a mi casa, me bañaba, almorzaba y a la 1 de la tarde iba al canal. En ese momento no había una ley que dijese hasta qué hora podía trabajar un niño y, por lo general, trabajaba hasta las 10 u 11 de la noche, así que hacía las tareas en el canal, en el camerino y volvía nuevamente. De esa forma estuve durante cinco años, entonces empecé a tener las necesidades que tiene cualquier niño como jugar y bueno, me dieron ciertas concesiones. Es más, hay una anécdota interesante, yo tenía 13 años y seguía grabando, pero un día le dije al Gerente en ese momento: "mira yo no quiero trabajar más, yo quiero ir a jugar fútbol al mediodía con mis amigos, en el colegio". Entonces se encendieron las alarmas y empezaron a rodar las pautas, dependiendo de mis partidos de fútbol en el colegio.

¡¡Ohhh!!

Entonces me pusieron una van en el canal, yo me montaba en la van, iba a jugar el partido de fútbol, me bañaba, regresaba y seguía grabando.

Hubo otra anécdota: Arnaldo Limansky, un productor extraordinario, llamó a mi casa como a las 11 de la noche para decir que faltaba una escena y preguntar si podía ir a grabarla. Yo fui en pijamas a grabar la escena, o sea, cosas como esas eran frecuentes en ese momento, entonces lo que hacía era trabajar, pero puedo decir como dijo Shirley Temple: "le doy gracias a la industria por mantenerme ocupado". Durante cinco años no hice otra cosa.

Amílcar, tú sabes que cada programa tiene un título. Así como en aquella novela te permitieron colocarle el nombre a tu personaje, en este caso, en este programa, nosotros te preguntamos a ti ¿qué título le pondrías?

"A pesar de esta cara, sí se puede".

"A pesar de esta cara, sí se puede", pero hay un chiste interno, ehh yo creo que un chiste tuyo, tú siempre dices que tú no eras así, que tú no has tenido esa cara siempre... (risas de ambos).

Claro, lo que pasa es que la gente se desarrolla y cambia y, de repente, tú no lo notas por mucho tiempo, pero luego aceptas el cambio. Lo que pasa es que la gente siempre dice: "Ay qué lindo eras tú cuando eras niño, ¿qué te pasó?", entonces tengo que buscar una explicación, de que bueno, crecí, pero ellos tuvieron la suerte, o no sé si llamarlo así, de ver el paso de la evolución de mis cambios físicos, a través de la televisión.

Y la pregunta es ¿tú eras bonito cuando eras chiquito?

Muy bonito. Y lo sigo siendo, que es lo peor (risas de ambos).

¿Qué significó, para un niño, la fama y los sacrificios de no estar con su familia tanto tiempo? Porque tú comenzaste muy pequeño, lo que quiere decir que tuviste que dejar de hacer muchas cosas como niño...

"Yo siempre digo que el hombre es lo que hace, y yo hago ilusiones y hago sueños".

Un canal de televisión puede ser un gran parque de diversiones, porque RCTV tenía escenografías, utilerías y vestuarios que eran como grandes galpones y yo me metía en las tardes a curiosear. A veces me disfrazaba de pirata, de Cristóbal Colón, me montaba en barcos de anime, o sea, realmente lo que había allí era extraordinario para jugar, y bueno yo lo descubrí y me lancé por allí. Eso lo disfruté muchísimo.

Hoy en día sí pienso: "me perdí muchas vacaciones... me perdí, de repente, viajes" pero, puedo decir que tengo un oficio, entonces lo que perdí por ese lado lo recuperé y lo gané por el otro. Yo siempre digo que el hombre es lo que hace, y yo hago ilusiones y hago sueños. En este momento hago risas, entonces lo que perdí allí no lo veo como "perdido" realmente, o sea, dejé de ganarlo en un momento determinado y ahorita lo estoy ganando de otra forma.

Okey y hablando de los cambios en la vida, ahora estás en una nueva realidad, estás en un nuevo país, decidiste dejar todo aquello que conocías, que era tu éxito, tu base, ser conocido en Venezuela. Ahora, ¿qué significa esta nueva etapa en tu vida? ¿Hay cuestionamientos, hay preguntas, hay búsqueda?

Bueno muchísimas. Primero, que me sacaron de un mundo, al cual sigo perteneciendo, o sea, Venezuela para mí no es pasado, Venezuela para mí es un receso y, muy probablemente, un futuro. No sé a través de qué o cómo, será de mis hijos, o a través de los afectos que uno ha dejado pero, efectivamente, me sacaron de un mundo en el cual yo era sumamente feliz, y me encuentro con que estoy en otro lugar y tengo que aprender a ser feliz en ese otro mundo. Yo estoy en la búsqueda de esa felicidad, yo siento que la felicidad es un estado mental que es cuando tú puedes tener un control y un goce de todo lo que te rodea, allí eres sumamente feliz. Me he conseguido con que todo el mundo es un maestro iluminado del camino que debes seguir, pero realmente cada historia es individual y es muy aparte, muy específica. Yo he llegado un momento a pensar que no quiero que me digan cómo lo lograron, ni cuál es el camino para lograrlo. No quiero, no estoy interesado, yo he hecho novelas durante toda mi vida y he contado las historias de los demás, ahora yo quiero contar mi historia, basado en lo que he tenido que hacer, porque es muy fácil ver los toros desde la barrera y decir: "¡reinvéntate! Este es un país para reinventarse".

¿Qué significa reinventarse? Amílcar, cuando te levantas todos los días, cuando te despiertas en la mañana y dices: "¿y ahora qué?" Reinvéntate... esa es una palabra maravillosa, pero ¿cómo se logra?

"Reinventarse"... voy a plantearlo desde cómo lo entiendo. La gente entiende que reinventarse es dar cualquier otra cosa y salir adelante, pero para mí reinventarme es volver a inventar algo que conoces, no me puedo reinventar haciendo pizza porque yo no soy pizzero, yo soy artista y soy humorista, me puedo reinventar dentro del medio y buscar el camino, pero no me puedo reinventar en otra cosa...

Okey pero ¿cómo haces en las mañanas? Te despiertas y dices: "Hoy voy a..." ¿cómo es tu caso?

Bueno en las mañanas me levanto y digo: "hoy no voy a permitir que me roben la sonrisa". Tengo que salir con el mejor de los ánimos, hacer lo que tengo que hacer y a vivir como yo he vivido, o sea, yo no puedo permitir que un cambio de sistema, un cambio de vida me robe la sonrisa, porque estoy en búsqueda de eso y yo vendo sonrisas, yo trabajo para que otra persona sea feliz por una hora.

¿En algún momento te han robado la sonrisa?

¡Sí! He sentido que el sistema, la vida, los comentarios me han robado, me han distraído del mundo y una mañana me levanté, me tomé un café y me dije: ¡no! ¿Qué es esto? Las cosas no son así y si son así, pues debo ir en contra del sistema, porque yo no puedo permitir que la felicidad se me opaque, veo a mis hijas y sí, puede ser un futuro mejor y una oportunidad de vida, pero los países tienen todos que salir adelante, yo creo que es un tiempo para formarse y saber pa´ dónde vamos y qué vamos a hacer, es muy rudo, he tenido algo así como diez trabajos en un año...

"Oye no, yo no soy así, esa no es mi vida, yo tengo que volver a mi esencia".

¿Qué has hecho?

Te puedo decir que he instalado aires acondicionados, he pintado rines para aviones, he trabajado para una compañía que vende tintes para el cabello, pero aparte de eso, me ofrecieron mantenimiento para salas de cine, y yo decía: "oye yo siempre he querido llegar a la gran pantalla norteamericana y creo que lo voy a lograr, aunque sea limpiando su cine...". En fin, he tratado de buscar una salida pero es muy duro porque sigue estando el chiste y la risa en cada momento de mi vida, yo creo que de los trabajos no me botaban porque se reían, porque realmente no sabía hacer los trabajos, pero como pasaban un momento diferente (con acento argentino): "Che no lo vayas a botar esta semana, que el tipo es muy gracioso", entonces en esos lapsos, yo dije: "oye no, yo no soy así, esa no es mi vida, yo tengo que volver a mi esencia".

A tu esencia, a...

A lo que yo hago y entonces decidí, si vamos a pasar hambre, vamos a pasar hambre con dignidad, haciendo lo que sabemos hacer, porque creo en la especialización de los seres, en mi caso, especialización durante 38 años de carrera en televisión y 18 haciendo reír, entonces ese es mi mundo, yo tengo que tratar de subsistir y sobrevivir con lo que sé hacer...

Dejaste de hacer todas las otras cosas con las cuales subsistías, pero que no te llenaban como ser humano...

¡Sí! Y más que dejar de hacerlas, me hicieron dejarlas...

¿Te botaron entonces?

Me botaron de varios lugares sí, bueno, sencillamente no me llamaron más, en fin, pero sigo entendiendo que el ser humano es maravilloso, mira te voy a contar una anécdota...

Un amigo me dice que lo ayude a instalar aires acondicionados y a reparar cuestiones en las casas, y bueno chévere, voy con él. Llegamos a una casa donde hay una señora cubana y dice (con acento cubano): "Menos mal que llegaron porque yo necesito lavarme el pelo con agua caliente, yo no puedo seguir viviendo así", bueno mi amigo hace la revisión, y le dice: "la brequera está mala, vamos a ir a una cadena grande a comprar" y nos fuimos. Cuando llegamos allá, el breque era muy viejo y ya no salía más ese modelo, había que comprarlo por internet y nos regresamos. Entonces yo le digo a mi amigo: "déjame que yo le doy la noticia..." y le digo a la señora:

– Le tengo una buena y una mala noticia...

– Bueno entonces dime primero la mala pa´ salir de esto.

– No se consigue el breque, hay que buscarlo por Internet.

– Ajá y entonces ¿cuál es la buena?

– Que sí se va a poder lavar la cabeza con agua caliente porque va a poner a calentar una ollita de agua y se va a bañar así con un tobito...

– Mira mejor quédate como electricista porque como cómico eres muy malo.

(Risas de ambos). Lo que provocó una risa en mi amigo, que sabía que yo vivo de eso... Bueno entonces han salido cosas, pintando un rin de un avión quedó una gotita y me decían: "eso no puede pasar porque eso es un desperfecto en la pintura" y yo jamás en mi vida había hecho un graffiti...

Claro, pero ya va, espérate un momento, para quienes no conocemos esto, ¿cómo pintas el rin de un avión? ¿Es con brocha? ¿Cómo es eso? Estamos aprendiendo también...

Es como pintar un carro, tal cual, y me quedó una gotita y me dice "esto no puede pasar" y le digo: "mira, yo de esto no sé mucho pero te puedo decir que un avión va a 950km por hora, o sea, el tipo que vea el detallito es una fiera", entonces me dice el jefe: "no es así, pero me gusta tu actitud" y yo "bueno, muchas gracias", duré una semana en ese trabajo (risas).

No te llamaron más (risas de ambos).

Si ustedes ven que un avión suena feo cuando aterriza es la gotita que afecta el rin...

¿Y qué más pasó así? Ya pasamos el trabajo de instalador de aires acondicionados, arreglando problemas de calentador de agua, de graffitero de aviones, de los rines... ¿De qué más?

Bueno, a ver, una compañía que se llama "Dafne" me contrató para vender tintes para cabello, fue como una asociación. Me dieron una zona y yo soy el distribuidor de esa zona, pero yo sé de pintura de cabello lo que sé de astronauta, o sea, NADA... tuve que ponerme a estudiar. Ya ahora soy una fiera... con amoniaco, sin amoniaco, que si no sé qué... y la verdad es que me ha ido bastante bien, sigo aprendiendo cosas nuevas, pero siempre está latente allí la risa.

¿Cómo vendes los tintes? ¿Tratando de hacer reír a la gente?

Bueno no, yo soy el que me río, yo estoy disfrutando esto, yo estoy haciendo un show para mí. Llegué a un lugar que se llamaba "Machos" (risas de Nelson) y cuando entro, veo a todo el mundo con abanicos, parecía una coreografía de *Loco Mía* y me dicen: "es muy mal momento, se nos dañó el aire acondicionado".

¡¡Ahhhh!!

Y yo: "ah bueno disculpe". Me reí muchísimo desde que entré hasta que salí. Yo creo que la gente, en un momento determinado, tiene que pasar por estas etapas, porque esto es como un cable a tierra, un contacto con la realidad. Además, siempre se ha dicho que los humoristas hacen reír porque tienen el contacto con la calle y tienen el contacto con lo que la gente siente, y se ven reflejados, entonces es una buena experiencia...

Y en tu caso también lo vemos, porque en cada una de las facetas que has ido desarrollando en paralelo, has tratado de llevar lo que es tu esencia, eso quiere decir que eres un gran motivador, primero porque te estás motivando a ti mismo.

¡Por supuesto!

"Tenemos que buscar la manera de no perder el brillo que nos hizo, en algún punto, ser diferentes, en todos los niveles".

Eres un gran motivador porque lo que intentas es llevar sonrisas a los demás.

Es correcto, yo siento que la gente puede estar pasando por momentos de desesperación, depresión, o que no se encuentra, pero es eso, es un momento, y tenemos que buscar la manera de no perder el brillo que nos hizo, en algún punto, ser diferentes, en todos los niveles.

Hoy nos trajiste una sonrisa y un gran brillo, muchísimas gracias Amílcar, por eso eres nuestro

invitado en *Gente que Motiva*, gracias Amílcar, muchísimas gracias.

Decía Chaplin "que un día sin risas es un día perdido", así que hay que reírse.

Es así, no pierdan sus días, hay que reírse, ¡¡hasta la próxima!!

Kiara

"Si Dios nos permitió soñar es porque se puede cumplir. Ir tras los sueños con perseverancia, con disciplina, con foco".

Nelson: ¡Qué honor darte la bienvenida mi querida Kiara!

Kiara: Qué bellezaaaaa, qué belleza, jamás pensé que sí podía motivar a alguien, qué rico ¿no?

¿Por qué esa pregunta?, ¿por qué te preguntas eso?

Porque uno va por la vida, pues aprovechando las oportunidades, tratando de hacer lo mejor que se puede, pero sin pensar que puedes llegar a ser ejemplo para alguien, o sea, es como grande, no sé.

¿Lo descubrimos entonces?

Bueno sí.

Vamos a descubrirlo, ¿cómo comenzó todo esto en tu vida? ¿Hubo un sueño alguna vez?

De pequeña, desde los ocho años de edad, me recuerdo con un cuatro en la mano que me compraron vía Barquisimeto, mi tierra. Bueno mi papá nos llevaba mucho para allá, nací allá, luego vivimos en Caracas, pero viajaba mucho. Y me compran ese primer cuatro, por supuesto toqué el *Hola compadre Pancho* y *Brisas del Zulia*.

"El don maravilloso de mi voz".

Formo parte de una familia de bohemios. Por parte de mi mamá son maestros, muchos maestros, directores de escuela. Mi mamá canta, borda, pinta y todo lo hace perfecto, y mi papá fue militar. Pero en una familia dicharachera, como de mucha fiesta y de esas tonadas que te reunías a cantar y a tocar.

Y bueno, ya luego a los 10 años me compran una guitarra, porque mi mamá también tocaba guitarra. Me meto en la estudiantina en el Colegio Santa Rosa de Lima y allí comenzó lo que no sabía que era ese don maravilloso de mi voz, que siempre sobresalía, de hecho a los 13 años me botaron de la coral.

¿Por qué?

Porque no entendía lo que era un trabajo en equipo, una coral debe sonar a una sola voz.

¿Y tú qué hacías entonces?

Yo vibraba diferente, cantaba muy duro, hacía unos adornos, unos melismas, y el director me dijo: "o sea, tú no eres disciplinada, no sirves para estar en la coral" y me botaron. Yo, en ese momento, subí el hombro y me fui.

Pero entonces me destacaba en la iglesia, tú sabes que como vengo del Santa Rosa de Lima, todos los días era obligatorio ir a la primera hora de misa.

Ahhhh bueno no sabía, me estoy enterando, no sabía (entre risas).

Sí, allí tocábamos guitarra y pues ahí sí podía sacar todo ese torrente de voz que tenía, incluso componía y le cantábamos, por supuesto, al Señor y a la Virgen María.

¿Y el Derecho, de dónde viene esa mezcla?

Fíjate que mi mamá siempre me decía que teníamos que tener un instrumento —que era mi voz, la guitarra y el cuatro– más una carrera. Claro, la influencia de mi padre, militar de los de antes, eso de justicia, de la equidad, de dar a cada quien lo que se merece. Y mi hermano que tiene una mente realmente brillante, lo admiraba, lo admiro y lo admiraré siempre. Él empezó a estudiar Derecho y yo dije "voy a estudiar Derecho también".

Entonces ni siquiera me inscribí en ninguna otra universidad, yo quería la Universidad Católica Andrés Bello. Tenía muy buenas notas en el Santa Rosa de Lima, era una fajada la verdad y logré mi cupo en la Católica.

Te graduaste de Abogada en la Universidad Católica Andrés Bello, ¿y el canto?

Es que el canto yo lo utilizaba por hobbie. O sea, mi mamá decía "la carrera es para que te busques un lugar en la vida, para que te desarrolles como ser humano". Y fíjate, empecé a ejercer en "Quintana Brandt y Asociados" en el Centro Plaza de Caracas. Allí llegué a ser Agente de la Propiedad Industrial, llevaba la parte de hipotecas de la vivienda. Imagínate, hace tantos años (risas de Nelson).

Pero me decían: "Bueno ya va, ¿de parte de quién estás tú?, ¿de la vivienda o del señor que no ha pagado la hipoteca?". Porque era muy duro. Una vez llegué a embargar una casa de familia y fue muyyyy duro. Allí me di cuenta de que yo no tenía esa madera suficiente.

Ejercí dos años y medio, casi tres, y mientras tanto hacía modelaje. Por ahí hay cuñas de Halls,

Herbaliptus, de ollas Magefesa, Rori. ¿Sabes? Uno se rebuscaba.

La abogada de 21, 22, 23 años estaba haciendo comerciales como modelo.

También.

Y cantaba.

Y cantaba en las fiestas. Ahora me estoy dando cuenta de que hacía muchas cosas a la vez (risas).

Sí, pero todo para descubrir que, de repente, ibas a llegar a un camino que te iba a enfrentar al éxito y al triunfo. Y de una forma que, tal vez, jamás imaginaste cuando estabas sentada en ese bufete de abogados ¿no?

"Yo misma soy".

Nunca, nunca. Recuerdo que me fui por una tontería. Me fui del bufete y llegó alguien a ofrecer unos servicios en mi casa y me dijo:

– Están buscando una cantante con rasgos venezolanos.

– Yo misma soy.

– ¿Pero tú cantas?

– Sí vale, yo canto chévere.

Pero te botaron de la coral (risas).

Sí pero yo creo que canto bien como solista (entre risas). Y me dicen que es en Sonográfica, allí me reciben Tito Rodríguez y Rudy la Scala.

Imagínate.

Y Rudy que estaba merodeando, me ve y me dice: "yo te conozco". Y yo le digo: "A ti te conozco, pero tú no me conoces a mí". Y me hizo una prueba en vivo, esa misma tarde. Entonces fíjate tú qué cosa tan increíble, yo fui a Sonográfica pero Rudy era productor de Sono-Rodven. Y le dice a Sonográfica, al ejecutivo que me atiende: "si no la agarran aquí..."

Ohhhh.

Entonces me hizo una prueba con el El Himno Nacional, que me ha perseguido durante toda mi vida y, fíjate, él me hizo una prueba con el Himno en vivo, así a capella, y me busca cita también en Sono-Rodven.

Me buscó en las dos, y ¿quién me tomó primero? Sono–Rodven. Yo firmé un viernes y el martes me llaman de Sonográfica pero les dije: "ya firmé".

Noooo muy tarde, ya es muy tarde. Una firma que cambió tu vida, porque quién no recuerda el impacto de verte en televisión. Recuerdo el día que te vi por primera vez en televisión, dije "¿qué es esto, de dónde salió esta belleza de mujer?", aparte venezolana, muy, muy venezolana.

Kiara firmaste con Rodven, entonces cuéntanos, ¿cómo se fue dando el éxito?

Firmé con ellos y te voy a ser franca, en una entrevista que me hizo Leonardo Padrón, me dice: "¿pero tú sabías perfectamente qué producto ibas a ser?". Y allí, después de 28 años, en esa entrevista descubro que no... no sabía.

¿No sabías?

No. Ahora cuando analizo las letras, me doy cuenta de que eran realmente revolucionarias para aquella época.

"A más de uno me he entregado".

Decir "A más de uno me he entregado" en el año 88, decir "Tómame en el piso, donde sea", "No siento nada con tus caricias", sonaba disonante y yo venía del colegio Santa Rosa de Lima.

Imagínate, estabas tocando el cuatro en la iglesia todas las mañanas.

Y mi papá militar además.

Nooooo.

Yo pensaba en mi mamá —que le llamo Doña Bárbara—, en cómo iba a tomar la gente esto. Pero yo no sé si es que soy temeraria, le digo sí a todo, pero me encanta probar cosas nuevas. Yo dije "pues vamos".

Hay que arriesgarse.

Sí, y pues por cantar unas letras e interpretar algo que todo el mundo sabe hacer, que es amarse, dedicí lanzarme. Además ya yo estaba casada, o sea que para mí era buscar apoyo en el esposo y en mi madre ¿no?

¿Y el éxito entonces? Porque ahí comenzó el éxito de una forma que ni imaginaste, que te ibas a montar en esa ola de éxitos tan grande.

Nunca, nunca Nelson. Recuerdo que sale mi disco, lo preparan como en tres meses, rapidísimo. "El descaro", para que ustedes sepan, era un jingle para una colonia.

Para aquel comercial de televisión.

No había una versión larga del tema, pero la gente empezó a pedirlo y a pedirlo en la radio y hubo que hacer una versión larga como tema. En ese entonces, mi primer disco se titula *Kiara*, así a secas, salgo con una chaqueta de cuero que me prestó el fotógrafo, unos jeans rotos y unos zapatitos ahí, no me acuerdo, unas botitas blancas de huequitos. ¡Blancas Santo Cristo! Nunca más me voy a poner unas botas blancas (risas). Pero bueno eso era en el año 88. Salieron dos ediciones, una con la canción *Descaro* y otra sin *Descaro*.

Te cuento que a los dos meses yo estaba en el parque Castrelos de Galicia, te juro, no sabía, ¿cómo me visto, a quién le digo? Llamé entonces a una amiga que cosía franelillas, lo que llaman licrilla y me hizo algo terrible verde con rojo (entre risas), que parecía un arbolito de Navidad (risas) y así salí.

Y cuando llegué al parque Castrelos, estaba Petula Clark en el camerino de al lado (señalando a la derecha) y aquí estaba Mecano (señalando a su izquierda). Estaba animado por Gilberto Correa y Carmen Victoria, o sea, fue como un tsunami, un huracán donde me metí que no sabía...

¿Y en qué momento te diste cuenta?, o dijiste ¿en dónde estoy metida?

Nunca paré, seguimos. Bueno, de allí disco de Oro. Me recibían, yo llegaba en el avión y me recibían en Panamá, en Puerto Rico, en Colombia. O sea, tú sabes cómo lo hacía Sono- Rodven. Lo hacía en grande.

Realmente era una empresa muy grande que tenía espectáculos, tenía la parte de discos y la parte de televisión, entonces tenía cubierto todos los flancos.

***El Descaro* nos unió a ti y a mí sobre un escenario, ¿lo puedes contar?**

Sí, claro que sí, *Fama y Aplausos.*

En Radio Caracas Televisión.

"Esa casa nuestra".

Sí, en Radio Caracas Televisión, esa casa nuestra vale. Nosotros llegábamos a todas partes, a todos los rincones de Venezuela.

Sí y cantábamos juntos.

Claro cantamos juntos. Los convencimos porque la producción te dijo "¿qué tal si te animas a cantar con Kiara?, que es la madrina de todos esos muchachos".

Un programa de canto y querían que el presentador cantara con Kiaaaaaraaaaaaaaaaa...

¡Qué bello!, pero grabamos, grabamos en Telearte y todo fue maravilloso.

Yo fui un descarado.

Estabas asustado, la primera vez que lo veo asustado en la vida (risas).

Sí estaba asustado, estaba muy asustado. Tu voz ha marcado momentos en la historia. Recuerdo que haciendo un documental llamado "Por estos pasillos de RCTV", cuando estábamos editando el documental, tu voz nos llevó a esos pasillos...

"Cuando un amigo se va".

¡Qué fuerte! Sí, *Cuando un amigo se va*. Bueno, cuando nos enteramos que la concesión no sería renovada, Diony—que Dios lo tenga en la gloria—, me llama y me dice: "¿quieres cantar *Cuando un amigo se va*?". Imagínate el honor que significaba, la honra que significaba que mi voz marcara...

¿Qué sentías?

Es que Diony me pidió que lo hiciera en vivo. Yo le dije: "Diony yo no voy a poder cantarla en vivo, porque yo sé que me voy a ir en llanto", por mil razones ¿no? Todas las circunstancias que nos estaban envolviendo en ese momento y me dice "Tienes 20 minutos para ir a Telearte y grabar lo que sea". Llamé a Alan González y le digo: "Alan, por favor, ayúdame en este tono". Él estaba allá. Señores hicimos dos tomas nada más porque no había tiempo y salió a la primera.

Por eso te preguntaba qué sentías, porque cuando uno escucha *Cuando un amigo se va*, uno siente que no hay un mayor cuidado de la forma, porque está dicho con el corazón. Era tu corazón cantando.

Sí era el corazón que decía "Cuando un amigo se va".

¿Cómo decía? Canta un pedacito para ver.

(cantando)

> ... Cuando un amigo se va, queda un espacio vacío, que no lo puede llenar la llegada de otro amigo. Cuando un amigo se va, queda un tizón encendido, que no lo puede apagar, ni con las aguas de un río...

Y por allí iba esa letra, una belleza. Fuimos protagonistas de esa historia (Nelson le toma la mano casi llorando).

Somos protagonistas, somos protagonistas de esta historia Kiara.

Y la esperanza está allí.

Los sueños se pueden hacer realidad en esta maravillosa tierra. ¡Qué bello tu talento Kiara!

¡Qué bellooo, qué belllo!, se suponía que eras tú el que me iba hacer llorar a mí.

Aquí puede pasar de todo, es así. Gracias.

¡Tan bello! A ti mi amor, qué lindo.

Al principio, en el camerino, dudabas un poco de ser una persona que motivara. Y si eres una persona que motiva, eres motivación también.

A través del canto sí.

Sí, tu música es eso.

Sí, me lo ha dicho mucha gente. Y me llena de orgullo, a lo mejor no merezco tanto, pero me dicen: "mira le puse Kiara a mi hija por ti". Me lo han dicho en varias ocasiones.

Eso es una belleza.

"Más que cantante, me siento intérprete".

Y yo, ¿de verdad?, ¿está segura?. Sabes, porque te sientes una persona normal, simplemente con un don que logras transmitir emociones a través del canto. Yo más que cantante, me siento intérprete.

Nos acabas de hacer un regalo al programa, porque nuestra función es verte desde afuera, tratar de entrar en tu vida y mostrarle a la gente que eres un

ser humano con mucho éxito, pero que has tenido que trabajar mucho para obtenerlo. Todo eso significa mucho sacrificio de dejar atrás familia, esposo, hijo.

De hecho, pues tengo tres matrimonios. Uno siempre se casa para toda la vida, pero sí, en esas ausencias pues...

Recuerdo que un día regresé a casa y mi hijo corría alrededor de mí, estaba súper nervioso y de la emoción se hizo "pis". Entonces claro, yo decía "estoy faltando, estoy faltando aquí en casa", era como mucho.

¿Pero en ese momento él tenía cuánto tiempo?

Él tenía como 5 o 6 años.

¿Y pasaba mucho tiempo que no lo veías? O pasaron dos, tres semanas.

No, pasaba mucho más. Había partes en el pasaporte que yo decía: "Dios mío, tengo 6 meses fuera". O sea, era en junio y apenas tenía treinta días en Venezuela. Era una cosa increíble, eso fue desde el año 88 hasta el 92.

Una centrífuga muy fuerte.

Muy fuerte, muy fuerte.

4 o 5 años de...

De mucha rosca como dicen aquí en Venezuela. Yo recuerdo, digamos, de Los Ángeles a San Francisco. Y en Los Ángeles hicimos todo ese recorrido y eran radios y radios y radios... "¿estás cansada?, sí bueno, ya llevo 13 radios diarias" y dormíamos en cualquier hotel del camino, muy fuerte.

Es increíble. Tu vida es motivación, porque yo me imagino a una muchacha que tal vez nació en Barquisimeto y digo Barquisimeto porque naciste allí.

Mi papá es de Aguada Grande.

¿Qué es Aguada Grande?

Aguada Grande es un pueblo.

¿Dónde queda?

(ella se sorprende muchísimo). ¿No sabes dónde queda Aguada Grande?

No lo sé y mira que he viajado en Venezuela.

Bueno de donde viene Roland Carreño, somos primos, es un pueblo. Del famoso pan de Aguada Grande. Bueno ese pueblo tendría una avenida y dos calles, ahorita debe ser un poquito más grande.

Kiara, ¿los sueños se pueden hacer realidad?

"Los sueños se pueden hacer realidad".

Por supuesto, si Dios nos permitió soñar es porque se pueden cumplir. Ir tras ellos con perseverancia, con disciplina, con foco. Sin embargo, también siento que Dios nos tiene un destino, entonces esas dos cosas conjugarlas.

Quizás unos llegan más tarde, otros llegan más temprano, en mi caso me llegó tempranito.

Tempranito y durísimo, pero hay que intentarlo, hay que buscarlo, hay que trabajar.

Es así.

Gracias Kiara.

No, gracias a ti mi amor.

¡Qué bella eres! Gracias. Mi productora te ama, hoy me hiciste llorar.

Qué bello ¿no? Sí, te motivé (entre risas).

Luis Chataing

"Los sueños se hacen realidad en la medida que uno se empeñe en conquistarlos y en la medida que uno sepa que ese camino tiene obstáculos y esté determinado a sortearlos, sin hacerle daño a los demás".

Nelson: Hay personas que nos ayudan a hacer realidad nuestros sueños, a no decaer para ir tras el éxito, damos la bienvenida a Luis Chataing.

Luis: ¿Cómo estás Dr. Bustamante?

Luis Eduardo.

Nelson Octavio (risas de ambos).

Luis qué nota poder... no sé cómo describirlo, qué nota poder tenerte aquí en el programa. Hay mucho cariño, hay mucho respeto porque, aparte, venimos compartiendo esta carrera en paralelo desde hace muchos años.

Mucho tiempo, muchísimo.

¿Hace cuánto? ¿Recuerdas tú?

Mira yo no sé... ¿qué será? 20 años por lo menos.

Desde la 92.9 fm.

¡Desde la 92.9, claro! Y no chico, y lo que hicimos con "Emoción Olímpica" en Radio Caracas Televisión, que tú estabas en tu estudio y yo estaba en Atlanta disfrutando los reales que me dio Radio Caracas.

¡En Atlanta! Tú estabas en Atlanta con Carmen Cecilia. Y yo decía "y ¿por qué a él lo mandaron a Atlanta y uno en estudio?" (risas de ambos).

Bueno yo gastando los reales del canal, yo creo que no lo cerraron, yo lo quebré (risas de ambos).

"Aquello de reconectarse con el niño que uno fue".

Mira ¿en qué momento un muchacho soñó con convertirse en lo que eres hoy en los medios de comunicación?

Tú sabes que ese es un ejercicio que yo cada día estoy intentando hacer más y más, aquello de reconectarse con el niño que uno fue, porque entre tanto año de realidad, que a veces uno recibe, y tanta dificultad que, con toda seguridad se interpone en el camino, es necesario hacerlo.

Yo creo que, en la medida que uno busca pasar la película hacia atrás, puedes reencontrarte con esas emociones, en mi caso, con aquella pasión que despertaron en mí las imágenes de las trillizas de oro en Radio Caracas Televisión o los programas que hizo Venevisión en su época dorada; esa magia que transmitía la televisión para un niño como yo fue lo que me atrapó en ese mundo, de querer participar en él. Por supuesto, la leyenda en mi casa que significó Renny Ottolina y su creatividad, su disciplina y su amor por Venezuela... son programas que dejaron una marca indeleble en mi carpeta profesional.

¿Y en qué momento decidiste que tú querías seguir esos pasos?

Seguramente cuando tenía unos 12 años. Yo recuerdo, tal vez tú hiciste lo mismo, cuando apenas salió una cámara de video o algo que parecía una cámara de video, que iba conectada, no era inalámbrica, iba conectada a un VHS o al Betamax y uno, en su casa con unos amigos, podía inventarse algo y hacer una cosa en blanco y negro porque esas cámaras ni siquiera eran a color.

Pues uno se ponía a crear, ponía su mente a volar, actuaba o personificaba a alguien con los amigos o con la familia, y así despertó una inquietud hacia ese camino de las telecomunicaciones.

¿Recuerdas algo en específico Luis, algo que hayas hecho?

Sí, sí, lo que yo hacía era doblar, no sé cómo doblaba, solo sé que hacía el audio de la televisión en el instante de lo que pasaban en vivo y yo me ponía a doblar y a tratar de actuar lo que estaba diciendo la persona, eso es lo que yo recuerdo.

"Venezuela es mi familia, yo no puedo pensar en mi familia, sin pensar en Venezuela".

Luis tu amor por Venezuela es algo gigante es algo muy, muy grande. ¿Cómo lo defines tú?

Bueno es como mi todo, mi esencia, lo que llevo en el pecho. Venezuela es mi familia, yo no puedo pensar en mi familia, sin pensar en Venezuela. Yo, al igual que tú, me debo primero a mi familia, a la educación que me dieron en mi casa, a la forma en que me enseñaron que debía vivir la vida y respetar a los demás. Luego me debo al talento que Dios me regaló y, posteriormente, a la generosidad de la gente que me ha permitido conectar con ellos desde la radio o desde la televisión.

Desde entonces han pasado 24 años en mi carrera, y pues uno siente un compromiso tremendamente grande por devolver o preservar la felicidad de aquellos que han garantizado la tuya, que han permitido que tus sueños se hagan realidad, es una sociedad entre uno y esa gente que nos está viendo, a través de la televisión o que nos escuchan en la radio o que nos leen en las redes sociales. Probablemente, la gente a veces no imagine cómo uno les lleva en su pensamiento, yo recuerdo mucho a Venezuela por el tema de los monólogos que hago semanalmente, voy de arriba abajo desde hace ya ocho años, estoy haciendo yo estos periplos, estas travesías, recorro Venezuela y me desplazo mucho fuera de ella también. En el último año he visitado 54 ciudades del mundo en solo 12 meses. Y yo le decía a alguien, hace apenas dos o tres días, que cuando uno logra ver, sentir la emotividad o preocuparse por la felicidad del otro, más allá de la suya, es cuando realmente entiendes que te preocupa tu país.

Yo, gracias a mi esfuerzo, a mi trabajo, al de mi familia, pues digamos que puedo tener una situación más o menos sostenible, pero la carga que uno lleva cuando se mueve de un lado a otro, o cuando se acuesta a dormir, lo que lleva a la cabeza, tú te preguntas ¿por qué a mí se me hace esto tan pesado? Bueno, efectivamente, porque te preocupa el bienestar de los demás.

Ujum, tú dices cuando te acuestas a dormir, pero los que te conocemos, sabemos que tú duermes muy poco.

Sí, la verdad duermo muy poco, muy poco, por temas de todo tipo, yo tengo un sueño muy ligero.

Pero, aparte, tu cerebro, la computadora que tienes allí siempre está funcionando a nivel creativo, y pensando en Venezuela, en positivo siempre.

Sí, sí, sí, sí, sí, siempre mi pensamiento está con el país, yo amo a Venezuela, yo amo cada rincón de Venezuela. Fíjate algo, yo viajé hace dos o tres días sobrevolando el país y, desde el aire, ves sus paisajes, ves esas extensiones verdes y cuando ves nuestros ríos, tú logras conectar, probablemente, con la Venezuela que añoras y la Venezuela que sueñas; es una conexión muy extraña porque, desde el recuerdo, conectas con una Venezuela que tú proyectas más no con la Venezuela que estamos viviendo...

Sabes que... perdón... termina, termina.

No, ya no voy a terminar porque me interrumpiste y estoy muy molesto, ahora ¿cómo hacemos? ¿Tienen algo de tomar? (risas de ambos).

Iba a decir que me pasó eso que estás contando... ahí donde se unen el Caroní con el Orinoco, que están las dos aguas, los diferentes colores y, sin embargo, confluyen y conviven allí todo el tiempo...

Y tienen la misma temperatura.

Y verlos desde arriba es una cosa impresionante. Sí, y me pasó justamente eso, ver la Venezuela de nuestro pasado y ver la Venezuela de nuestro futuro y cómo las dos se unen en un solo lugar.

Hoy se unen aquí en *Gente que Motiva.*

Cuéntanos Luis, ¿qué le enseñas a Luis Ignacio de esta Venezuela?

Mira, primero que nada, el querer las cosas más básicas con las que uno conecta tan rápidamente como nuestra música, nuestra arepa, nuestros paisajes, me gustaría mostrarle el Salto Ángel, me gustaría recorrer Venezuela con mayor libertad para que mi hijo pueda sentir esa pasión que uno siente por su país, pero bueno, hoy día siento que es un niño feliz, es un niño además que goza un poquito de esta cosa que le abrió su papá... esa conexión con la gente que es algo tan emocionante, que él vaya por la calle y la gente ya sepa quién es Luis Ignacio, y lo cargan y lo abrazan... es divertido.

Luis, yo no sé si las personas lo sepan, pero Luis Ignacio fue un niño muy deseado.

Mucho.

¿Cómo cambió Luis Ignacio tu vida?

Mi mayor admiración, y tú lo sabes, es la manera en que tú has criado a tus muchachos. Muchas veces yo soy tu eterno admirador por lo excelente padre que eres, y sí, conseguir a Luis Ignacio fue una labor realmente difícil, muy dura, para mí y, especialmente, para mi esposa. Nosotros perdimos un bebé, perdimos un bebecito, imagínate tú, tanto luchar, tanto creer, seguir creyendo y, de pronto, la vida, Dios te regala esa noticia y tú quieres celebrarla con esa Venezuela que tanto amas, con todas esas personas que te saludan y te abrazan en la calle.

"La gente no tiene idea del bien que nos hizo".

Yo doy esa noticia en el programa de *Cala* en CNN y, a las dos semanas, perdemos al bebé. Mira Nelson, allí fue donde yo descubrí un lado extraordinario con las redes sociales porque, cuando mi esposa y yo perdimos a ese primer bebé, yo recibí un tsunami de amor por parte de la gente, fue muy conmovedor, la gente no tiene idea del bien que nos hizo, desde cada mensaje, cada tweet que pusieron porque, prácticamente, los leímos todos, necesitábamos leerlos, porque estábamos muy dolidos. Y eso fue lo que hicimos, instantáneamente nos pusimos en pie y dijimos "vamos a seguir buscando, esta situación no va a ser más fuerte que nosotros" y seguimos. Pasó el tiempo y Dios nos trajo no solo a Luis Ignacio, porque ahora viene Sebastián.

¡Sí, así es! Cuando dices que no tienes forma de agradecerle a la gente, a tantas personas que te escribieron por las redes sociales, ¿hubo forma después de decírselo a la gente?

Sí, claro, por supuesto y en cada ocasión y en cada encuentro pero...

Porque son muchos, estás hablando de miles de seguidores.

Sí, sí, sí, y no solo en Venezuela, en todas partes del mundo, y gente que uno no espera pues y, de repente, recibes un mensaje de tal persona o tal otra. Eso fue conmovedor porque, además, digamos que le dio una calidez a las redes sociales que, probablemente, uno en el ejercicio, en la cotidianidad pues no le ve, uno lo encuentra como un medio de comunicación, pero entre tanta dificultad y tantas limitaciones eso fue muy especial.

Mira Nelson, en los tiempos difíciles que nos ha tocado atravesar, yo tengo cuatro millones y medio de seguidores en Twitter y yo he puesto mis redes en favor a multiplicar la búsqueda de medicinas en Venezuela. Diariamente, yo replico no menos de 40 solicitudes de gente que está buscando algún tipo de medicamentos y no saben cómo le llena a uno el alma sentirse útil. Porque siempre aparecen personas que dicen "gracias, por este re tweet conseguimos" o "gracias a que hiciste esto, conseguimos lo otro". Como también me atraviesa el pecho como una lanza cuando me levanto, hago ese ejercicio y me llega, inmediatamente, un mensaje de "gracias, pero murió anoche"... eso es algo que también es muy duro, entonces bueno, digamos que es como desmitificar aquella distancia que había entre los que estamos en los medios y la gente para quienes servimos que son nuestros oyentes, televidentes y ahora nuestros seguidores.

Porque me imagino que la gente se sorprende cuando tú respondes.

Claro, aunque obviamente hay muchos que no me da chance de responder. En este instante que estoy contigo no estoy leyendo y eso va entrando y va bajando, acumulándose. Pero yo entro mucho a las redes porque es un lugar donde me informo y también es un espacio para socializar.

Luis, el contacto directo con la gente en cada una de las presentaciones que haces, en los *stand ups*, me imagino que también te nutren mucho como ser humano, la cercanía con ese público.

Sí, claro, claro, porque es la oportunidad que tenemos de verle el rostro a la gente, ya sea desde un escenario con 200 personas o un lugar de 2500 o 3000 personas. Es una experiencia, una energía totalmente distinta a lo que estamos acostumbrados cuando trabajamos en un estudio de televisión o en una emisora de radio pero, más allá de aquello, resulta importantísimo y gratificante la experiencia previa y posterior. Por ejemplo, esta gira me ha llevado desde Milán hasta Sao Paulo, me ha llevado a pasar por Panamá, San Francisco, Canadá, que la recorrí de esquina a esquina hace poco y pude conversar con los venezolanos, saber sus historias, saber cómo se sienten al estar lejos del país, eso es increíble y hay historias de todo tipo, las añoranzas, pero también los éxitos y la suerte que tenemos de contar con embajadores tan importantes en todo el mundo, gente que bien pone el nombre de Venezuela, a pesar de las dificultades que atravesamos.

Y cada una de estas personas que te ve fuera de Venezuela, también agradece ver ese pedacito del país cerca de ellos, te abrazan... Eres un embajador también de las cosas positivas en esta Venezuela de lo posible.

¿Cómo no, cómo no? ¡Nelson Octavio!

¿De dónde sacaste Nelson Octavio? (risas de ambos).

Nelson Octavio es el nombre del que fuera mi cuñado, o sea, el padre de mi sobrina Andrea se llama así.

¡Ahhhh qué tal! (risas). Retomando el tema de tu hijo, ¿cómo cambió tu vida?

"Una inyección de oxígeno, de adrenalina".

Bueno tremendamente, por supuesto. Fue una inyección de oxígeno, de adrenalina, la felicidad sigue siendo y siempre lo será el poder dormir con él cada vez que se pueda, porque he escuchado a tanta gente decir: "que duerma contigo, déjalo que duerma contigo que después, cuando él mismo no quiera dormir contigo, no vas a tener cómo volver a hacerlo".

Es así (risas de ambos).

Ahhh estás viendo, entonces yo disfruto sentir ese calor de la cara, de las pataditas en la noche. Yo todavía no me lo creo y, de verdad, fue tan complicado tenerlo que ahora solo quiero disfrutarlo cada minuto. Mira me sé *Cars* para arriba y para abajo, en todas sus formas, en todos sus idiomas, con subtítulos, sin subtítulos, los *Minions* y nada, es el dueño de mis espacios, otra razón para querer soñar en un país donde él pueda desarrollar sus inquietudes, sus talentos, sus sueños.

Si me permites regalarte un consejo ya de viejo, ya de hombre grande, pues disfrútalo porque pasa muy rápido, ya mi hija tiene 27 y mi hijo Gabriel tiene 23 así que... (Risas).

¡Mi madre! (se asombra).

¡Así es, disfrútalo mucho!

Ya te veremos animar otro programa: *"Hay que oír a los nietos"*...

"Hay que oír a los nietos" (risas de ambos) y esa es otra parte de la felicidad porque es parte de la vida.

Este tema que tenemos tú y yo que no tienen muchos de los animadores como nosotros, que han llegado a esta edad o que ya pasaron por aquí, que no nos hemos hecho una sola cirugía.

¡Ni una! ¿Tú no tienes cirugía?

Ninguna, bueno cirugía pero por accidentes en moto.

Exacto, es igual, lo mío fue por el fútbol, por un accidente de fútbol (entre risas).

Pero estética ninguna. Apartando que fuimos muy obsequiados por el Señor (risas de Nelson). Digamos que somos los máximos representantes de la belleza masculina en la televisión venezolana y de Latinoamérica.

¡Actualmente!

Claro, eso se mantiene, a pesar de los esfuerzos de Osman Aray y cualquiera de ellos, pero no hay ningún tipo de intervención estética en nuestras narices, son las mismas, nuestras patas de gallo están presentes, pero con elegancia y prestancia.

Con mucha dignidad que es lo que sentimos también hacia este país. ¿Qué quieres para Venezuela?

"Quiero que aquel que se haya tenido que ir, vuelva y sea feliz en el reencuentro".

Quiero felicidad, quiero libertad, quiero... quiero unión, quiero progreso, quiero que la gente quiera visitarnos para saber del futuro ¿no? Quiero que la gente se sorprenda cuando pase por esos túneles que comunican la autopista Caracas-La Guaira con la Capital y digan que darían lo que fuera por vivir aquí. Quiero que quienes vivan acá sepan valorar lo difícil que ha sido nuestra historia reciente, para que el futuro sea más amable con nuestros hijos y nietos, y quiero que aquel que se haya tenido que ir, vuelva y sea feliz en el reencuentro.

¡Que así sea! Sabes, al final de la gira de charlas "Atrévete a Soñar", hablamos justamente de lo exitosos que somos los venezolanos, que nadie puede decirnos que por ser venezolanos no somos exitosos, y te agradecemos porque tú eres un ejemplo de éxito en esta Venezuela, en la Venezuela contemporánea, porque comenzamos hablando de ese muchacho que tuvo un sueño de trabajar en los mismos medios de comunicación que un día trabajó Renny Ottolina... ¿Los sueños se pueden hacer realidad?

Absolutamente, pero no caen del cielo, los sueños se hacen realidad en la medida que uno se empeñe en conquistarlos y en la medida que uno sepa que ese camino tiene obstáculos y esté determinado a sortearlos, sin hacerle daño a los demás, pero convencido de que hay un espacio para uno, haciendo lo que siempre soñó. Yo creo que lo más justo con la vida es que uno tenga la oportunidad de ser feliz como uno desea y no como los otros proyectan la felicidad. Hay gente que es feliz con un yate, un avión, una casa, hay otros que son felices disfrutando un buen sancocho de pescado, ese es su momento más feliz de la vida y ¿por qué no?

Sí, pescado frito a la orilla de la playa.

Con tostones.

¡Con mi papá en Puerto la Cruz! Esa es una definición maravillosa de felicidad.

Me la acabo de visualizar Nelson y la entiendo perfectamente. Mira, yo entre tanto viaje y entre tanta cosa fuera de Venezuela, en especial, me tocó hacer una pausa para presentarme en Cumaná y tomé la carretera entre Puerto la Cruz y Cumaná, tenía años que no pasaba por allí.

Eso es lo más hermoso.

Nelson cuando volteé y vi esas playas que tenemos allí.

La costa sí, cuando empiezas a subir hacia Mochima.

No hay un lugar en el planeta como Mochima.

¡No hay!

Ahhh (suspiro), entonces pensé en cómo es posible

que esta Venezuela insólitamente bella y generosa que tenemos, pueda estar cubierta por una pequeña costra que, a veces, quienes la habitamos le colocamos y no permitimos que brille como ella brilla, a pesar de nosotros.

Exacto, así es.

No importa que nosotros estemos o no, o como sea, nosotros nos vamos, Venezuela y sus playas y su Mochima van a estar allí igualmente.

Eternamente.

Entonces valoremos eso y entendamos que disfrutar esa Mochima, ese pescado y disfrutar a nuestros padres depende de nosotros...

Y que lo disfrutemos al máximo como venezolanos que somos todos.

Es correcto.

Luis Eduardo (se estrechan la mano).

Un gustazo. ¿Qué pasó Nelson Octavio? (risas de ambos).

¡Qué honor pana! Y qué gustazo tenerte hoy en el programa.

No vale igual, igual. Gracias y muchas gracias por lo que estás haciendo, porque tu labor es muy importante hoy día, sobre todo, para los venezolanos y para nuestro país.

¡Muchísimas gracias Luis!

Sergio Novelli

"Uno siempre está buscando ese sueño, yo soy de los que piensa que uno nunca debe dejar de soñar y siempre lo he tenido presente en mi vida".

Nelson: Hoy en *Gente que Motiva* quiero dar la bienvenida a Sergio Novelli.

Sergio: Hermanito.

Hermano gracias, ¡gracias por acompañarnos!

Por favor, para mí es un placer este muy bonito y grato reencuentro con mi buen amigo Nelson Bustamante.

¿Podemos decirle a la gente cómo nos decimos nosotros o cómo le dices tú a todo el mundo?

Bueno la gente me conoce como "El Gallo" ¿no?

"El Gallo".

¿De dónde viene "El Gallo"?

"El Gallo" viene de la universidad. Yo estaba estudiando en la Universidad y mi esposa también, que era mi novia en ese momento pero, en verdad, yo era muy gallo para caerle a las chamas y con ella, particularmente, fui un poco gallo, entonces las amigas le decían: "Mira, ahí viene "El Gallo", y allí se quedó. Claro, eso se arregló después y ya hasta siempre pues.

Entonces después tú aplicaste esa de decirles "Gallos" a los demás.

Ahh exactamente, a partir de allí, ahora los gallos son los demás para no sentirme tan solo en este mundo.

Este programa está basado en los sueños, en la motivación, ¿los sueños para ti se pueden hacer realidad?

¡Sí, claro que sí, por supuesto! Uno siempre está buscando ese sueño, yo soy de los que piensa que uno nunca debe dejar de soñar y siempre lo he tenido presente en mi vida, no solamente a nivel profesional, sino a nivel personal, y ahora que tengo chamos también intento impulsarles a buscar esos sueños, siempre, siempre.

¿Con qué soñaba Sergio cuando era chamo?

Sergio soñaba con este mundo de la televisión.

Y ¿en qué momento te llegó ese sueño?

Mira desde chamito, desde chiquito yo soñaba con eso... Yo jugaba con mi prima a que éramos actores y entonces nos ganábamos todos los premios: "y ahora el ganador al mejor actor es... Sergio Novelli por tal..." y entonces me ganaba el Oscar y así jugábamos. Jugaba a ser locutor de radio, ser Dj y yo colocaba música: "les presentamos lo más reciente de *Air Supply...*" (Risas de ambos) y así jugaba. Es más, yo me grababa y me escuchaba, ese era mi juego y me gustaba todo ese mundo de la televisión, de la radio, el cine... y esos eran mis sueños de chamo.

O sea, que de niño ya te montabas en el avión de tus propios sueños —como digo yo en las charlas de *Atrévete a Soñar*— porque estabas jugando a hacerlos realidad. Y ¿cuándo comenzó el sueño a ser parte de tu vida?

Yo creo que el sueño comenzó a ser parte de mi vida desde el primer día en que pisé RCTV, porque fue mi primer día de trabajo, de hecho mi primera pasantía.

Pero entonces vamos un poco más atrás, ¿cómo llegaste a la pasantía?

Bueno, digamos que el sueño comienza, ya que estamos hablando así como tal —en términos oníricos— yo creo que comienza cuando decido estudiar Comunicación Social, porque yo empecé a estudiar otra carrera antes que era Urbanismo en la Simón Bolívar.

¡No te creo!

Sí, ¿tú te imaginas? (risas de ambos). Yo hice un primer año, el primer año básico, y luego busqué una carrera que tuviese algo humanista, y de todas las carreras la única que tenía algo, o sea, una materia humanística era Urbanismo. Pero yo quería una carrera más humanista, poder ver Literatura y esas cosas.

Luego empecé a averiguar cómo hacer para cambiarme a Comunicación, que fue lo que siempre me gustó, pero me sentía que iba a defraudar a mis padres, no sé porqué yo sentí eso.

Y en el momento que les dijiste, ¿los defraudaste? ¿Te dijeron algo?

Bueno lo que pasa es que yo fui preparando a mi mamá (risas).

¿Cómo?

Tú sabes, le decía cosas como "mira, esta carrera no me está gustando". Mi mamá, al final, para hacerte el cuento corto, lo entendió. Luego vino mi papá que era un poquito más difícil, la comunicación era un poco más distante, en ese momento, ya gracias a Dios no es así, pero en ese momento no sabía cómo entrarle a mi papá, además que mis hermanos mayores habían pasado por algo similar, se habían cambiado de carrera, y venía yo con el mismo cuento, además de que claro, la Simón Bolívar era Laaaaa Simóooon Bolíiiivar.

Claro, además Comunicación no era muy bien vista tampoco ¿no?

Eso era lo que me decía mi papá: "esa carrera no es muy apta para los hombres", y yo: "no papá, es que a mí me gusta es eso" pero al final lo entendió y me dijo: "mira, haz lo que tú quieras hijo, yo te voy a apoyar" y, de hecho, hoy día lo puedo decir, mi papá es mi primer fan, estoy seguro de que está pegado ahorita viendo este programa; es de esos que ha seguido mi carrera, me ha apoyado en todo y mi mamá también, yo creo que siempre me apoyaron pues.

En la realización de ese sueño de estar ahora como una figura muy reconocida y respetada en los medios de comunicación en Venezuela, ¿ha habido momentos difíciles, momentos duros? O, tal vez, ¿has tenido que hacer o trabajar en cosas que no te imaginabas? En mi caso, yo fui cajero de un restaurante.

Bueno, mi primer trabajo fue, en realidad, en Radio Caracas Televisión. Yo empecé como pasante en la emisión matutina de *El Observador*.

Sergio, ¿a qué edad, entonces, entraste como pasante en Radio Caracas?

A mí me comentan en la Universidad que estaban buscando redactores, alguien que le gustara escribir para empezar en Radio Caracas Televisión, y me lancé para allá. Mi primer día de trabajo fue un día histórico para Venezuela, fue el 27 de febrero del 89.

"El Caracazo".

Recuérdanos qué día fue ese, por favor.

Ese fue el día del gran "Caracazo" en Venezuela, donde hubo una revuelta social en la capital, y en otras partes del país. Claro, para mí fue un impacto muy grande, la verdad es que yo nunca me imaginé ser Periodista, o sea, yo quería estudiar Comunicación Social, para trabajar en los medios, pero no como Periodista.

¿Cómo qué? ¿Como actor? Que era lo que jugabas de niño...

¡Ni siquiera actor! Yo me veía animando *Atrévete a Soñar*, pero alguien se me adelantó pues (risas de ambos). De repente, me veía haciendo otras cosas en el mundo de la televisión, pero no como Periodista. Sin embargo, bueno se me da esa oportunidad allí, en Radio Caracas, y claro ese fue un impacto muy grande que yo viví ese día, porque yo lo que veía era un movimiento muy grande de gente entrando y saliendo, eran los reporteros y yo no entendía nada, entonces recuerdo que mi coordinadora me decía: "ya te atiendo, ya te atiendo", y yo "pero ¿qué pasa aquí?" porque no sabía qué era lo que estaba ocurriendo.

La magnitud de lo que estaba ocurriendo...

Yo lo que empecé a ver fueron las imágenes que llegaron de los camarógrafos, de los reporteros, y a mí me impactó mucho ver todo lo que estaba sucediendo, porque además era un chamo de 21 años que lo estaba era pendiente de estudiar.

Y yo no entendía nada, de hecho, antes de salir me dicen: "mira, hay toque de queda, hay suspensión de garantías...", o algo así, la verdad no recuerdo bien, pero sí me dijeron que tuviera mucho cuidado al regresar a casa y hasta me dieron una carta porque tenía que tener una especie de salvoconducto. Y bueno, lo que yo sí recuerdo era que salí del canal ese día y yo pensaba: "¿en qué me estoy metiendo yo? ¿Qué es esta locura? No, yo no duro aquí tres días". Peeeero, poco a poco, le fui como agarrando el gustico a la cosa. Me metí en edición, me metí en archivo y fui aprendiendo a buscar la información para las noticias.

"Chamo, tú deberías salir en cámara".

Y ¿en qué momento comenzaste a estar frente a cámara?

Después de mi tiempo de pasantía, yo diría que en unos seis meses porque llegó un personaje muy particular, que tú recuerdas muy bien, Eduardo Sapene, él me ve y me dice:

— Chamo, tú deberías salir en cámara.

— ¿Yoooo?

— ¡Sí claro!

Y yo por dentro: "Yes, yes, yes, este es el momento" (risas de Nelson).

¡Ahí va el sueño!

Pero la verdad es que yo no me veía como reportero, de hecho, recuerdo que durante ese tiempo estaba la gente del "Club Disney" haciendo casting en La Campiña y Rogelio Jaua, alias, "Ringo" llegó a ser nuestro jefe en RCTV...

Y es socio de *Motiva*, todo esto también es parte de la creatividad de él.

¿También? Ahhh no sabía. Bueno Ringo y yo aspirábamos a ser animadores del *Club Disney*, creo que llegamos a una selección de no sé cuántas personas, de 100 pasamos a 50, de 50 pasamos a 30, y fue como reduciéndose hasta que llegamos a los últimos y allí sí que nos rasparon, no salimos, quedaron los que quedaron pues.

Ajá, entonces Eduardo Sapene te dijo "tú deberías ser reportero".

Sí y, efectivamente, empecé a salir a la calle y hacía mis textos en cámara. Salía los sábados, las coordinadoras de guardia me daban la oportunidad, me daban chance. Luego yo me fui metiendo más, era un poquito también el ímpetu, quería salir más en cámara, yo quería demostrarle a mucha gente que yo no estaba allí por casualidad, que yo tenía madera para eso pues.

Esa madera te ha convertido en un gran Comunicador Social, pero esa madera también te acercó a la muerte...

Muchas veces.

Muchas veces, recordamos que lo vimos en pantalla, impactados cuando una bomba te cayó al lado.

Sí, en el año 92. Era todavía chamo (risas). Eso fue el 27 de noviembre del 92. Para tratar de sintetizar un poco el cuento, yo recuerdo que llego al canal, creyendo que iba a ser uno de los primeros en llegar y me dice mi coordinadora: "estás llegando de último", justo esos son los momentos en los que los reporteros queremos relucir de alguna forma ¿no? Sobresalir, destacarse. El 4 de febrero, por ejemplo, fue la intentona anterior, me tocó algo parecido entonces, me tocó cubrir la calle, lo que estaba pasando en la calle, pero era...

Claro, tú querías algo más....

Sí claro, que si Fuerte Tiuna, Ministerios, Miraflores, esos eran los puntos estratégicos, pero no, me dicen: "te toca ir a la calle", bueno yo me voy para la calle y, en ese momento, de pronto me dice mi camarógrafo, Wildejohn Azuaje:

– Pana, vámonos pa´ Miraflores.

– No, pero allá está Unai— me acuerdo.

– No, pero por afuera que están los aviones.

– Ah bueno, ¡vamos a darle pues!

"Entonces la broma explotó y nos empujó a los dos".

Nos fuimos para allá, y bueno lo que menos imaginamos es que, efectivamente, estaban los aviones sobrevolando Miraflores, lanzaban cohetes y allí estaban los militares que disparaban hacia arriba para dispersar un poco los aviones. Nosotros veíamos que lanzaban bombas y muchas no explotaban, y mi camarógrafo me dice: "pana, Sergio, vamos a darle, haz un comentario ahí", entoces empiezo yo a hacer mi comentario, mientras seguían lanzando cohetes. En ese momento exacto estaba cayendo un cohete sobre el palacio, la gente decía que no había explotado, pero yo vi fuego pana. Entonces la broma explotó y nos empujó a los dos y, claro, había muy buena comunicación entre los dos y él, con su mirada, me dijo "estoy bien" y yo con la mía le dije "dale" y empecé a hablar con ese impulso: "bueno ustedes vieron..." o sea, traté de narrar lo que estaba ocurriendo...

¡Qué difícil ese momento!

Claro, porque además tú te sientes como que nada te va a pasar.

Y allí te demuestran que no.

Exacto, sobre todo porque, minutos después, vemos a una persona que cayó producto de esa bomba y entonces tú dices "¿vale la pena arriesgarse tanto para esto?". Muchas dudas me entraron en ese momento, pero antes no me importaba, claro hoy día me dices "¿volverías a hacerlo?" y te diría que no creo.

Con la responsabilidad de los hijos, ves la vida diferente.

Claro, pero en esa época era un chamo, estaba soltero, quería relucir, quería destacarme.

Pero igual no sabías que una bomba...

Sí, no quería destacarme tanto ¿no? (risas de ambos), pero gracias a Dios pudimos sobresalir y salir de esa.

Sergio ahora llevando la conversa a otro nivel, acerca de los consejos, ¿tienes gente que te ha aconsejado en la vida que, de repente, te haya cambiado?

Este es un bicho vale... (Risas de ambos) Nelson Bustamante una vez me dijo, me acuerdo...

Tú me llamaste para pedirme un consejo ¿no?

"Pana, es mejor pedir perdón que pedir permiso".

Íbamos a grabar *Aprieta y Gana* en el Teatro La Campiña, y yo te dije que estaba enrollado porque me estaban llamando del otro canal, justamente de Televen, porque me iban a entrevistar pero por el programa de radio que conducía y no sabía si hacerlo. Entonces yo te pregunté a ti, claro, tú eres un hombre un poquito mayor que yo pues, y pensé: "nada, este hombre debe saber más que yo".

Debe tener una sabiduría insólita pues...

Y tú me dijiste: "pana, es mejor pedir perdón que pedir permiso". Yo hice el programa, vine para Televen, muy chévere, muy divertido, la pasé súper bien, salgo de aquí y me llaman del canal y me dicen "papito, ¿tú qué hacías en el otro canal? ¿Tú estás loco?". Y así estuve un rato. Bueno no me botaron directamente, pero hubo...

¿Un jalón de oreja?

Y me tuve que ir, en serio, me tuve que ir.

Y después me dijiste: "oye gracias por el consejo".

Claro, desde allí, siempre te recuerdo.

Y yo siempre te recuerdo, cada vez que alguien me pide un consejo, digo: "yo no doy más consejos porque ya..." (risas de ambos).

No escuchen los consejos de Nelson, de verdad que no.

Sergio ha sido muy grato conversar contigo y conocer a ese muchacho que comenzó jugando a ser actor y a estar frente a cámara, que empezó estudiando Urbanismo y que ahora ha hecho realidad sus sueños, ante una Venezuela que lo

agradece, que agradece cuando te ve en televisión, agradece cuando te escucha en tu programa de radio y voy a la pregunta, la misma pregunta inicial, para ese muchacho y el resto del mundo ¿los sueños se pueden hacer realidad?

Sí se pueden hacer realidad, hay que perseguirlos.

¿Es fácil?

No es fácil, nunca es fácil, no son gratis, hay que darse duro ¿no? Yo creo que uno tiene que, incluso, luchar contra toda la marea, darse muchos golpes, muchísimos golpes. A veces uno no los entiende, a veces uno cae y quiere, como quien dice, dejarlo todo, pero uno tiene que impulsarse y seguir adelante. Claro, hemos hablado por encima sobre lo que ha sido mi trabajo pero, a nivel personal, también uno se ha enfrentado a cosas muy fuertes en el camino y, gracias a Dios, me he podido levantar y seguir adelante.

¿En qué te has apoyado en esos momentos?

En Dios, yo creo que yo soy muy creyente y, definitivamente, él ha sido mi apoyo, en esos momentos, él ha sido el que me ha dado ese impulso para seguir adelante. A veces no te creas, a veces yo le digo: "Señor, pero te olvidaste de aquí, de nosotros? ¿Qué pasó?" y, de pronto, Dios responde con silencio y ese silencio te hace como que... guaoooo, te pone a pensar un poco más profundo ¿no? Te hace ver realmente dónde está la respuesta, buscar la respuesta sincera, yo sé que algún día Dios va a responder, o está respondiendo, no lo sabemos, Venezuela necesita mucho de Dios, todos sabemos lo que estamos viviendo... y sabemos que vamos a salir de esta.

¡Y que nos bendiga a todos!

No va a ser fácil, es un sueño difícil de hacer realidad, es un sueño que sabemos que vamos a encontrar, pero estamos en ese proceso.

Trabajando, trabajando, trabajando, trabajando. Que Diosito te bendiga a ti y a tu hermosísima familia.

¡Amén!

Hermosísima y numerosa (risas de ambos).

Esa es otra gran bendición, los cuatro chamos. Pati te manda un beso.

¡Besos pa´ Pati y pa´ tus chamos también!

Me encantó verte Nelson, de verdad que para mí, bueno ustedes no saben, esto es una amistad de tantos años que uno... Guaooo....

¡Gracias, gracias!

Aunque no nos veamos físicamente.

¡Así es, muchísimas gracias!

Chao, se les quiere...

Valentina Quintero

“Yo no sé cómo se mide el éxito, pero lo que sí te puedo decir es que no hay nada más que yo quiera hacer con mi vida que no sea exactamente esto que estoy haciendo”.

Nelson: Hay personas que nos ayudan a querer, cada vez más, a esta hermosa Venezuela. ¡Ella es Valentina Quintero!

Valentina: ¡Qué rico, qué rico estar aquí contigo Nelson!

Aparte que es rico que estés en el programa porque tú eres una gran conversadora.

Eso sí que te lo tengo (risas).

Gracias por acompañarnos. ¿Cómo comenzó todo esto en tu vida, los medios de comunicación? ¿Hubo un sueño como tal? Yo siempre digo en el programa que todo nace con un sueño.

Bueno, te voy a decir, cuando yo estaba en el colegio, en el San José de Tarbes, yo quería ser como Lois Lane, la novia de Superman.

Sí, sí, que trabajaba en el Diario El Planeta.

Exacto, porque yo lo que quería era ser una reportera y, por eso, yo quería estudiar Periodismo, además por entrépita ¿sabes? Para poder preguntarle a todo el mundo, tener ese derecho a preguntar y resulta que nunca fui reportera así como "Reportó para ustedes", aunque trato de hacerlo. En el caso de los viajes, eso fue como de pura casualidad porque mi papá siempre pensó que nosotros teníamos que conocer Venezuela de primero, antes que cualquier otro sitio, y conocer Venezuela para quererla, para respetarla, para cuidarla, para estar aquí.

"Viajar por Venezuela se convirtió en un hecho natural en mi vida".

Entonces, la primera vez en la vida que yo me monté en un avión fue para ir a Canaima, era un avioncito chiquitico y yo tenía 10 años. Nadie iba para Canaima porque eso era una cosa como lejíiiisimo, rarísimo, no sé qué, y así fue que nosotros lo hicimos, entonces, a partir de ese momento, viajar por Venezuela se convirtió en un hecho natural en mi vida. Nunca con la idea de hacer de eso una profesión o mi oficio, eso vino como muchísimo después y todo siempre como por pura casualidad.

De esas casualidades que te fueron llevando por el camino que transitas hoy en día ¿no? Desde los 10 años de edad y Lois Lane, ¿cómo mezclaste los viajes con la reportera?

Bueno, porque en una ocasión yo escribía para Feriado —cuando era Feriado en El Nacional— y yo escribía eventualmente. Un día hubo un percance con el "Manual de Ociosidades" y necesitaban a alguien que lo escribiera. Elizabeth Fuentes estaba allí y entonces ella me dijo que por qué yo no lo hacía, a mí me parecía complicadísimo tener que escribir una cosa toda la semana en ese periódico ¿sabes? Qué compromiso tener que llenarlo, pero decidí hacerlo y, desde ese momento, yo dije: "bueno, si esto es un periódico nacional, ¿por qué escribir solamente de Caracas?", esa cosa de que Caracas es Venezuela y lo demás es monte y culebra, cosa con la que yo JAMÁS he estado de acuerdo. Entonces yo empecé a hacer esa columna pues hablando de todo el país.

¿Recuerdas la primera columna que escribiste?

¡Sí, cómo no! En ese entonces, empezó a salir con dos pliegos, en lugar de uno, y yo tenía las páginas centrales. Me tocó escribir esa primera columna hace 30 años, aproximadamente. Esa columna tenía puros tips y, entonces, yo creo que escribí sobre una señora que hacía empanadas en la plaza Santa Rosa en Carúpano...

Espérate, espérate, no apures, no apures, ¿dónde conociste tú a esa señora y en qué momento en Carúpano?

A mí me gusta mucho el oriente del país, la plaza Santa Rosa de Carúpano es, para mí, como el centro de Carúpano, de los sitios más lindos de esa ciudad, y esa señora estaba en una esquina porque, además, un amigo de mi papá siempre había dicho que debía buscar las empanadas de esquina porque las empanadas de esquina siempre eran las más sabrosas.

¿Por qué?

Una cosa loca. Cuando nosotros viajábamos con mi papá, él siempre decía: "vamos a ir a comer sancocho de pescado en donde la negra de Caigüire" que queda en Cumaná, yo creo que debe ser el único restaurante en Venezuela que tiene 100 años.

¡Guaooo!

Ese lugar empezó con la abuela de la negra, entonces yo la conocí con esa abuela —que ya estaba muy estropeadita—, luego conocí a la mamá, o sea, a la hija de esta señora y después conocí a la nieta de esta primera señora, porque la segunda no se quedó tanto tiempo... En fin, este restaurante está en la avenida perimetral en Caigüire y está frente al mar, claro, con la avenida en frente, pero ella está, imagínate, orgullosísima de su restaurante con 100 años. En esa primera columna hablé, también, de una finca por el llano, porque con mi papá íbamos todos a una finca que quedaba por Barinas y podíamos ver el ordeño, cómo se hacía el queso y, en una ocasión, también fuimos a Upata y vimos cómo se hacía el queso telita ¡que es una cosa fantástica!

¿Cómo? ¡A ver!

Está hecha la leche, que se va poniendo caliente, entonces sacan el puño de la leche, así que ya le han puesto el cuajo y lo lanzan en una mesa "huas" y entonces con unos palos "zas", levantan y así "huas" y la telita "huas", ¿sabes? Pero una cosa que necesitas tener es muchísima fuerza, si las mujeres hiciéramos queso telita no se nos menearía esto nunca (moviendo la parte de abajo del brazo) ¿sabes? "Huas, huas, huas". Es una maravilla, entonces tú te fijas que el queso está bien hecho porque, claro, cuando lo levantas "huas", cae otra vez y "huas", y así sucesivamente, entonces esas son las telitas del queso, que cuando tú lo picas le ves las telitas.

¿En qué momento descubriste que tú escribías como hablas? (risas de ambos). Porque uno lee y te imagina que lo estás contando, que estás con el "huas, huas, huas", después en televisión te veíamos haciendo el "huas, huas, huas" y después en radio te escuchábamos haciendo igual.

Yo soy onomatopéyica.

¡Es así!

¿Cómo te recibía la gente? Ya cuando ibas con una cámara recorriendo cada rincón de nuestra Venezuela y ¿cómo te sentías? Porque sabes que estar contigo es como estar con alguien cercano, sí, como si te conociéramos de toda la vida. ¿Por qué, tienes idea? Ese es un regalito de Dios para ti, la gente te recibe así con una sonrisa.

Es precioso, es precioso. Yo pienso que todos los años que estuvimos haciendo *Bitácora* en Radio Caracas Televisión, lo que nosotros siempre quisimos con ese programa fue mostrarle Venezuela a los venezolanos. Lo que nosotros queríamos era que la gente que vivía en el Amazonas supiera cómo eran los venezolanos que vivían en los Llanos y los venezolanos que estaban en los Llanos supieran que había una gente que salía a pescar en unos peñeros por el mar de oriente, mientras que los que estaban allá, en el Amazonas, andaban en unas curiaras y los que estaban en los Andes andaban en mulas recorriendo las montañas...

Nosotros, los venezolanos, nos jactamos de decir que somos gente solidaria, somos gente amable, gente cariñosa, tú que has recorrido cada rincón de Venezuela ¿cómo somos?

Sí somos así. Mira, en los Andes, los campesinos de esas montañas, por el Parque Nacional Sierra Nevada, te reciben en su casa y siempre lo hacen con un abrazo, con un café, con muchísimo respeto y con muchísimo afecto.

"Yo soy porque nací y crecí en Venezuela".

En una ocasión, llegamos a un pueblo donde todo el mundo se había ido, toda la gente se había mudado del pueblo, nosotros llegamos allí y quedaba solamente una familia, pues esa familia nos recibió en su casa con dos cuartitos y nos prepararon todo lo que ellos tenían ¿sabes? Con una sopa de gallina que era todo lo que ellos tenían allí. Y la señora nos contaba que estaba la iglesia, estaba la escuela, estaba todo, pero estaban vacías porque todo el mundo se había ido por ser un sitio que quedaba muy lejos. Esa señora nos contaba el dolor que sufrió cuando su hija se fue, que era como lo último que le quedaba y yo le pregunté: "¿por qué tú no te vas? Y me dijo: "mira aquí están mis afectos, aquí está mi marido, aquí está mi historia, aquí están mis muertos enterrados", eso fue hace, por lo menos, 10 años. Y allí yo entendí que eso es exactamente lo mismo que yo siento con Venezuela, todo lo he hecho en este país, aún con todo lo que ocurra, yo soy porque nací y crecí en Venezuela y no va a ser distinto.

Cuando vamos a una comunidad indígena, por el Amazonas, a la comunidad de Michare y sale aquella señora, con aquel orgullo, a enseñarnos su conuco, a explicarnos cómo se caza una araña mona para comérsela, es más, a prepararnos su araña mona y con aquella cercanía, con aquella noción de que tú estás valorando lo que ella hace. Es muy lindo destacar la manera en cómo reciben los venezolanos a donde sea que tú llegues, porque es profundamente afectuosa, es cercana, es cálida, es amorosa; cuando tú llegas a oriente, que sales con los pescadores, te vas a pescar con ellos y es que tú te encaramas en aquel peñero, inmediatamente te dicen: "Bueno Valentina, agarra, lanza la red, te la pones aquí en el diente y la lanzas" y, de repente, tienes que salir con todo y diente para allá, pero bueno tienes que soltarla. O sea, siempre nos sentimos recibidos, primero la manera cómo nos abrían las puertas, así como para que tú entres en sus casas como río en conuco, no hay distancias ni nada de nada y, aún con todo lo que ocurre en Venezuela, nuestra gente sigue siendo así.

Es maravillosa.

Y mientras más lejos tú te vas, más amorosa y más cálida es la gente. Todas las historias de los años que estuvimos haciendo *Bitácora* fueron preciosas. Y seguimos viajando, está bien, ya no es para la televisión pero seguimos viajando y es exactamente lo mismo, porque lo que sembramos en esa época de Radio Caracas —que era el canal que llegaba a toda Venezuela— eso está allí.

¿Te reciben igual con una sonrisa a donde vayas no?

Eso, en todas partes. Además que la gente te dice: "¡ay! Yo la veía cuando yo era un niñito" y me da una risa porque yo digo: "sí bueno, yo ahora soy una anciana, ahora tengo 61 años" y te echan todos los cuentos: "cuando te lanzaste en aquel pozo y cuando fuiste para El Orinoco; cuando pescaste y cuando te caíste y cuando no sé qué..."

"Es que me conocen de toda la vida".

Y te tienen que saludar como si te conocieran de toda la vida.

Es que me conocen de toda la vida, porque claro, tú te les metes en la casa a la gente.

Pero es diferente, o sea, la gente puede entrar a la casa de los demás, a través de la televisión, pero tú eres diferente, tú eres Valentina Quintero... ¡es diferente!

¡Sí, totalmente!

Tú eres no sé, como una gran amiga de toda la vida pero nunca te había conocido en persona, ¿me explico? Es eso. Y llegas, te sientas a hablar y, ya de una vez, te los metiste en el bolsillo.

Inmediatamente, entonces también me pueden contar del marido, que no la trata bien, del hijo que se le fue, de la comida que no la supo hacer, de todo me cuentan. Se sienten en total confianza ¡y yo también! O sea, me instalo en la cocina, termino fregando, acomodando las cosas, tendiendo la cama, ¡todo!

Tú nos reconcilias con la Venezuela positiva, la Venezuela bonita, porque es nuestra esencia. Nos reconcilias porque tú eres el espejo, el reflejo, tú agarras esa luz y nos reflejas a toda Venezuela.

Cuando ves tu carrera, ¿tu vida es sinónimo de éxito? Desde afuera lo certifico, pero ya desde adentro ¿consideras que tu carrera es sinónimo de éxito?

Yo no sé cómo se mide el éxito, pero lo que sí te puedo decir es que no hay nada más que yo quiera hacer con mi vida que no sea exactamente esto que estoy haciendo. Porque si podemos enseñarle Venezuela a los venezolanos, si podemos convencer a los venezolanos de que Venezuela siempre ha sido profundamente generosa, que siempre nos ha dado montones de oportunidades, eso es más que suficiente. Además, cada vez que andamos por allí de viaje, podemos ver que Venezuela no es solo lo que aparece en los periódicos o lo que aparece en la televisión, es mucho más que eso. Yo sé que es mayoría la gente que está completamente convencida de que tenemos la oportunidad de reconstruir el país y de hacer grandes cosas en Venezuela.

Por ejemplo, yo hice un recorrido, hace poco, por el estado Sucre. Me dio muchísimo dolor la destrucción, la miseria, la desesperanza, sin embargo, ya casi saliendo del estado, cuando llegué a Mochima, conocí a un señor llamado Carlos que es artista plástico. Carlos es nacido en Mochima, hijo de mochimeros, y se fue a estudiar Artes Plásticas a Francia y expuso en un montón de países en Europa y cuando su mamá se enfermó, él se vino para Mochima y le dijo:

– Yo me voy a quedar en mi pueblo, me voy a quedar con mi gente. Vamos a organizar el pueblo, vamos a trabajar con el consejo comunal y vamos a poner este pueblo bien bonito. Vamos a pintarlo, a darle colores, vamos a lograr que la gente que venga entienda que este no es un sitio donde se pone música a todo volumen; nosotros no podemos impedirle a la gente la entrada al parque, pero quienes tengamos las llaves de las posadas hagamos que solamente se queden familias, para que el pueblo esté lleno de niños en la tarde. Para poder enseñar nuestras playas y que la gente las cuide.

Entonces cuando tú te consigues gente así, tú dices: "esta es la gente en la que nosotros nos vamos a apoyar y en la que vamos a creer, esta es la gente que siempre va a tener más fuerza".

En Los Roques hay todas las calamidades con una planta desalinizadora que no sirve, les dan agua 20 minutos cada 4 días, todos los horrores, pero hay un muchacho venezolano que el Ministerio del Ambiente mandó a Japón para que estudiara cómo manejar los desechos, cómo manejar la basura y cuando él regresó había otro ministro, y él se quedó como en el aire. Sin embargo, él se quiere ir a Los Roques a enseñarle a los roqueños cómo manejar la basura y eso es lo único que quiere hacer en la vida.

"Yo estoy convencida que llegó la hora del turismo".

Cuando tú te vas al Llano y te consigues a un llanero que, durante una época, vivió únicamente de cazar y ahora lo único que quiere es ser guía de naturaleza, entonces tú dices: "este es el país que queremos, este es el país que tenemos", y estoy absolutamente convencida de que nosotros lo podemos lograr. Entonces si el éxito lo vamos a medir en acercarnos a la gente que está dispuesta a hacer grandes cosas por Venezuela, hemos sido híper recontra exitosos, porque siempre descubrimos a esa gente, que es la que queremos apoyar. Yo estoy convencida que llegó la hora del turismo y del turismo sostenible, productivo, porque el turismo genera un profundo orgullo en la gente.

Es así, es así. Porque cuando llega el turista ¿qué le estás mostrando? Lo tuyo y eso te hace sentir orgulloso.

Total, y nosotros tenemos tanto que mostrar. Así que nosotros vamos a andar con una echonería perenne.

¡Vamos a convertirnos en los echones del planeta entonces!

Perfecto.

La autoestima viene arriba, el orgullo viene arriba. Y estamos muy orgullosos de haberte tenido hoy a ti.

¡Ay yo estoy encantada de haberte visto Nelson! ¡Qué chévere, qué chévere!

Gracias Valentina, muchísimas gracias por la reconciliación con esa Venezuela en positivo, llena de posibilidades y ahora de mucho orgullo, orgullo venezolano.

¡Tan bello!

Gracias Valentina, gracias a todos ustedes ¡Viva Venezuela!

Ramón, Moncho, Martínez

"Yo he decretado las cosas en mi vida. Te lo juro por Dios, con optimismo, con mucha fe, pero yo he decretado las cosas siempre y en su momento justo".

Nelson: Hoy en *Gente que Motiva* quiero dar la bienvenida a "Moncho" Martínez (estrecha su mano).

Moncho: ¡Poliedroooo, ehhhhhhh! Nelson, gracias, qué gusto de verdad. Muchísimas gracias por darme la oportunidad de comunicarme aquí con tus seguidores, que sé que tienes más que Forrest Gump cuando estaba trotando (risas de Nelson).

Mira Moncho, ¿en qué momento dejaste de tener un nombre para ser "Moncho"? ¿Cuál es tu nombre?

Bueno el "Moncho" viene de Luis Ramón, sabes que al Ramón, normalmente, le dicen Moncho. Si recuerdas a Don Ramón cuando decía "con permisito dijo Monchito".

¿Y el "Luis"?

El Luis, por mi papá.

Perdiste el "Luis".

Sí, lo perdí. Siempre desde chamo me llamaron "Moncho". Tres hermanos: Lucho, Moncho y Cheo.

Todos parecen, entonces, familia de Chespirito o del Chavo. Todos con "ch".

Sí, exacto. Ese que es mi ídolo, Roberto Gómez Bolaño. Tú sabes que siempre mantenía eso como una firma, "la Chilindrina", "El Chómpiras", todos ellos un poco con la "ch".

Moncho ¿en qué momento comenzó tu sueño? ¿En qué momento comenzaste a soñar con estar en todo esto? ¿Cómo comenzaste?

Mira el sueño del arte siempre estuvo allí; fui el chamito echador de chistes, el que lo llevaban para los velorios...

¿De dónde eres?

Yo soy de Maracaibo, pero me trajeron muy niño para acá, para Caracas, me crié aquí en Caracas. Entonces siempre me llevaban para los velorios, era un poquito así como el payasito del colegio. Tenía esa inquietud, me gustaba bailar, siempre tenía ese oído musical de muchacho, y creo que eso, que el arte lo llevaba en esa forma de comunicarme... fui payaso, hice de payasito y de todo un poco.

¿A qué edad hiciste de payasito?

Como a los 17 años más o menos.

Pero creo que escuché mal, ¿te llevaban a echar chistes en los velorios?

En los velorios sí, cuando chamo, porque era un chamo de estos prodigios...

¿En los velorios?

Sí. Recuerda que, normalmente, en los velorios se acostumbraba mucho que estaban afuera tomándose su bebida espirituosa y echaban chistecitos (risas de Nelson).

¿Y ese eras tú?

Y yo era uno de esos chamos, me llevaban porque tenía esa picardía ¿no? Y era atractivo ver a un niñito con toda esa chispa, modestia aparte.

Y, sobre todo, en los velorios ¿no? (entre risas).

Es como pavosa la cosa.

Sí, por eso... "¿Para dónde llevamos hoy a Moncho? Monchito venga y móntese en el carro que vamos pa´ un velorio".

Sí, exacto, algo así.

¿Quién te llevaba?

Me llevaban mis hermanas, mis tíos, (risas de Nelson). Por ejemplo, en las reuniones siempre bailaba con mi hermana Sorel y ganábamos todos los concursos que hacían en las fiestas. Tú sabes, ponían música latina y de todo estilo, y yo con mi hermanita Sorel —que me lleva un año o dos años—, nosotros de salidos bailábamos hasta John Travolta (bailando en la silla)... le metíamos a todo y nos ganábamos los concursos.

Los Morillos y Maracaibo 15.

¿Y en qué momento, entonces, comenzaste a tomar esto en serio?

Yo empiezo a trabajar tras cámaras, empiezo como músico a trabajar en la gaita, la música de mi tierra, tradicional del estado Zulia aquí en Venezuela, y empiezo con un grupo llamado *Los Caramaiberos*, después con un grupo llamado *Los Roedores*, pero mi salto profesional es con los hermanos de Lila y empiezo a trabajar con *Los Morillos*.

¡No te creo!

Sí, como charrasquero de *Los Morillos* y estando en esa temporada, Nelson, yo era súper fanático, y me crié con la gente de Franklin González, que es el charrasquero de *Maracaibo 15* de toda la vida. Entonces yo le lavaba el carro a Franklin, en Caricuao, y él tenía escondida la charrasca, entonces yo agarraba, ponía los cassettes de *Maracaibo 15* y yo le daba y le daba, ya tenía el oído entrenado. Luego él me fue, más o menos, enseñando. Cosas de la vida, después me convertí en su compañero en *Maracaibo 15*.

¿Cómo pasó eso?

Bueno, estando con *Los Morillos*, el charrasquero oficial de *Maracaibo 15*, que los acompañaba, sufrió un accidente en el brazo y él estaba tocando solo, yo tocaba con *Los Morillos* esa misma noche. Él me vio y yo, de salido, agarré la charrasca, él me hizo una seña y yo me monté... cuando me monté a tocar, yo me sabía ya todos los temas... tú sabes, era como mi oportunidad en la vida, a nivel musical, y me sabía todos los temas. En una de esas, el que estaba tocando el bajo se volteó y dijo: "y este ¿de dónde salió? (risas de ambos).

¿Qué edad tenías?

En ese momento tenía 21.

Qué importante eso que estás diciendo, porque tú estabas buscando hacer realidad tu sueño, pero te estabas preparando y cuando llegó el momento ideal ¡ya tú estabas listo!

Eso es correcto.

Te abrieron la puerta.

Así es. Yo he decretado las cosas en mi vida. Te lo juro por Dios, con optimismo, con mucha fe, pero yo he decretado las cosas siempre y en su momento justo. Mi sueño, por ejemplo, era estar en la gaita que me gustaba, estar con los mejores y lo hice con *Maracaibo 15*. Mi sueño era trabajar en televisión, con el mejor, y trabajé con Guillermo González, fui su productor.

Me pasó en la música, en el teatro y en la actuación. Me gustaba mucho Orlando Urdaneta y fui su productor en su monólogo *Divorciarme yo*, y bueno me han pasado muchas cosas con gente bonita, por ejemplo, Hugo Carregal; gente que yo le tengo mucho aprecio y me ha tocado la oportunidad de trabajar con ellos. Estoy esperando que me toque trabajar con Mariangel Ruiz porque yo la quiero mucho.

Sí, bueno la queremos mucho también, ojalá algún día tengas la oportunidad de trabajar con Mariangel. Mira, ¿recuerdas cómo te sentiste la primera vez que tocaste con *Maracaibo 15*? ¿Dónde fue?

La discoteca se llamaba "La Ilusión", que quedaba allí en Las Mercedes. Entonces yo termino de tocar y Betulio me dice (con acento maracucho): "hey mijo, mañana tenemos un show en el Hotel Tamanaco, si queréis llégate nada más... es un showsito que vamos a hacer en una fiesta privada".

"Hey por tu osadía, estás en el grupo".

Si quieres llégate...

Hermano, yo averigüé dónde se habían comprado las camisas del uniforme y le pedí a mi hermana un dinero prestado, ya yo tenía un pantalón parecido al que ellos iban a usar y me fui en la mañana para el mercado en El Silencio. Me compré la misma camisa de ellos que, además, la usaban con unos tirantes y hasta eso conseguí, un amigo me los prestó. Y yo llegué, hermano, uniformado, Betulio se me queda viendo (entre risas) y suelta la risa diciendo: "Hey por tu osadía, estás en el grupo". Y así fue que yo entré en *Maracaibo 15*.

¡Qué bien! Por tu osadía. (Risas de ambos) Ya va... ya va... (Nelson empieza a buscar por todo el estudio) ¿Tú escuchas una voz? Yo escucho una voz.

¿Ahh? No... (con cara de asustado, se levanta de su silla asustado, como escondiéndose).

Sí, hay alguien por ahí... ¡Ay papá! ¿Qué pasó? ¿Qué pasó? ¡Ayy! ¿ Y Moncho?

[Vemos a Nelson sentado en el set de grabación del estudio, extrañado por la desaparición de Moncho. De repente, se escucha un alboroto en la puerta del estudio, es el Inspector Rodríguez que tiene problemas para entrar.]

Inspector (voz en off de Moncho, caracterizando al "Inspector Rodríguez"): Tengo que pasar, me disculpan, pero tengo que pasar.

Voz en off de seguridad: No, no señor, no puede pasar...

Inspector en off: ¿Cómo que no? Que tengo que pasar vale, por favor, hay unas normas y yo tengo que pasar para agarrarlo.

[Entra el Inspector al estudio y sorprende a Nelson, quien está extrañado de todo lo que pasa]

Inspector: Mira abusadorcito, un momentico, ¿por qué dejaste que este hombre se fuera?

"Inspector Rodríguez".

Siéntese, ¿qué hombre? Siéntese...

Un momentico, ¿por qué dejaste que se fuera el "malvavisco asado" de Moncho Martínez?

Ya va, qué es esto, ¡seguridad por favor!

No, no, si la seguridad soy yo malvavisco asado.

¿Quién es usted?

¿No me conoce? Si yo soy más conocido que el Papa, Nelson Bustamante. Tú te salvaste porque no ibas pal canal, yo soy el famoso Inspector Rodríguez.

¡El Inspector Rodríguez!

Claro vale, ¡por el amor de Dios!

¿Y Moncho? ¿Por eso fue que se fue...?

¿No supiste lo de Moncho?

¡Ay Dios! ¿Qué es esto?

Ahhh pues... ahorita te lo cuento.

¡Seguridad!

Yo soy la seguridad vale, por el amor de Dios, Nelson.

Bueno vamos a ver cómo arreglamos esto.

Eres un abusadorcito... (Tocándole el pecho con el dedo, como de costumbre lo hace el personaje).

No me toques, no me toques.

Eres abusadorcito vale (vuelve a tocarlo). Ese es el problema, que abusan Nelson Bustamante. ¿Tú sabes cuál es el bendito problemita de ustedes? Ahh no, porque tú eres el de "Motiva", porque tú eras el de "Qué dicen los niños" y esa lavativa... por cierto, toda esa cuerda de manganzones ya deben ser unos viejos.

Son grandes, son grandes... Inspector.

¿Sí? Se han visto casos.

Se han visto casos, entonces nos explica por favor, ¿qué hace aquí en *Gente que Motiva*?

Bueno por una simple razón, mi querido Nelson Bustamante, estoy aquí porque en el canal también me dejaron entrar y esas cosas porque ando buscando al Moncho Martínez.

Okey, ¿pero usted es policía? No entiendo nada.

Yo soy Inspector de Seguridad.

Pero, ¿cuál es la diferencia allí?

Bueno, yo me encargo, simplemente, de no dejar pasar a la persona, y allí viene la rabia de los mexicanitos, mi querido Nelson.

¿Qué le molestaba más a los mexicanos?

A los mexicanitos, como eran estrellitas, ellos pensaban que uno les iba a rendir pleitesía, que uno se les tenía que arrodillar (se levanta de su silla y casi se arrodilla) pues no, abusan...

¿Qué pasó?

Eduardo Santamarina llegó y, porque él hacía novelas y yo no lo conocía, yo le dije: "un momentito, ¿de quién se trata? ¿El señor es pelotero?". Entonces se picó, se amargó todo. Ahh pero yo no tengo la culpa, para nada, pero bueno...

Y seguro le estabas haciendo así (le toca el pecho con el dedo como lo hizo el Inspector).

No me hagas a mí así, yo sí puedo hacerlo, pero tú no.

Ah pero usted sí puede... ¿por qué le hacía así a los mexicanitos?

Porque te repito, ellos tienen una cosa, Nelson. Yo primero les empezaba a hablar, pero terminaba montando un bowling con las pelotas que me paraban... el problema es que yo les daba y les daba y después ellos sí se molestaban... pero eso tiene un porqué...

¿Por qué?

Porque ellos abusan.

Pero ¿es que usted es actor? Yo no entiendo ¿actor o seguridad?

¿Qué actor chico? ¿Tú te volviste loco?

"Qué locura".

Bueno, porque usted salía en televisión, yo lo vi.

No, yo no soy actor, esos fueron unos malvados de *Qué Locura* que ponían las cámaras, una cosa y se aprovecharon de mi cochino trabajo, pero nunca vi nada (hace el gesto de dinero con las manos). Hugo es peligroso pagando.

¿En serio?

¿Carregal? Uhhhh, ¡horrible!

¿No vio nada de nada?

Nunca. A mí me contaron que tú no viste varios viáticos en Radio Caracas.

No, de verdad... (aguantando la risa).

Se han visto casos.

Inspector ¿y qué pasaba con el radio cuando llamaban por allí? ¿Quién era el otro inspector?

Ese era el Inspector Pacheco (hace que habla por radio) "Pacheco, Pacheco 94 raya 8, al 8 pago, llevo una, le pido prestado al de al lado cambio y fuera Pacheco..." Pacheco era mi compañero porque nosotros también quisimos entrar en cuerpos policiales, pero no nos hicieron mucho caso y terminamos trabajando como inspectores de seguridad allí en el canal de La Colina.

¿Y por qué no dejaba pasar a los actores? ¿Estaban en esa lista o no estaban en esa lista?

Normalmente, tú sabes que tenemos problemas con el estacionamiento y si tú no estabas en pauta para ese día, así fueras quien fueses, Víctor Cámara, Jean Carlos Simanca, Juan Carlos García...

Pero estás hablando de grandes figuras, cómo no los va a dejar pasar...

¡Qué grandes figuras! Esos son unos malvados, unos abusadorcitos. Lo lamento Nelson. Dígame con el Daniel Sarcos.

¿Qué pasó?

Con ese también tuve problemas.

Pero ¿por qué?

Porque él era... ¿te acuerdas que Daniel era el animador de *Súper Sábado Sensacional*?

Sí, claro.

Que después empezó Villalobos en *Portadas* y... (haciendo gesto de serruchar con las manos) ahh...

el bendito serrucho y se quedó después con *Sábado Sensacional.*

¿Por qué no lo dejabas entrar entonces?

Te repito malvavisco asado, yo tenía un porqué y simplemente yo hacía cumplir las normas de seguridad. Yo tenía allí mi lista y el que no estuviera allí, lamentablemente, tenía que matarme para pasar por encima.

Inspector y ¿hubo alguno que se haya puesto agresivo con usted?

Bueno yo llevé más golpes que "caucho de jeep", pero hay cosas de verdad, la abusadorcitas también...

Ahh ¿también?

¡Sí, cómo no! Por allí estuvieron todas, Chiquinquirá Delgado, Aura Cristina Geithner, María Conchita Alonso que se puso brava porque yo le dije que si ella era María Conchita, entonces yo era Tarzán y en un fastidio de esos ella se molestó conmigo.

¿Mariangel también?

Mariangel... ¿tú supiste lo de Mariangel?

No, ¿qué pasó?

(le dice un secreto en la oreja a Nelson).

¡Nooooo! (sorprendido).

En un ascensor del canal de la Colina.

Ay Dios, ¿y usted estaba allí?

No, no, no, pero vi el video.

Ahhh okey, ¿y entonces alguna otra abusadorcita allí?

Oyeeee... Chiquinquirá Delgado.

Ahora, y usted con todo esto ha tenido la oportunidad de viajar por toda América Latina.

Mira, sí, me han salido cosas... he estado por los diferentes países de Latinoamérica, no pudimos ir a México porque los mexicanos hicieron una cofradía para no dejarme entrar al país, ya que yo fastidié a muchos de ellos, simplemente porque les tiraba la grulla (hace una posición de karate con las manos alzadas y una pierna levantada) y no los dejaba entrar.

¿Y usted practica artes marciales...?

Sí, sí, claro, yo soy cinturón fucsia.

¡Qué bien! ¿En qué? (risas de Nelson).

¿En qué de qué?

Digo ¿cinturón fucsia en karate, jiu-jitsu, en kung fu? ¿En qué?

No, la mía se llama "josooff" (diciendo cualquier palabra). Eso se aprende en la calle, no es ninguna regla normal, sino que... (le agarra la muñeca a Nelson e intenta doblarla).

Hey, hey, cuidado...

(hace el amague de doblarle la muñeca y Nelson pega un grito). Ahhhh malvado, te asustaste (le da unas palmadas en su espalda), malvavisco asado (risas de Nelson). Yo tengo esa técnica, pero al revés.

Inspector ¿por qué está buscando a Moncho?

Ah bueno, simplemente, porque tiene una deuda moral conmigo.

¿Cuál es esa deuda?

Es que me explotó por muchísimos años... sí, él estuvo viviendo de mí y de otros personajes y yo no he visto nada en la cuenta (hace gesto de dinero con las manos), ni un depósito.

Los personajes.

¿Usted conoce el resto de los personajes?

¡Claro, por el amor de Dios!

¿A cuáles conoces?

A Ruperto... (Imitándolo) "Ay me da pena, hola amigos". También al "pintor malandro" (imita al pintor): "Epa, ¿qué pasó mi tío?". El "Payaso Albóndiga" que también era muy malo (imitándolo): "Hola ¿qué fue mijo, cómo estáis?". A varios de ellos... Y a Hermo: "perverso, Nelson, por el amor de Dios". Así hablaba ese malvavisco asado.

Mire Inspector, ya que usted está en la búsqueda del malvado... de Moncho Martínez, por allá se esfumó oyó... (señala a un lado).

¿En serio? (Se levanta a buscarlo)... permiso malvavisco asado, (casi se cae de la silla y se agarra de Nelson y este se priva de la risa), ¡no manden a pulir tanto las alfombras estas vale!

[Aparece "Moncho" Martínez de nuevo]

¿Qué pasó Moncho? (con cara de preocupado) ¿por qué te buscaba el Inspector?

Bueno tú oíste todas las locuras que dijo.

Pero ¿qué es esto?

Este es un karma que yo tengo, compadre. "El Inspector Rodríguez" me persigue, a veces me persiguen "Hermo", "Ruperto" o todos mis personajes Nelson, esto es para volverse loco.

O sea ¿cuando duermes te pasa eso? ¿O también despierto?

Bueno acuérdate que yo les presto el alma y ellos se adueñan de mí (imita la risa de Hermo).

Moncho, antes de que salieras corriendo, estábamos hablando de tu osadía en la vida y cómo lograste un lugar en *Maracaibo 15*, pero ¿después de allí?

Yo alternaba mi trabajo en *Maracaibo 15* y mi trabajo como asistente de producción en el programa de Guillermo González, yo era el chuletero de Guillermo.

¿Qué es el "chuletero"?

Bueno es la persona que se encarga de hacerle unos cartelones y escribirle todo allí, hacia dónde ir, los comerciales... era un poco como el coordinador de piso, pero se lo ponía delante de la cámara, era su teleprompter. Y bueno para hacer el cuento corto, luego me convertí en su co productor y luego su productor. Guillermo salió de Televen, nos fuimos a Radio Caracas, allí fui productor de *¿Cuánto Vale el Show?*, que lo hacíamos en La Campiña.

"Chivo que se devuelve, sospecha algo de la chiva".

Terminamos de hacer *¿Cuánto Vale el Show?* en Radio Caracas, yo hacía de productor y libretista, le escribía a Guillermo aquello de los refranes, tuve la oportunidad muchas veces de hacerlo: "... y más contento que niñita con los zapatos en lavamanos llega..." y también escribía sus gritos de guerra: "Chivo que se devuelve, sospecha algo de la chiva..." (risas de ambos).

De allí nos vamos a Venevisión, me voy con Hugo, porque él era el Gerente de Producción de Radio Caracas Televisión pero Hugo sale de Radio Caracas y Guillermo lo llama para irnos juntos: Hugo como productor Ejecutivo y este servidor como Productor General y arrancamos *¿Cuánto Vale el Show?* en Venevisión. Fue un programa súper exitoso por cuatro años y Guillermo un día nos dice un detallazo (imitando a Guillermo): "mira rolo de vivo, sabes que me voy a tomar un año sabático" (risas de ambos).

¿Y ahora?

Me quedé...

– Pero bueno, ¿tú te volviste loco?

– Sí bueno, tranquilo fiera.

– Pero eso lo puedes hacer tú, Guillermo, que tienes una pelota de real, ¡nosotros vamos a pasar hambre loco!

– No te preocupes, fiera, yo lo tengo cuadrado todo.

Bueno yo agradecidísimo con Guillermo, como siempre, y Venevisión nos absorbe como productores a Hugo Carregal y a este servidor: "mira van a hacer unos programas que tenemos listos por allí", nos dice el difunto Joaquín, Dios lo tenga en la gloria, y nos muestra un programa de bromas y cosas en la calle, muy mayamero, llamado *Locos y sueltos*.

Todos los videos venían de Miami porque Venevisión tenía los derechos, y entonces nos entra el gusanito:

– Pero ¿por qué no podemos hacer nada?

– No, no hay presupuesto para hacer nada, pero nada.

– Préstennos dos camaritas, para ver si nosotros podemos hacer algo.

Hugo tenía una idea con un *sketch* de un argentino que hacía una entrevista y mientras el invitado estaba hablando, la supuesta "esposa" del entrevistador estaba montándole cachos allí mismo, lo estaba traicionando con el "coordinador", entonces era algo que hacíamos. "Oye y qué tal si hacemos algo parecido así, pedimos un huequito, en un estudio" y se me ocurrió hacer una parodia de los inspectores de seguridad de Venevisión.

Y entonces le hicimos la primera broma a Daniel Sarcos y llegó un momento en el que yo le estaba hablando a Daniel y él me dice: "pero ¿tú te volviste loco?", (en acto de discusión) "¿quién eres tú?" y allí es cuando yo caigo ¡que no tenía un nombre! Entonces yo me le quedo viendo y le digo: "Rodríguez". Yo no sé porqué me acordé de Carlitos Rodríguez, nuestro pana.

¡Sí, claro, Rafucho!

Ese mismo y le dije: "Rodríguez, el Inspector Rodríguez" y así se llamó el *sketch*.

¡Guaooo!

Me hizo crecer en toda Latinoamérica y, hoy por hoy, estoy llevando pa´ la casa, gracias a ese malvado.

Moncho qué agradable escucharte, porque arrancó con el muchacho que tenía el sueño, y empezó lavando el carro, practicando la charrasca, después se puso los tirantes y el uniforme de "Maracaibo 15" y, hoy en día, es un humorista querido y reconocido en toda América Latina.

¡Amén!

¿El éxito llega gratis, Moncho?

Nooo, para nada. Tú sabes que yo entendí por qué la gente me decía: "gracias, gracias", en todos lados cuando empezamos en el 2000 con *Qué Locura*. Cuando nosotros empezamos con eso, era un momento muy efervescente en Venezuela, era el momento de las marchas, un momento fuerte aquí en el país, la gente llegaba y guindaba su boina roja, otros guindaban una gorra azul, pero la gente se desestresaba viendo el programa porque nosotros causamos un *boom* tremendo, por eso nos daban las gracias en la calle.

Virgen de la Chiquinquirá.

Y yo he contado mucho esto, pero creo que el mensaje tiene que llegar. Yo tuve un sueño Nelson, cuando la gente me empezó a dar las gracias, yo tuve un sueño con la Virgen de la Chiquinquirá, pero fue muy real —yo la tengo en un nicho entrando a mi casa en las escaleras— donde ella aparece allí parada, arriba en las escaleras, y yo venía subiendo ese día y ella me dijo en el sueño que yo tenía una misión en la vida, que yo tenía que regalarle sonrisas a la gente en mi país y afuera. Yo lo sentí mucho, me paré llorando ese día y le conté a mi esposa, ese día entendí de qué se trataba esto, de qué se trataba la misión que yo tengo en la vida, y cada día le doy gracias a ella y lo entiendo, cada día entiendo que la gente me dé las "gracias Moncho", aquí, en los aeropuertos nacionales e internacionales, gente de Costa Rica, de Nicaragua, de todos lados que me dice: "gracias, abusadorcito, por regalarnos tantas sonrisas".

Y ahora me toca a mí darte las gracias, abusadorcito.

Gracias a ti, Nelson. ¡Qué Dios te bendiga!

Moncho, Dios te bendiga, muchísimas gracias.

Mi cariño, mi admiración y mi respeto siempre para ti y tu familia.

Tú sabes que sí vale, ¡gracias Moncho!

Carlos Rodríguez: Rafucho

"Yo siempre he dicho que el que persevera alcanza. Te puedes caer miles de veces, pero más mérito tiene levantarse, o sea, cualquiera se puede resbalar, caerse, darse un... pero levantarse es lo importante".

Nelson: Damos la bienvenida a mi gran amigo Carlitos Rodríguez, ¡el gran Rafuuuuuchoooooo! (estrecha su mano).

Rafucho: Gracias, hermano, por la invitación.

Carlos, qué bueno tenerte aquí en el programa.

Bueno imagínate el honor, tú sabes que eso suena a retórica pero, definitivamente, es un honor.

Pero no hay retórica ¿cómo lo explicamos?

Es que este proyecto, "Motiva", viene naciendo, viene dando sus pasos...

Tú lo conoces desde el principio, desde que era una idea que yo te conté un día, porque nosotros somos grandes amigos y, cada vez que podemos, nos encontramos y nos echamos los cuentos de la vida, de los proyectos que tenemos. Un día te conté de "Motiva" y aquí estamos. Tú motivas Carlos, tú eres una persona que, con tu ejemplo, motivas también porque tú comenzaste con un sueño.

"La Rochela".

Sí bueno, imagínate, la gente siempre me decía: "oye pero tú deberías trabajar en *La Rochela*, tienes que estar allí". Y de verdad que un momento muy especial fue en *Cuéntame ese Chiste*, porque toda la vida me ha gustado.

¿Por qué? ¿Qué hacías antes Carlos?

De todo, ventas, siempre me gustaron las ventas. Recuerdo cuando le dije a mi papá que no iba a estudiar más y él me respondió: "bueno usted tiene que trabajar hermano".

¿De qué parte de Venezuela eres?

De Caracas, sí, nací en Caracas pero mi familia es de Falcón, falconiana de nacimiento. Entonces en mis principios, yo trabajé vendiendo quesos, tortas, artículos de cuero, artículos deportivos, siempre me desenvolví en las ventas. También trabajé en un audio video, que tengo unas anécdotas buenísimas.

Bueno dale, dale, cuenta (entre risas).

Yo era el que recolectaba todas las películas, las triple X para los tipos de los hoteles pues y me terminé haciendo amigo de todos ellos, de los porteros de los hoteles, porque eso lo ponían en la recepción y lo pasaban en todas las habitaciones. Entones, un día fui con una novia para allá y, cuando bajo el vidrio, el portero, que era amigo mío de hace años, me dice: "pero si estás perdido vale" o sea, tú te imaginas, tuve que dar la vuelta en U, no me creyeron... (risas de ambos).

No hay nada que explicar allí (risas).

¡Qué pena!

Carlos, tus inicios en Radio Caracas, ¿cómo llegaste a *Cuéntame ese Chiste*?

Entré el 11 de febrero de 1992.

Un día importante para ti que lo recuerdas de esa forma ¿no?

Claro, tan importante que definió lo que iba a ser en el futuro, definió totalmente. Porque tú sabes que cuando uno está joven, muchas veces, es disperso, tiene millones de ideas de lo que quiere hacer con su vida, pero me fui por lo que realmente me gustaba. Yo he tratado de mejorar con el tiempo, con los años, me dediqué en serio a hacer humor, a leer.

Pero cuando entraste en Radio Caracas ¿tú te imaginabas que ibas a estar en cámara? ¿Ese era tu sueño? ¿Tú querías hacer reír a la gente frente a cámara?

"Cuéntame ese Chiste".

No, fíjate que yo me gradué de Contador, pero de chistes (risas de ambos). Y la primera cámara que vi fue a Carlos y a Víctor Cámara en Radio Caracas.

No, no, así no se puede (risas de Nelson y todos en el estudio).

Pero yo llegué a *Cuéntame ese Chiste* y echaba mis chistes e imitaba voces y eso me dio cabida en *La Rochela*, pero, previo a eso, trabajé en novelas como *El Desprecio*, era extra. Y entonces, a raíz de eso, pues fui mejorando mi situación.

Radio Caracas me dio la oportunidad y yo no la desperdicié. Fue una empresa que realmente valoró mis ganas y mi talento. Al año de estar allí, me dediqué a hacerlo bien pues, a leer... porque yo siempre he dicho que un humorista tiene que instruirse, tiene que conocer sobre la cotidianidad para poder tener la capacidad de improvisar, porque si no vas a hacer un repetidor. Entonces tu proceso creativo se basa mucho en eso, no es que seas el más intelectual, pero si estás enterado de todo, desde historia hasta las banalidades que salen en los periódicos y las revistas, todo eso te sirve para elaborar una rutina o para improvisar algo y quedas bien pues.

Carlos, la gente jamás se imagina que tú tuviste que repartir películas o ser vendedor, porque se imaginan que tú naciste montado en ese avión del éxito, cosa que no es así.

Eso es correcto.

"Rafucho, el maracucho".

Y mucha gente piensa que eres maracucho por el Rafucho.

Es que "Rafucho, el maracucho" fue un personaje que hice, inmediatamente, después del policía Matute.

Entonces vamos un poquito para atrás pues. ¿Cuál fue el primer personaje que tú recuerdas que era tuyo, con personalidad propia?

Lo primero que yo grabé como personaje principal fue uno imitando a Porfirio Torres. Después allí, para finales del 94, llegaron "El Policía Matute", "El Come Jobo", que no estaba planteado dentro del *sketch* pero, mira, Emilio Lovera —a ese pana le debo esa— porque mi personaje era un policía muy simple, y Emilio me dice: "¿por qué no haces el personaje? Adáptaselo al policía que tú haces", y le metí las características de "Matute" y fíjate lo que resultó ser Matute.

Ahí creaste un personaje.

Así es.

Y allí tu carrera pegó un salto.

Un gran salto, sí, me sirvió para crear a "Rafucho, el maracucho". Aunque, al principio, mucha gente adversaba porque decía (imitando el acento zuliano) "nosotros, los maracuchos, no hablamos así". Luego, con el tiempo, uno también va mejorando los personajes, la gente los va masticando más y ya son tantos años, que tengo el pasaporte maracucho. Ese fue el personaje que tuve por más tiempo allí.

Sí, sí, era impresionante porque aparte era "Rafucho" con "Lilita" (risas de Nelson).

(Imitando a Lilita) "¿Sabéis lo que me voy a poner aquí? Me voy a poner una hamburguesa y un par de perros calientes, porque en lo que te espernanque la cachetada, vais a pasar hambre" (risas de ambos). Así, más o menos, era siempre el final, la muletilla pues.

Quien te escucha, Carlos, piensa que tú tienes que ser un ser humano sumamente agradecido, porque es lo que transmites cuando hablas, transmites que estás agradecido por las oportunidades que te ha dado la vida y las has aprovechado al máximo.

Sí, sí, sí. Así es.

Yo también estoy muy agradecido, yo mismo me comprobé que el esfuerzo rinde frutos; que debemos ir por un camino de honestidad, de trabajo, de querer hacer las cosas bien. Ese es el legado más grande que yo he podido tener y lo llevo en mi corazón, es la humildad de mis padres, (se quiebra) de mi papá y de mi mamá, que de allí fue de donde yo saqué todo, lo sigo sacando y lo sigo proyectando a mi familia y a mis amigos.

Estamos hablando de la espiritualidad, estamos hablando de los consejos...

¡De las risas! Porque tú llevas a la gente lo que, muchas veces, le hace falta que es la risa.

Sí, a veces, me preocupa porque, últimamente, a las mujeres lo que les doy es risa (risas de ambos), pero estoy bien. Ya hablamos bastante serios, llega un momento que...

¿Qué hacemos?

Mira yo soy como un short de lycra, yo me adapto a cualquier cosa, o sea, si vamos pa´ allá, vamos pa´ allá (risas de todos en el estudio).

Carlos, hablemos del futuro, porque tú comenzaste con sueños, pero has tenido una carrera de éxitos y los sueños no terminan. Tú sigues con nuevos sueños, con nuevos emprendimientos.

"Sigo soñando".

Yo siempre he dicho que el que persevera alcanza. Te puedes caer miles de veces, pero más mérito tiene levantarse, o sea, cualquiera se puede resbalar, caerse, darse un... pero levantarse es lo importante. Bueno a mí me ha sucedido en muchas oportunidades, pero sigo soñando, y es tan así que estoy viviendo muchas cosas nuevas gracias a esto (saca una gorra detrás de su espalda y se la pone).

A ver, a ver, ¿qué es eso? Háblanos de tu nuevo sueño, o tu nueva realidad, tu nuevo emprendimiento.

"Snacks Rafu".

¿Qué es?

Bueno, decidí lanzarme y ser empresario de los *snacks*, en este caso de los tostones, estoy fabricando una línea de tostonsitos con sal y ya están en el mercado, ya hicimos el lanzamiento.

Muchas veces, cuando uno dice que va a hacer realidad sus propios sueños, le dicen a uno que está loco... ¿a ti te dijeron, con esto, que estabas tostado?

Sí bueno, tú sabes que hay gente que apuesta a tu fracaso, pues cree que es una fantasía, pero con creérmelo yo, con seguir soñando, conocer mis capacidades de realizarlo, con eso es suficiente; eso es lo que yo siempre le digo a la gente, que tiene que hacer sus propias islas con respecto a sus sueños y esperar que se cumplan.

Pero una cosa es soñarlo y quedarte allí, en la zona del sueño y la otra es lo que estás haciendo, tú estás trabajando para hacerlo realidad; tú hiciste un análisis de mercado, tú te has reunido con la

gente de las máquinas que cortan el tostón de una forma y de otra, te reuniste con diseñadores para el empaque, o sea, todo el "paso a paso".

Todo, desde la génesis, desde la compra del plátano, porque en otras oportunidades había hecho negocios donde Rafucho era la imagen, pero realmente tú te das cuenta...

Y allí tú has recibido golpes duros.

"Plantación adentro camará".

He recibido golpes porque no es el tema de la imagen, es el tema del trabajo, por supuesto, hay productos que ameritan líneas de mercado, que necesitan una imagen y muchos vivimos de eso, por esa razón hemos acompañado a muchas marcas, pero en un negocio propio tienes que tratar de conocerle desde el principio, ese es tu hijo y eso me pasó con mis tostones, con mis *snacks*, o sea, desde las plantaciones. Yo me iba, como decía Rubén Blades, "plantación adentro camará", desde el nacimiento, desde la cepa del plátano, saber con cuál aceite se puede y no se puede freír, cuánto dura, etc., y todo ese aprendizaje lo he llevado y ha quedado en el resultado de los plátanos más sabrosos de toda Venezuela, que yo tengo una bolsita por allí (buscando por todos lados).

La tengo yo, la tengo yo, pero espérate Carlos, ya la vamos a mostrar (risas de ambos).

¡Es que son buenos!

Ya la vamos a mostrar, pero es que no quería cerrar esta entrevista sin felicitarte por este emprendimiento, felicitarte por todo lo que ha sido tu vida, Carlos, porque tú siempre llamas la atención, de ser ese muchacho que vendía cosas a ser un emprendedor que está haciendo realidad sus propios sueños, porque si la gente te ve que tú lo lograste dirá "yo también lo puedo lograr".

Claro que sí.

Y aparte que la marca, tu nuevo niño, como le dices tú, que tienes a María Gabriela, tu hija, pero que este es tu nuevo hijo, es... "Rafu." Es un personaje, no es Carlos Rodríguez, es Rafucho.

Exacto, salido de esa fortuna, de esa dicha que me dio Radio Caracas, su escritora, los productores, los sueños...

¿Los sueños se pueden hacer realidad?

Claro que se pueden realizar los sueños, pero de esa manera, como insistiendo, luchando y siempre vas a obtener ese resultado, que es el mismo resultado que obtienes tú con "Motiva".

¡Gracias Carlos!

Porque de verdad eres admirable hermano. Conozco, desde un principio, todo tu sueño y, aparte, quiero darte las gracias porque nos ayudas a distribuir nuestros sueños con esa energía tan positiva y tan bonita que tú tienes (risas de Nelson y estrecha su mano).

Mi cariño y admiración hermano.

Gracias, igual...

Sabes que es así, Carlos, te has ganado un "Rafu" mira (saca un paquete de platanitos "Rafu", risas de ambos). ¡Espérate! Y mira la presentación (saca una bolsa de platanitos familiar), este es el grande, este es para los muchachos aquí en el estudio y este es el mío (saca otra bolsita pequeña de tostones). Bueno la abrimos, gracias Carlitos, gracias a todos ustedes por acompañarnos.

¡Bueno que los disfruten!

¡Hasta una próxima oportunidad...! (mientras comen los tostones).

Mónica Pasqualotto

"La gente tiene que ser optimista, por eso creo que esa es la mejor manera de poder ver esas puertas que están allí; cuando tú eres pesimista, esas puertas pasan a un lado y tú no las ves".

Nelson: Hay personas que nos impulsan a hacer realidad nuestros sueños e ir tras el éxito, hoy en *Gente que Motiva* recibimos a Mónica Pasqualotto. ¡Hola Mónicaaaaaa!

Mónica: ¡Hola mi Nelson!

Amooooorrrrr...

Tiguadoooooorrrrr ¿qué pasa, qué pasa? bueno ¿Quién está presentando a quién?

(Risas de Nelson). A ti que nos motivas. Tú sabes que cada programa de *Gente que Motiva* tiene un título, a este le hemos puesto un título que define parte de lo que es tu vida...

Okey.

Y a ver si la pegamos contigo. Con nuestro maravilloso equipo de producción acordamos que el tuyo se llamaría "El optimismo como bandera" porque tú eres una persona que siempre aparentas estar alegre.

Me gusta eso, "aparentas", ¡¡qué bueno!!

Claro, porque por fuera, es decir, desde aquí siempre estás alegre, siempre dices algo gracioso y tratas de que todo el mundo se sienta bien.

Yo creo que, en definitiva, cuando tienes el espíritu lleno de alegría, las puertas se abren. Siempre es rico compartir con alguien que, por lo menos, pretende ser alegre en ese momento, porque a veces todos tenemos como un maremoto por dentro, pero creo que es mejor cuando te preguntan cómo estás y respondes: "Bien, chévere", a la gente que dice: "bueno, ahí vamos". No, no, no, la gente tiene que ser optimista, por eso creo que esa es la mejor manera de poder ver esas puertas que están allí; cuando tú eres pesimista, esas puertas pasan a un lado y tú no las ves, estás como con gríngolas, estás sumido en "no puedo, no puedo, no puedo".

¿Así estén abiertas las puertas?

Así estén abiertas y no las ves porque estas así (coloca sus manos como gríngolas) y no las ves. La única manera es ser alegre y andar "hola, hola, hola", entonces volteas y ves la puerta. ¿Soy bastante gráfica verdad? (risas de ella).

¡No, sigue diciendo!

Esto es un proceso, todo el mundo tiene momentos muy oscuros, muy complejos, porque así es el ser humano, así es la naturaleza del ser humano y, es cierto, lo importante es aprender a batallar esas tormentas para poder salir adelante.

O sea, que con el nombre del programa estamos bien, ¿te sientes cómoda con él?

El nombre, dicho en criollo, ¡la pegaron!

¡Muy bien! "El optimismo como bandera" entonces. ¿En qué momento descubriste que el optimismo es parte de tu esencia?

Mira, yo creo que desde que me empezaron a raspar (aplazar) en matemáticas en el colegio. Yo era muy pero muy mala en matemáticas y eso que hacía ejercicios tras ejercicios, pero no salía bien en la materia. Entonces yo llegaba a mi casa súper molesta y destruida porque, si algo soy, es punzo penetrante con lo que quiero, no descanso hasta lograrlo. Incluso, yo misma me castigaba, entonces mi papá me decía: "¿como te vas a castigar si yo te vi trabajando? Tú lo has hecho todo" y creo que allí empecé a entender que uno tiene que ser optimista; yo me encerraba, todo era negro, todo era "no voy a poder, no voy a poder", y creo que esa lección de vida me enseñó porque pude pasar al fin la materia, después de tantas veces que tuve que repetirla.

"Te das cuenta que la única manera de salir adelante es a través del optimismo".

Lo intentaste y lo intentaste.

Sí, sí, de hecho, pasé de año y tuve que arrastrar nuevamente matemáticas y me pasó igual en la universidad. Después de allí, murió mi papá, o sea, yo creo que hay cosas en la vida que te van dando golpes y te das cuenta que la única manera de salir adelante es a través del optimismo.

Tú fuiste presentadora, actriz de televisión y de teatro en Venezuela, ahora estás viviendo en los EEUU, en Miami, y estás haciendo radio, televisión, es decir, traes todo ese talento de Venezuela. Ahora, para ponerlo en práctica aquí, estás hablando de algo que Maickel Melamed dice en su libro "Si lo sueñas, haz que pase". Él dice que no todos somos buenos para todo y, a veces, nos cuesta entender eso, porque creemos que somos buenos para todo, en matemáticas, por ejemplo...

Correcto.

O sea, tú te diste cuenta que no eras buena en matemáticas pero, a veces, la vida misma nos trata de poner en una competencia donde todos tenemos que ser buenos en todo, ¿es así?

Sí, y quieres demostrarle al mundo que lo eres, pero el sistema te obliga a ser bueno en todo, porque si yo hubiese podido escoger, desde niña, no ver matemáticas, no la hubiese visto y hubiese sido feliz estudiando otro tipo de cosas. Sin embargo, tienes que pasar por eso, ya que ese fracaso te enseña, ese golpe es lo que te da fortaleza para avanzar porque cuando tú, definitivamente, decidas hacer lo que quieras, lo que sientes que eres bueno, tampoco el camino va a ser de rosas, allí también tendrás obstáculos y esos obstáculos son los que te van a dar, digamos, el cayo para seguir adelante.

¿Cuál ha sido el obstáculo más duro que has tenido que pasar en tu carrera?

Yo creo que los rechazos. Esto es hacer muchos castings y pruebas, hasta que al fin consigues...

Ajá y para aquellos que no saben cómo es un casting, ¿en qué consiste?

Bueno es como cuando una persona lleva su currículo a diferentes empresas, te entrevistan y te dicen: "no se preocupe, nosotros te llamamos", es exactamente igual. Tú vas, te maquillas, te pones frente a cámara, pones un perfil, después el otro perfil, seguramente te preguntan por qué crees tú que podrías ser perfecta para este papel o para conducir este programa...

¿Por qué vas a ser perfecta para este papel?

Esa era una pregunta súper difícil de contestar, sobre todo, cuando tú tienes entre 17 y 20 años, y todavía estás como: "¿me puede repetir la pregunta? Por favor (risas). Yo soy perfecta porque yo lo quiero hacer, quiero aprender... porque necesito que se prenda ese bombillo para sentirme viva". En ese momento uno no sabe decir eso y dice cualquier estupidez, y te dicen: "no se preocupe, en la próxima nosotros la llamamos".

"No nos llame, nosotros lo llamaremos".

Y llegas a tu casa y te sientes infame, piensas en cuándo va a ser tu momento. A mí siempre me pasaba algo muy divertido y es que en los países latinos, las rubias ojos claros siempre tienen un pasito más adelante que uno, porque los niños todos somos ojitos marrones, pero cuando llega a la fiesta el niñito de los ojos azules, todos dicen: "Ayyy qué lindo, qué bello", así el niño sea bizco, pero como tiene los ojos azules, el niño es lindo y bello. Eso pasaba muchas veces en un casting de comercial o algo así y me decían: "mira, estás entre las tres seleccionadas", entonces yo preguntaba:

— ¿Cuántas rubias hay?

— Dos.

— Ah okey, gracias, ¡ya yo sé! (risas).

"Yo quería ser Miss, solo que no me había visto bien en un espejo, o el espejo no decía lo que le decía Osmel".

Hubo muchos rechazos. Yo recuerdo que yo quise entrar en el "Miss Venezuela", porque mi mamá concursó en el 64, ella fue "Miss International" y viajó mucho, entones yo crecí con esos álbumes en casa. Yo quería ser Miss, solo que no me había visto bien en un espejo, o el espejo no decía lo que le decía Osmel. En fin, ese fue un rechazo también y sabes muy bien que en el país de nosotros, tener o haber pisado el "Miss Venezuela", ya es como que si hubieses ido a la universidad a estudiar Comunicacion Social, es un currículo.

Sí, en Venezuela es muy importante el haber pasado por el "Miss Venezuela" si quieres estar dentro de un medio de comunicación.

Exacto, tampoco pasé por allí, así que me tocó hacer otras artimañas.

Primero no eres rubia.

Correcto.

Después no pasaste por el "Miss Venezuela".

No, tampoco.

¿Y entonces cómo?

Tampoco hice operación colchón (risas).

¿Qué es operación colchón?

Operación colchón es cuando uno... Ay ¿me vas a preguntar a mí qué es operación colchón?

Te lo estoy preguntando para que la gente también se entere qué es...

Busquen en Google (risas).

Ahhh eso no debe salir en Google. Hay cosas que no salen en Google (risas).

Bueno, eso es cuando uno da favores sexuales a cambio de trabajo, pues.

Exactamente.

Tampoco pasé por eso, tampoco lo hice.

Volviendo al tema, Mónica, hay muchas personas que dirán: "Qué bonito el optimismo como bandera", pero hay momentos en la vida donde esa bandera, tal vez, pierde esos colores, pierde el brillo y se torna un poco oscura, ¿cuál ha sido el momento más difícil que has tenido que pasar, donde el optimismo está de luto?

"Realismo Mágico".

El primero, en efecto, fue la muerte de mi papá. Él muere cuando yo tenía 16, casi 17 años y éramos muy, pero muy cercanos, muy unidos. De la noche a la mañana se me va el pilar de mi familia... mi papá muere de un infarto. De hecho, esa noche se acuesta a dormir conmigo porque mi mamá tenía fiebre y ella se fue a mi cuarto, por eso yo estaba durmiendo con mi papá. Como a las 4 de la mañana pues sufre un infarto fulminante, allí no hubo momento de decir "heyyy, ayúdame, llama a alguien, me está pasando esto". El mundo se me puso completamente al revés, era como un realismo mágico, o sea, yo recuerdo esos primeros meses muy complicados, mi mamá se sentía sumamente perdida, por eso, porque mi papá era el pilar central de la casa. Mi hermano apenas tenía 12 años en ese momento...

Y pasa eso de "no le dije tal cosa en tal momento".

Fíjate que ese no fue mi caso porque, como te dije, mi papá y yo éramos sumamente cercanos, lo que sí siento es que no viví todo lo que tuve que vivir con él. Hoy veo a mi hijo y digo "qué rico hubiese sido que mi hijo disfrutara a mi papá, a su abuelo". Me casé no una, sino varias veces, hubiese querido tener a mi papá en esos momentos; tener a esa persona que siempre me animó cuando yo me sentía sumamente desanimada porque no lograba lo que yo quería. Por ejemplo, en la natación, porque yo me frustraba demasiado, ese era mi problema y entraba con una rabia horrible y era él, justamente, el que me sacaba a flote y me decía "tranquila, mañana hay otra competencia", entonces sentir el vacío de que esa persona no está contigo, que no le puedes mostrar tus logros y no puedes sentir eso físicamente porque, aunque uno se acobija en esa cosa de que siempre están con uno, que siempre habrá una conexión, al final es mentira, el abrazo es el abrazo y eso no es sustituible por nada del mundo.

"Me hizo madurar en cuestión de dos años".

Respondiendo a tu pregunta, yo creo que ese fue el momento, o sea, fue uno de los momentos más importantes de mi vida porque, de paso, tuve que aprender demasiado. Mi papá, en esa época, me había sacado una licencia de conducir antes de tiempo, porque ellos se habían ido de vacaciones, entonces hizo esa trampita y me sirvió muchísimo para encargarme yo de mi familia, encargarme yo de los negocios de mi papá, de tener que firmar una cantidad de cosas, es decir, me hizo madurar en cuestión de dos años, porque tuve que crecer y fue una pérdida enorme pero, sin embargo, también fue una lección de vida enorme.

¿Qué fue lo más duro que tuviste que cambiar en tu vida?

El hecho de tener que aprender a crecer demasiado rápido, que el pilar de tu casa se vaya de la noche a la mañana y darte cuenta que, de repente, la vida es complicada, que te hace falta esa persona que te dé un consejo y sentir su apoyo.

Sí, pasaste por momentos complicados como el divorcio y no estaba tu bastón.

Sí, creo que ese segundo divorcio fue, particularmente, fuerte porque, de paso, tuvo demasiada exposición y son momentos en la vida donde quieres cubrirte, que nadie te vea, que no te señalen. Quizás pasa mucho, que cuando tú pierdes a un ser querido, lo pones sobre un pedestal, lo idolatras y realmente no tienes la realidad de lo que ha podido ser. Creo que por eso duele todavía mucho más, porque sientes que esa persona tenía que haber sido clave en tu vida durante esos momentos y que, de repente, tu vida hubiese podido ser mucho más sencilla, mucho más fácil si él hubiese estado contigo en ese momento.

Por eso, uno trata de poner la vida un poco más romántica de lo que es, porque la vida es dura, es durísima.

La vida es hermosa, Nelson.

Sí, también es hermosa. Pero viene con un bate y si te descuidas... Hay un *speech* de Rocky —creo que en la última— donde él le dice al hijo que la vida es mucho más fuerte que un combate de boxeo, porque si la vida te ve abajo, arrodillado, te va a seguir dando y dando (mientras dice esto golpea su puño).

Después de todos esos golpes y de todos esos cambios, creo que lo más importante es despertar cada mañana pensando que la vida es hermosa, porque mientras más dura la ves, más te vas a fijar otra vez en los obstáculos, no en las cosas bonitas de la vida, y creo que el optimismo es la fuerza, es la gasolina del ser humano para triunfar y el triunfo es ser feliz mientras logras tus metas.

¿Cómo haces? Porque está comprobado científicamente que el 80% de los pensamientos del ser humano son negativos ¿cómo haces para transformar esos pensamientos negativos en positivos?

Yo los escribo. En la mañana me levanto, los escribo y los leo en voz alta para volvérmelos a creer, porque confío en la repetición. Cuando yo tomé la decisión de salir de mi país y llegar acá, yo dije: "soy una persona positiva, a mí el universo me ama, yo voy a llegar y mira "quítate Sofía Vergara que llegué yo". A los 6 meses, estaba colocando un papelito en la cartelera de mi edificio ofreciendo mis servicios para limpiar las casas. Ya yo tenía seis meses aquí y no lograba conseguir absolutamente nada. Yo creo que lo que más afecta al ser humano, después de haber alcanzado, no el éxito, pero sí las metas que uno se ha propuesto en su país, es el ego.

Yo en ese momento dije "¡guao! ¿Esto será tocar fondo?". El problema era el ego. Yo recuerdo que yo le decía a mi esposo, a veces, que quería ir al Dolphin Mall para que alguien me reconociera y me pidiera una foto para regresar a mi casa y volver a ser feliz otra vez, porque era el mar del anonimato (risas) y es muy, muy rudo cuando tú sientes que tú tienes una familia de veinte y pico de millones de venezolanos y que todos te digan: "¿cómo estás? Ayer te vi". Uno siente que tiene familia en todos lados, entonces llegar acá y sentirse solo... porque, a veces, ni siquiera unos "buenos días" en el elevador.

Así es.

Es que aquí la gente es muy parca, entonces si tengo un bajón terrible de ego, necesito irme a un centro comercial donde hayan venezolanos para cazar a alguien.

¡Para una foto! (risa de ambos).

Yo lo escribo en las mañanas.

¿Y qué escribes?

Yo amanezco todas las mañanas y digo, por ejemplo, hoy que tenía que venir para acá (haciendo la acción de escribir): "mi reportaje de hoy va a salir perfecto, yo soy una persona de luz, yo voy a lograr lo que quiero, las puertas en mi vida se abren". Yo me escribo ese tipo de cosas en las mañanas y me las leo, porque el problema es que uno, a veces, las piensa pero no las dice en voz alta y no se las cree.

"Lee tu propia prensa".

Y yo sí creo que hay que jugarle como un truquito raro a nuestra mente. Para cada persona debe ser distinto, por eso yo respeto mucho a la gente que hace terapia, yo he hecho mucha terapia. Incluso, yo los primeros meses hacía skype con mi terapista en Venezuela para poder superar toda esa cosa del ego, de la depresión, de entender que te tienes que reinventar, que tienes que ser agradecido si te sale cualquier cosa y sentir agradecimiento porque tienes vida, tienes fuerza, tienes ímpetu, porque tienes todo y pues ella me dijo "escríbelo y léetelo en la mañana, en vez de leer la prensa y leer cosas negativas, lee tu propia prensa de las cosas positivas que vas a lograr cada día".

Okey anoten lo que acaba de decir Mónica Pasqualotto, eso es maravilloso, crea tu propia prensa de tus noticias positivas, así te llenas de energía positiva cada mañana, pase lo que pase.

Pase o no pase, lo que escribiste es mejor que comenzar el día con pesimismo porque te llenas de angustia y pasas todo el día deprimida. Sabes que quiero tocar aquí las redes sociales.

A ver...

Hacen mucho daño. Yo creo que, a veces, la gente tiene que filtrar lo que dice, y no hablo solo por los que trabajamos en el mundo del espectáculo. Hay personas que empiezan a leer historias de supuesto éxito de otras personas, que no se sabe si son o no reales, pero si lo leen y su autoestima no está fortificada, se van a sentir mal, entonces, si sienten que eso les está pasando, borren a esa gente, mejor síganla cuando otra vez se sientan llenos de energía. Dejen que, solamente, entre por su vista cosas que les nutra, solo cosas que les haga sentir felices.

Bueno y parte de nuestro reto, como comunicadores, en las redes sociales, es llevar un mensaje positivo, un mensaje constructivo y es lo que tratamos de hacer también con *Motiva,* que la gente en la mañana ya tenga un mensaje, como bien lo dijiste tú, un *boost* de energía y de optimismo.

“El optimismo como bandera”.

¡Así es! Mónica muchas gracias.

¡Gracias a ti amorrrrrrrrrrrrrrrrrrr!

Te quiero muchísimo, gracias por acompañarnos en este programa de *Gente que Motiva.*

Gracias a ustedes por motivarnos. Cada vez que uno abre esas redes sociales y está ese verde esperanza de Motiva a uno se le alegra el día.

"El optimismo como bandera" para que se lo lleven hoy como regalo de Mónica Pasqualotto y de *Motiva*, ¡será hasta la próxima!

Rosario Prieto

"No hagas nada para que te lo agradezcan, no, no, no, es la satisfacción que le da a uno, como ser humano, hacer algo bueno y ver una sonrisa en un rostro".

Nelson: Hoy para mí es un gran honor darte la bienvenida en *Gente que Motiva*.

Rosario: Muchísimas gracias por esta invitación, de verdad.

¡Bésame primero, por favor!

En la boca (risas de ambos, le da un beso en la mejilla).

¡Ay qué bella!

¡Qué Dios te bendiga, mi amor! Sabes que yo he sido muy amiga de tu familia, de tu mamá, de tu tía, de toda tu gente, para mí son muy importantes y para mí, tú eres niño mío también.

Gracias, gracias por acompañarnos en el programa, te interrumpí con algo muy bonito que estabas diciendo, pero quería que me besaras para transmitir todo este cariño (risas de ambos).

Es que él es muy ardiente (risas).

¿Cómo estás?

Bien, bien.

Estás en procesos, procesos y más procesos...

Muchos procesos sí, y como decía una amiga mía: "no te preocupes Rosario, una persona a los 74 años que no le pase nada es porque está muerta". A mí me pasa que me afecta todo, siempre he sido de resolver primero el problema de los demás y no el mío. Yo tengo una familia extraordinaria que es lo más importante que hay, siempre están conmigo pero... creen que yo soy una anciana decrépita.

¿Quiénes?

Me dicen: "Ay cuidado...", "te está palpitando el corazón", "respira", "¿te tomaste la pastilla?"... Tengo un médico en los Estados Unidos que me llama todos los días para preguntarme si me tomé la pastilla de la tensión.

A la misma hora todos los días, seguro.

Sí, sí, sí... (risas de ambos).

¿Rosario, tú no naciste en esta tierra no?

No.

Tú eres venezolana, tu corazón es venezolano, tu alma es venezolana, pero poca gente recuerda que realmente no naciste aquí.

"Mis padres fueron refugiados políticos".

No, yo nací en República Dominicana el 20 de abril de 1942. ¡No saquen cuenta! Bueno, 74 años ya (risas). Llegué a Venezuela el 6 de enero de 1945, con dos años y medio, con mis padres que fueron refugiados políticos. Mi padre venía de la guerra civil española, y bueno, llegamos a este gran país que nos dio la mano, llegué con mis padres buscando la libertad y ellos encontraron la libertad.

Sí, qué belleza.

Hermoso. Nunca visité República Dominicana porque el proceso de vida de un... emigrante, bueno de un refugiado que viene de una guerra y de estar bajo el mandato de otro dictador que era Rafael Leónidas Trujillo —Chapita—.

Sí, Chapita.

Entonces crecer en un hogar así no fue fácil, éramos muy pobres.

¿A dónde llegaron? ¿Recuerdas?

Sí, mira, papá vino primero, ellos salieron en una goleta de República Dominicana, buscando México y llegaron a un sitio que creían se trataba del Golfo de México, pero no, resultó ser Puerto Cabello (risas).

¿Ahhh sí? O sea ¿se perdieron?

Sí, se perdieron.

Y por perderse hemos disfrutado todo tu talento...

¡Gracias mi amor! Había un señor llamado Miguel Otero Silva, el fundador del diario El Nacional, que él recogía a todos los refugiados, él tenía un galpón (por donde está ahora Pedro Camejo) que se llamaba "Tiro al Blanco". A ese galpón, llegaban los refugiados con sus hijos y Miguel Otero les buscaba trabajo, los ayudaba. Mi papá había salido de París, de ser el director del diario *"Le Monde"*, salió de París a la guerra, entonces es ver a una persona que pasó de ser el director de un diario, de haber pasado por una guerra, a decir "¿qué comemos hoy?". Lo que pasa es que Venezuela se convirtió en el paraíso de todos los que vinieron como emigrantes, de todos los que vinieron como refugiados políticos...

"Soy más venezolana que muchos que dicen ser venezolanos".

Que fueron muchos, la verdad.

¡Muchísimos! Aquí la Av. Andrés Bello la hicieron los portugueses, los que arreglaban los zapatos eran los italianos, los que estaban dedicados a la construcción eran italianos también; los españoles estaban con las polleras, ¿me entiendes? Bueno, en fin, yo me siento venezolana y me siento con el derecho de decirlo, porque soy más venezolana que muchos que dicen ser venezolanos.

Sí, sí, sí.

Entonces, a mi padre le dieron un trabajo en El Nacional como Corrector de pruebas y mi mamá era costurera.

¿Primero llegó tu papá cierto? Trabajó un tiempo y luego trajo a su familia.

Nosotros llegamos a Maiquetía.

¿Y en dónde vivieron en ese primer momento?

Allá en el Galpón Tiro al Blanco.

¿Allí vivías tú también?

Allí vivíamos todos nosotros, la única hembra y 14 varones, te puedes imaginar ¿no?

¿Cómo es la cosa?

Yo era la única hembra.

¿Eran 15 hijos?

Éramos 15 niños de todos los...

¿Los tuyos, los míos y los nuestros? Algo así...

No, de los refugiados. Cada familia tenía sus hijos pues...

Ahhh, por un momento pensé que ustedes eran 15 hermanos de una misma familia.

Eran los hijos de los inmigrantes.

Eran una gran familia.

Exacto, exacto, y entonces como no se podía tocar a una mujer ni con el pétalo de una rosa, yo peleaba a puño limpio con los muchachos, yo era mala, era muy mala, jugaba béisbol y me dejaban ganar a mí por si acaso (risas de ambos).

Rosario, ¿en qué momento tuviste el sueño de convertirte en artista? ¿Tuviste ese sueño como tal, lo visualizaste?

"Yo voy a estar con Cantinflas y con Luis Sandrini, yo voy a estar ahí con ellos".

Sí, cuando era una niña, mi papá me llevaba al cine Guaicaipuro que está cerca de Sarria. El cine era el único esparcimiento que existía porque ni televisión, ni radio... *El Derecho de nacer* era lo único, el Himno Nacional en la mañana y más nada, entonces papá me llevaba al cine y yo veía a Cantinflas, a Fernandel, que fue un gran comediante francés, a Luis Sandrini, un gran comediante Argentino, pues a ellos tres, y me encantaba... Ahhh (suspira recordando). No puedo dejar afuera a Charles Chaplin, él era el cine mudo, y yo le decía a mi papá: "yo voy a estar con Cantinflas y con Luis Sandrini, yo voy a estar ahí con ellos".

Guaooo...

El sueño se cumplió, yo fui nombrada "Miss Televisión" en los años 60, por votación popular (risas de ambos). Entonces, como todos sabían que yo admiraba a Cantinflas, el periódico, que organizó este concurso, trajo a Cantinflas para mi coronación.

¡El propio "Atrévete a Soñar" era eso!

¡Ay sí! Bueno yo tengo fotos y todo, que me las ha mandado gente por Instagram. También tuve la oportunidad de viajar a México y hacer la voz de los dibujos animados de Cantinflas. Fue una serie muy pequeña.

Entonces tú le decías a tu papá que tú ibas a trabajar con ellos, ¿pero en qué momento comenzaste a trabajar con...?

Pasaron muchos años. Y con Luis Sandrini pasó lo mismo, fue al canal 8 a hacer una serie, vio actrices y dijo "yo quiero a esa", ¡y esa era yo!

¡Eras tú! (sorprendido).

Era yo. Pude cumplir esos dos sueños de mi vida. Nosotros éramos muy pobres y en el colegio Experimental Venezuela, que está en la parte de atrás del colegio San José de Tarbes, eso no tenía muros ni nada, y en ese salón daban clases de ballet. Y como yo no tenía para nada, pues, yo iba en la tarde, — porque antes los niños andaban tranquilos en la calle, no había problema—, me agarraba del murito y hacía las clases, hasta que me descubrieron. En aquella época, los maestros, los directores tenían más voz que los mismos padres.

O sea, mientras ellos hacían la clase allá, ¿tú estabas del otro lado del murito?

Sí, del otro lado de la pared, sin que nadie se enterara y me descubren. Llaman a mis padres, viene la directora y le dice a la profesora:

— Esta niña ha estado puesta allí, detrás de la pared, y ¿ustedes no la han visto?

— No, porque yo estoy pendiente de mi clase, pero ella hablaba como gringo con español, entonces...

— Ya va, un momento. Que pase la niña al salón...

Entonces ella empezó la clase y yo la hice toda completa, y allí la profe dice: "ella está becada de por vida".

Bailarina de ballet.

¡Qué belleza, Rosario!

Fue así cómo me hice bailarina de ballet. Y mi primer concierto lo di en el Teatro Nacional.

¡Guaooo!

Sí. Ya 50 años después vi mi nombre en la marquesina del Teatro Nacional, acá en Caracas, con la obra *Profundo* y me puse a llorar. Estábamos en la acera y una actriz me dice:

— ¿Estás llorando porque no te pusieron el crédito que tú querías?

— No, estoy llorando porque hace 50 años yo bailé ahí, o sea, mi vida ha sido todo...

Qué belleza. Me imagino que llorabas porque la niñita estaba reconociendo el triunfo que había alcanzado.

Sí, una maravilla, eso hay que vivirlo. Tú acabas de decir las palabras exactas, que no todo el mundo lo puede entender, lo que uno siente en ese momento es, simplemente, maravilloso. Bueno, luego pasé a la Interamericana de Ballet y Jorge Citino, que era el coreógrafo de Renny Ottolina, fue por varias escuelas de ballet buscando una bailarina para que diera clases de movimiento de manos, para sus bailarines que venían de trabajar en el Tropicana. Entonces, él me escogió a mí, en la Interamericana, pero la profesora le dijo que yo era menor de edad y que tenía que hablar con mis padres.

Bueno, esa noche llego a la casa y le digo a mi papá:

— Papá mira, me seleccionaron para dar clases...

— ¿A usted le gusta eso? ¿Usted quiere trabajar en Televisión?

— Sí papá, ¡yo quiero, yo quiero!

— Bueno hágalo.

¿Y qué edad tenías?

17 años. Yo entré a bailar en el *Show de Renny* a mis 17 años.

Televisión blanco y negro.

¿Recuerdas el primer día?

¿Que si lo recuerdo? (emocionada). Yo le avisé a todo el mundo que iba a bailar, que era la chica del *Show de Renny*, y bueno... yo bailé (risas de ambos). Recuerdo que era una canción que la mujer que la bailaba era negrita, entonces a mí me pintaron toda de negro, y yo bailé, pero nadie sabía que era yo, porque la televisión era en blanco y negro.

(risas de Nelson) Y era en vivo... ahí no había repeticiones.

En vivo... y Jorge Stone —que era el director— decía: "qué buena es... mira cómo le corren las lágrimas", era de la rabia que yo tenía (risas). Ay no, no, no, me han pasado muchas cosas. Pero, como te digo, yo llegué a la puerta de Radio Caracas Televisión con una maleta de sueños y los cumplí todos.

¡Qué belleza!

Menos el último... (se le quiebra la voz), que era pasar mi vejez allí (llora y, en un silencio, Nelson toma su mano y ella le lanza un beso).

Por esto te quiero, porque esta es la esencia de lo que somos.

Amén.

Retomado un poco el tema, entraste a la televisión a los 17 años...

Sí, y trabajé en novelas, programas de comedia, en unitarios, en todo, todo, y siempre con personajes distintos. Tuve una gran guía que fue la señora Amalia Pérez Díaz, que fue mi maestra. Cada vez que iba a hacer un personaje, yo conversaba con ella, me daba tips: "agárrate de allí".

---

108 novelas.

Agárrate de allí...

Sí, y ya tengo 108 telenovelas.

¿Whaaaat?

De las cuales, por lo menos 90 son de madres diferentes.

¡¡Qué tal!!

¡Así que dame un premio chico! (risa de ambos).

Sí, verdad que sí, son 108 telenovelas.

Pero tú sabes lo que es salir de dónde salimos, yo no volví más a República Dominicana sino hace como 4 años que me hicieron un homenaje.

¿No habías regresado más?

No, porque yo viví aquello de que mi mamá no podía volver a su país. Pasaron más de 20 años y fue terrible ver a una madre llorar todo el tiempo: "mi país, mi país", no, no, muy duro...

Por lo que significa el destierro ¿verdad?

Síiiiii.

Porque a veces la gente piensa que el destierro es muy fácil...

No es lo mismo que tú te vayas, como me he ido yo, varios meses, me quedo en un apartamento y cuando me da la gana de venir, pues me vengo, pero nooo...

Claro, pero salir de tu tierra sin saber si habrá retorno... eso es muy duro.

Bueno, en Dominicana me hicieron un homenaje extraordinario. Luego, en diciembre volví y presenté mi *stand up comedy* y me fue muy bien.

Pero Rosario, yo te escucho hablar y uno piensa "de verdad los sueños no tienen límites, no tienen

tiempo", porque tú sigues vibrando con la misma pasión y sigues aprendiendo.

¡Claro, siempre!

¿Qué estás aprendiendo ahora? Cuéntame.

Yo estoy estudiando en RCTV, en la academia de Artes y Ciencias. Estoy haciendo un curso de acento neutro internacional, el acento neutro mexicano, doblaje de películas extranjeras, pero conservando el tono de voz del actor o de la actriz.

Del actor original de donde viene.

Sí. Uno va conectando la letra con la imagen, puede ser para comerciales, para dibujos animados, que es lo que a mí me gusta muchísimo (imitando una comiquita): "porque es que yo tengo muchas voces". ¿Sabías que yo hago voces? (pone voz de hombre) "también puedo hacer otra voz, puedo rugir como un león grrrrr". Ahhh ¿te asustaste? (risas de ambos).

Dios... ¡qué belleza, Rosario! Eres motivación total.

Bueno, pero todo esto lo he logrado porque yo he soñado con eso y, a pesar de todas las vicisitudes y lo que he pasado en mi vida — porque también me las he visto negras—, que a uno se le mueran los hijos chiquitos es terrible.

Sí, debe ser muy duro.

A mí se me murieron mis bebés pequeños y, sin embargo, yo tenía que hacer un programa. Hemos pasado momentos terribles. Yo me he tenido que parar en un escenario haciendo la obra *Toc-Toc*, con el fallecimiento del señor Alejo Felipe, que era nuestro compañero, y todo el mundo llorando, pero yo debía hacer reír a la gente, porque esas risas y esos aplausos son los que impulsan, entonces uno tiene que buscar impulsarse a sí mismo.

¡Qué bella!

Amarte, amarte, amarte, amar a la gente, sea como sea. No importa, hay un mandamiento que dice "amaos los unos a los otros".

¿Y no te vas a querer a ti mismo?

¡Claaarooooo!

Tienes que quererte a ti mismo.

Y así se logran los sueños. Dios también dice "pide y se te dará", pero hay que pedirlo con fe.

Y hay que trabajar.

Por supuesto, hay que trabajar.

Te iba a preguntar justamente eso, ¿tú empezaste a trabajar a los 17 años en el *Show de Renny*, el show más importante de la televisión?

Yo empiezo a trabajar a los 9 años.

¿A los 9 años? ¡Imagínate! Dime algo, ¿el éxito llega de gratis? ¿Te llegó de gratis?

No, hay que trabajar y tener fe en lo que uno está haciendo. También amar lo que uno quiere porque, de repente, tú ves a alguien trabajando con una mala actitud. Yo sé que ahorita les cuesta mucho sonreír, pero debe haber amor por lo que tú estás haciendo. Hacer algo por alguien, yo recojo los animalitos, los busco, los llevo, ahora no se puede recoger mucho porque... bueno... los doy en adopción, los curo y todo eso. A mí eso me da —no es que soy buena—, es que me da satisfacción a mí.

Eso es.

No hagas nada para que te lo agradezcan, no, no, no, es la satisfacción que le da a uno, como ser humano, hacer algo bueno y ver una sonrisa en un rostro; ver la sonrisa de alegría y de felicidad en el rostro de otra persona.

Bueno hoy trajiste mucha alegría y felicidad a todos y, en particular, a mí que he podido disfrutar, una vez más, el tenerte cerca con toda tu energía en positivo. Tú eres *Gente que Motiva* Rosario.

¡Gracias mi amor! Cuando quieran llorar me invitan y hacemos uno...

Hacemos uno al revés.

(risas de ambos) Bésame... (Se besan en la mejilla).

¡Muchísimas gracias Rosario!

Gracias a todo el equipo técnico bello (todos aplauden).

Sí, y gracias a todos ustedes, será hasta la próxima...

Víctor Drija

"A donde quiera que yo vaya, me hablan bien de mi papá, me hablan bien de mi mamá, yo pienso que eso es un legado que, de alguna u otra manera, debo continuar yo".

Nelson: ¡Hoy recibimos a Víctor Drija!

Víctor: Mi gran amigo, te voy a dar un abrazo porque así lo siento hermano ¿cómo estás?

Víctor, ya va, yo me imagino en este instante a tu papá, tu mamá, a toda tu familia viendo esta entrevista y esto es una celebración de éxitos y sueños materializados, tú eres *Motiva*, tú eres gente que motiva, Víctor.

¡Gracias! Imagínate por favor, gracias por recibirme, tú eres gente que motiva, bueno yo lo voy a decir, con todo el atrevimiento y la imprudencia del mundo... yo te he visto desde siempre, sabes...

Desde que naciste (entre risas).

Exacto (entre risas), pero siempre te vi por los trabajos de mi papá y mi mamá tras bastidores.

¡Pero cuéntalo, cuéntalo!

Bueno es que nosotros nos conocimos así y después yo hice una cuña...

Pero tú eres, ya va, vamos a contar que Anita Vivas, tu mamá...

Correcto.

Era jefe de coreógrafos de Radio Caracas Televisión, aparte un cargo muy importante y tu papá, Antonio, también bailarín, entonces ustedes iban a todos los ensayos de los musicales. Tú y tu hermano eran unos pichurritos corriendo por todo el teatro La Campiña y yo estaba comenzando en Televisión, como productor, entonces muchas veces —que eso tal vez no lo recuerdes tú—, al productor le decían:

"por favor, llévate a los muchachos para allá afuera para el cafetín porque están haciendo mucho ruido aquí adentro"...

Y después tuviste éxito con todos los programas que hemos podido disfrutar en Venezuela y toda Latinoamérica y que, hoy en día, yo tengo el honor de ser invitado a uno de tus programas.

Yo tengo el honor y el placer, porque de eso se trata la vida justamente ¿no? Que son ciclos, son oportunidades, también es agradecimiento con la vida porque primero fue cerca de tu papá y de tu mamá trabajando juntos, aprendiendo de ellos, y ahora reconociendo tus éxitos.

¡Guaooo, muchas gracias de verdad!

Ese muchachito que corría por La Campiña, ¿en qué momento comenzó a soñar con esto que está viviendo hoy?

Arte en el ADN.

Tú sabes que el mundo artístico tiene mucha mística, tiene mucha magia y yo creo que eso influyó muchísimo en el hecho de crecer en este ambiente, o sea, detrás de cámara. En las tardes, mientras mis compañeritos del colegio se ponían a jugar cualquier deporte, yo estaba era metido en un estudio de grabación, en un estudio de música y, sin duda alguna, más allá del ADN, ya eso era lo que yo respiraba ¿no? Entonces fue como un mundo de tantas fantasías que fue muy fácil y muy rápido soñar.

Enamorarse también de esto.

Sí, todo tiene su magia, su arte, y es como tú dices, es muy fácil enamorarse. Entonces yo creo que ya desde niño, pues, uno con esa imaginación a millón me ponía a visualizar todo lo que, de repente, quería hacer...

¿Te imaginaste ser como esos grandes artistas que se presentaban en televisión?

Por supuesto, por supuesto. Tú dijiste dos palabras muy importantes ahorita en la introducción, dijiste "agradecimiento" y "ciclos", y bueno, el agradecimiento primero es con mis padres porque yo siempre quiero imitar, hasta el sol de hoy, lo que son ellos, Antonio y Anita que, más allá de ser increíbles artistas, son increíbles personas. O sea, a donde quiera que yo vaya, me hablan bien de mi papá, me hablan bien de mi mamá, yo pienso que eso es un legado que, de alguna u otra manera, debo continuar yo. Y sí, respondiendo tu pregunta, yo los veía a ellos en pantalla y quería ser como ellos.

"Y me dieron la oportunidad de bailar".

¿Lo primero fue bailar?

Sí, primero fue bailar. Entendí lo divertido del baile y la felicidad que puede producir estar en una tarima. Eso lo descubrí desde muy temprano y por eso quise dedicarme a esto.

Mi mamá me comenta que, cuando teníamos 4 o 5 años, mi hermano mayor, George, le pide a ella entrar a una clase de baile, entonces, mi mamá le dio la autorización y él se puso en la última fila a estirarse. Yo no podía quedarme atrás, queriendo ser como mi papá, mi mamá y mi hermano dije: "bueno, ¿yo también puedo?". Y me dieron la oportunidad de bailar, ese fue el clic con la pasión.

Cuando tú encuentras lo que de verdad te apasiona y tú descubres que hay algo más que te satisface y te llena, es maravilloso poder dedicarte a eso toda tu vida. En mi caso fue el arte ¿no? Porque no solo fue el baile, este fue una puerta para descubrir las artes escénicas.

La puerta de entrada.

Correcto, exacto.

En las charlas motivacionales de "Atrévete a Soñar" yo digo que cuando uno abre esa puerta de los sueños y te montas en el propio sueño como en la película *Buscando a Nemo* cuando entran a la corriente, es la corriente la que los lleva al otro lado, ¿es así?

¡Oye, qué buena analogía!

Cuando entras en ese sueño y te haces cargo de tu propio sueño, la vida se encarga de ir abriendo otro tipo de oportunidades, del baile a...

Del baile a la actuación, todavía no llegamos al canto. Fue primero del baile a la actuación porque, en la misma escuela de baile de mis padres, deciden hacer teatro musical, entonces, ni siquiera tenía un personaje, era como "ensamble" para las personas que están atrás, que cantan y apoyan, pero no tienen un personaje fijo ¿no? Y allí fue mi primer encuentro con la música, cuando empecé, por primera vez, a recibir clases de teoría y solfeo. Allí me fui enamorando más hasta que llegué a la composición. Cuando me senté a escribir mi primera canción sentí una paz, una satisfacción única que no me había dado ninguna de las otras artes anteriores, quizás la complementaban.

¿Recuerdas cómo fue ese momento? ¿Recuerdas dónde la escribiste y sobre qué la escribiste?

Yo empecé a traducir canciones, o sea, yo agarraba las canciones en inglés y les hacía como una versión al castellano. Las escribía y buscaba que rimaran. Esa, quizás, fue una de las puertas que tuve para entrar en la composición. Empecé con canciones de *Pink*, de los *Backstreet Boys*, lo que estaba sonando en ese momento, porque yo tenía como 11 años de edad. Después, sí me aventuré a escribir una canción que, ahorita, la verdad no la recuerdo porque fue como un experimento de canción. Sí recuerdo que tenía una libretita con un Mickey que decía 1999.

Entonces ya sabemos que tu primera canción fue en 1999.

Sí, fue en 1999. ¡Uy qué lejos suena eso! ¿Verdad?

Pero no suena tan lejos. Yo te puedo hablar de otras fechas más lejanas... (risas de ambos).

No, no, déjalo allí, déjalo allí...

¿Y la actuación?

Bueno, después que escribo mis primeras canciones, actúo en varias obras de teatro musical y en una me ve Vladimir Pérez y toda la gente de *Rugemanía*. Ellos me invitan a hacer el *Club de los Tigritos*, que tiene mucho que ver con el tema de la animación, la actuación y el canto.

Sí, allí se mezclaba todo, estabas desarrollando todo.

Exacto. Y era un proyecto importante para mí, un primer proyecto de televisión, con apenas 14 o 15 años de edad.

Un programa muy importante, claro, ya estabas en televisión nacional e internacional, porque ese programa también se veía en otros países.

Sí, sí, se veía en otros países. Después, por decisiones personales, decidimos irnos del país y afuera fue la etapa de mayor aprendizaje. Me gusta llamarlo así para recordarlo con más cariño, porque no fue fácil. Quizá la gente que va ahorita a Miami pues se encuentra con una ciudad completamente diferente y eso lo puedes corroborar tú, porque hace 12 o 15 años era otra Miami, no estaba... digamos que no estaba tan desarrollada, sobre todo, la parte latina.

¿Qué Miami consiguieron ustedes?

Una Miami de oportunidades reducidas, no sé... pues bueno, llegó un momento que a mi mamá le salió un trabajo en República Dominicana y a mi papá le salió el Show del *Cirque du Soleil* y me quedé, prácticamente, con mi hermano.

Okey, para los que no conocen el trabajo de tu papá, cuéntales qué hace él.

Bueno, mi papá, gracias a Dios y a la Virgen, tuvo la oportunidad de ser el primer venezolano en llegar a las filas del *Cirque du Soleil* y pues trabajó más de 11 años con la compañía hasta el año pasado, apenas, y para nada... porque ahorita va volver a la compañía (entre risas).

Qué orgullo, ¿no?

Sí, sí, estoy muy orgulloso de él, de verdad que sí.

Eso tiene que ser muy gratificante. También estás orgulloso del trabajo de tu mamá y ellos orgullosos del tuyo. Además, por si fuera poco, todos orgullosos del trabajo de tu hermano, porque son una familia artística pues.

Sí, sí, así es, hemos sido afortunados.

Yo considero que mi familia es muy motivadora. Porque mi papá ya estaba cerca de los cuarenta y tanto, y él no pensó que era tarde para ir tras sus sueños. Él decidió ir a Las Vegas a hacer esa audición y, de ocho mil bailarines, lo eligieron a él. Primero eligieron a un grupo de nueve personas y luego a los cuatro finalistas. A esos cuatro les dijeron: "bueno, entran a las filas del *Cirque du Soleil* y vamos a esperar a ver qué proyecto les asignamos" y cuatro años después lo llaman y él, todavía con su paciencia y su fe intactas, vuelve para una audición final que es cuando deciden darle un papel. Allí, incluso, él experimenta la parte creativa y le dan la oportunidad de ordenar y programar su propio personaje. ¿Qué más motivación que eso Nelson?

¿Qué trabajos hiciste en esos días en Miami?

Bueno, en realidad, pocas veces tuve que trabajar fuera del medio artístico. George y yo cantábamos y bailábamos para cualquier artista, haciéndole coros en todos esos premios Billboard, Los Grammy, Lo Nuestro...

¿Pero trabajaste para algún artista grande, tal vez, en algo que te acercara a tu sueño? Con Emilio Estefan, por ejemplo.

Office boy.

Sí, con Emilio Estefan, claro, trabajé en su oficina, fui *office boy* de Emilio Estefan.

Ser *office boy* en la oficina de Emilio Estefan... Vamos a ponernos en contexto: un muchacho que viene de una familia artística, un muchacho que ya había comenzado a conocer y a respirar lo que significaba el éxito, la vida cambia y, de repente, estás trabajando de *office boy* para un tipo muy grande en la industria de la música.

Sí, bueno, yo lo vi como lo veo todo en la vida, esa fue una oportunidad para aprender. Yo hubiese podido ser *office boy* en cualquier otra oficina, pero todo lo que iba a escuchar y las relaciones que yo podía hacer allí, me podían servir para un futuro...

¿Qué tenías que hacer?

Desde servir café hasta ser chofer. Una vez me tocó llevar a su esposa, Gloria, “La Jefa”, como le decíamos cariñosamente, al aeropuerto y yo estaba aprendiendo a manejar, incluso, todo mi equipo de trabajo dice que todavía manejo mal (entre risas), pero imagínate, me tocó manejar una van gigante como de 15 puestos y yo, de verdad, estaba aprendiendo a manejar.

Esos momentos yo los veía como oportunidades, donde uno tenía que sentirse seguro de sí mismo y dar un paso adelante, y pues se hicieron esas relaciones. Yo entré a la oficina de Emilio Estefan porque necesitaban personal que trabajara en eso y no tenían a quién contratar, entonces buscaron entre las últimas personas que habían contratado para temas artísticos y vieron mi nombre: "mira Víctor, nosotros sabemos que tú has hecho coros para nosotros, has bailado para artistas de la compañía pero, en realidad, lo que necesitamos es un "P.A.", un Asistente de Producción y queríamos saber si te interesaba". Yo, en realidad, no tenía trabajo en ese momento, era muy esporádico, y no lo pensé dos veces, con mi mejor cara y mi mejor pinta, me presenté.

Con muy buen ánimo y disposición ¿no?

Sí, es que eso es lo que abre las puertas, una buena sonrisa y una buena disposición para trabajar, eso me enseñaron en mi casa ¿sabes? Y de ser abierto al trabajo; en mi casa nunca se me enseñó a ser flojo, sino a trabajar por mis sueños. Yo decía: "esto me va a llevar a algún sitio y por algo Dios me está dando esta oportunidad que tengo que afrontar".

Y eso te llevó a otro sitio. Tu disposición y tu sueño te llevó a otro sueño más grande de lo que tal vez imaginaste. ¿El éxito llega por casualidad?

No, la casualidad no tiene, absolutamente, nada que ver aquí. Pasaron muchas cosas, el huracán Catrina que destroza donde nosotros vivíamos, cantar en varias discotecas... pero no se me daba eso de realizar el "sueño americano", grabar un disco y ganar 25 Grammy... o sea, eso no es así, al menos no lo fue para mí, no fue mi historia y pues regresé. Aquí en Venezuela se me da una oportunidad, mi país me vuelve a dar la mano, me vuelve a recibir noble y lealmente como es él. Me ofrecen la oportunidad de realizar una serie que me cambió la vida que se llamó *Somos tú y yo*. Los productores me dicen: "vas a cantar, vas a actuar, vas a bailar, vas a ser el protagonista de esto" y yo pensé: "yo tengo toda mi vida preparándome para una oportunidad así, lo único que necesitaba era una sola oportunidad". Allí entendí las palabras de mis padres cuando me decían que me preparara para lo que yo quería ser, que era muy importante la constancia porque, eventualmente, mi oportunidad llegaría y así fue.

Somos tú y yo.

Entonces en *Somos tú y yo*, cuando nos daban tiempo libre, yo le preguntaba a los camarógrafos "¿qué es esto? ¿Cómo es esta luz? Y a los directores "¿oye por qué se escribe esto así? ¿Por qué ahora viene una escena triste?". Entonces yo trataba de aprender todo porque me tenía que seguir preparando, incluso, hubo un momento que, por supuesto, el ego te ataca, y cuando hicimos nuestro primer poliedro yo decía "ay por qué lo tengo que hacer con mis compañeros, ya yo me siento preparado para hacerlo solo", pero cuando yo salí a enfrentarme contra ese monstruo a reventar, yo dije "menos mal que aquí están todos mis compañeros y que vamos juntos como un grupo" (entre risas). Allí entendí lo importante del trabajo en equipo.

Entonces claro, esas cosas me fueron preparando para ya, después, poder hacer lo que yo quería hacer. Yo había participado en miles de *boy bands*, con mi hermano, con unos amigos, con gente desconocida, porque lo que estaba de moda eran esos grupos así como los *Backstreet Boys* y pues, ya al final, me di cuenta que no, que mi camino era de solista porque para mí era muy delicado colocar los sueños, la responsabilidad y el trabajo que había dedicado en manos de otras personas, entonces decido aventurarme y renunciar a *Somos tú y yo*.

Con todo lo que eso significaba, porque el programa era muy popular.

Claro, el programa estaba muy arriba, pero ya era la tercera temporada, era mi momento de experimentar y renuncio en diciembre de 2009. El 18 de enero de 2010, yo estrené mi primer tema como solista que fue "Un, dos, tres" y lo tenía que hacer Nelson, lo tenía que hacer...

Acabas de nombrar dos cosas maravillosas, y una es asumir riesgos. Cuando estás en un momento muy importante de tu carrera, pero asumes el riesgo de salirte de allí para crecer y la otra es que tú mismo te hiciste cargo de tus sueños, que no podías delegárselos al grupo o a otras personas.

No, no puedes. De repente, hay ciertas cosas que tú aspiras que dependen de otra persona, pero siempre tienes que trabajarlo. El otro día estaba hablando con un gran compositor llamado Mario Cáceres y conversábamos que nuestro momento va a llegar internacionalmente, que el momento de Venezuela va a volver otra vez como lo hicieron Kiara, Frank Quintero, Franco de Vita, Ricardo Montaner; que ese momento de nosotros va a volver a llegar y yo le dije: "¿sabes qué pasa, Mario? Que no podemos desesperarnos en que ese momento llegue, tenemos que disfrutar el día a día porque, cuando ese momento se dé, quizá va a llegar con dinero, con fama, pero eso no nos va a poder comprar el tiempo que ya pasó. Debemos disfrutar cada una de las cosas y las etapas que ya vivimos. Capaz no sabemos si nos llega ese momento y morimos en el intento".

Pero lo vas a intentar y lo estás intentando día a día.

Sí y también disfrutando. Yo creo que disfrutar el camino mientras llegas a la meta también es importante, porque si no disfrutas cada una de las vistas mientras vas subiendo la montaña, pues a lo mejor llegas a la montaña y resulta que cuando estás en el tope no era lo que esperabas y entonces tampoco disfrutaste el camino.

El camino es la meta, cada instante es precioso en la búsqueda de tus sueños, pero tienes que disfrutar el paso a paso y al máximo.

"Disfrutar bocado por bocado".

Disfrutar cada bocado de lo que estás comiendo, no pensar en el postre, sino de una vez disfrutar bocado por bocado.

Así es. ¿Los sueños se pueden hacer realidad?

Por supuesto, incluso, cuando tengo muchos que dar y muchos que alcanzar. A veces uno es inconforme y no aprecia todo lo que ha logrado, porque tiene la mira en el futuro, no en el pasado y menos en el presente. Todavía es posible alcanzar todo lo que uno aspira (se estrechan la mano).

¡Gracias!

¡Gracias a ti, Nelson, por dejarme estar en tu espacio!

Gracias a la vida, a Dios, que nos permite este tipo de encuentros tan llenos de esencia y de magia.

Sí señor.

¡Gracias Víctor!

¡No, por favor, gracias a ti y a ustedes!

Y saludos a tu familia de mi parte.

Con gusto, te quiero mucho.

Yo también te quiero. Gracias a todos ustedes, de eso se trata, justamente, *Gente que Motiva*, una conversación donde descubrimos que Víctor Drija nos motiva también. Soñar es gratis, ¡hasta la próxima!

Annarella Bono

"Nosotros como personas somos los que hacemos que este país crezca, no solo mujeres bellas con coronas, no, nosotros como personas, el ciudadano de a pie, ese que te consigues en la calle".

Nelson: Hoy en *Gente que Motiva* quiero dar la bienvenida a mi amiga Annarella Bono...

Annarella: Hola, Nelson.

Hola, Bono (se besan en la mejilla).

Hola, Bustamante.

¿Cómo estás Bono? ¿Cómo te va?

¿Cómo te va a ti? A mí me va muy bien.

Estoy contento de tenerte aquí. Nosotros nos conocemos desde que tú comenzaste tu sueño de trabajar en televisión, creo que en tus primeros pasos yo estaba allí y los estaba viendo, por eso hoy puedo felicitarte. Felicitarte porque has logrado cosas maravillosas en tu vida personal y en tu vida profesional.

Bueno, que me lo digas tú para mí es un honor. Oye la vida de las personas o de las figuras que trabajan en televisión no es cómo lo ven en las redes sociales ahora. Yo recuerdo cuando yo llegué a Caracas con una maletica de sueños sin saber lo que me esperaba.

¿De dónde llegaste?

Miss Anzoátegui.

Yo vengo de Ciudad Bolívar, nací en Puerto Ordaz, me crié en Ciudad Bolívar, pero me fui a estudiar a Puerto La Cruz. Allí estuve en la Universidad cuatro semestres, estudiaba Ingeniería. Yo recuerdo que fui a un concurso de Miss Anzoátegui, pero era para acompañar a unas amigas, total que Osmel me dice "Tú eres Miss Anzoátegui" y yo le digo "noooooooooo". Como decía Rogelio Jagua: "tú eres muy dientona" y yo pensaba "es verdad, yo soy muy dientona, ¿cómo iba a ir al Miss Venezuela?" (se ríen). Lo cierto es que yo me fui y, a la semana, me dicen que quedo como Miss Anzoátegui.

¿Ah sí? ¿Todo fue tan rápido?

Bueno, pero cuando llego a Caracas, mi papá me dice: "no te voy a ayudar" y yo le digo "pero papá no tengo dónde vivir, ni dónde dormir, no conozco a nadie en Caracas". Entonces mi papá me dice: "hija, nosotros tenemos un negocio familiar en Puerto Ordaz, tu hermana es Abogada, tu hermano es Ingeniero, tú no vas a ser otra cosa que no sea la Administradora de lo que será todo este imperio que yo he ido formando desde que llegué de Italia de la guerra" y yo no entendía lo que decía porque yo no quería hacer eso.

Estando en Caracas, contra su voluntad y la voluntad de mi mamá, ella me repetía siempre: "hija lo que necesites yo te ayudo", pero mi mamá era una ama de casa, el que trabajaba era mi papá y el que tenía todo era mi papá, lo cierto es que con lágrimas y todo me vine a Caracas y recuerdo que Osmel me dice: "bueno vas a quedarte aquí, en la Quinta Miss Venezuela, a dormir". Ahí dormí en un sofá y, con lo que tenía que me había dado mi mamá, me iba y me compraba una piña o algo así para poder sobrevivir en el día. Total que llega el momento de decidir:

– Dios mío, es que el Miss Venezuela tarda nueve meses y yo no sé dónde voy a vivir.

— Bueno niña ¿y entonces?— me dice Osmel.

— No sé, si quieres yo me regreso a estudiar a la universidad que en eso mi papá sí me apoya.

— No, tú te vas a quedar aquí y vas a vivir donde Giselle Reyes.

— ¿Quién es Giselle Reyes?

— Es la profesora de pasarela del Miss Venezuela.

— Bueno está bien.

Yo me acuerdo que me la presentaron y Giselle me dijo: "bueno ahora vas a ser una hija mía, te vienes a vivir conmigo". Oye Nelson, yo pensaba, o es la suerte o el destino que me tocaba, las ganas de no devolverme y demostrarle a mi papá que los sueños que yo quería sí se podían cumplir, que todo estaba a mi favor, que Dios me daba la oportunidad y mucha gente me ayudó en el camino, puedo nombrar a muchísimos, aquí en el estudio hay muchos de ellos...

Y bueno logré pasar esa parte que era la más difícil, que era el Miss Venezuela.

¿Pero hubo dudas, hubo momentos en donde tal vez dijeras "me regreso, ya no puedo más con esto"?

Bueno, lo que pasa es lo que yo te digo. Yo tuve mucha gente que me ayudó y no me dio tiempo de decir "no o sí", pero perdí el Miss Venezuela. Daniela Kosán y yo tenemos una anécdota que decíamos "no importa la corona, lo que queremos ganarnos es el carro porque andábamos todo el tiempo era en metro", (entre risas), pero yo perdí y esa noche lloré y lloré, y yo recuerdo que yo decía: “se me acabó la vida aquí, me voy a mi casa derrotada a ver a mi papá”.

A verle la cara a tu papá...

Que tenía razón de lo que me había dicho, ¿entiendes? Entonces yo dije: “¿sabes qué? Yo no me voy, no sé qué voy a hacer, pero me quedo”. Aunque tampoco me podía quedar viviendo donde Giselle porque ya no estaba en el Miss Venezuela. Y Giselle me dice:

— ¿Te quieres ir a vivir a Francia?

— ¿A Francia? Pero yo no sé hablar ni francés, ni inglés— le respondí.

— Bueno, viene una agencia de modelos, van a llevarse a algunas misses. Haz el casting a ver si quedas.

— Pero si yo no soy la más flaca, ni la más alta, por eso no gané en el Miss Venezuela.

Vienes, además, con ese trauma de que no ganaste, que eres la más fea, eres la peor, o sea, que no te toca... oye la sorpresa es que me dicen “te vas a Francia” y me voy para allá, pero no tenía dónde dormir.

¡Noooooo, otra vez!

Y yo decía “okey, no importa”, yo me fui con mi maleta otra vez. Me fui y cuando llego allá a Francia, me consigo a Consuelo Adler, no sé si tú la recuerdas a ella...

Sí, sí, claro.

Ella fue Miss International en el año 1997 y me la consigo en la agencia y me dice "Anna ¿dónde estás?", yo le dije que estaba llegando con la agencia y me dice: "Tengo un apartamento, ¿te quieres venir conmigo?" y yo acepté. ¿Sabes? Fueron cosas que me fueron sucediendo en el camino...

Eres arriesgada, eres una emprendedora. O sea, tú te lanzaste al vacío una vez cuando le dijiste a tu papá "me voy a Caracas", después otra vez "me voy a Francia", pero eso significa que después la vida te siguió dando oportunidades. Y, hoy en día, eres una persona reconocida y querida en todo el país.

Anna, hablemos de tu entrada en la televisión. La gente que te ve en pantalla te conoce porque eres muy vivaz, muy dicharachera, la gente se ríe mucho contigo. Cuéntanos cómo fue todo.

Atrévete a soñar.

Mira cuando yo regreso al país, yo tenía que renovar el pasaporte y la visa para volverme a ir a Francia y me consigo a un productor que se llamaba Javier Rojas y me dice:

– Anna, ¿tú le quisieras hacer la suplencia a una muchacha en *Atrévete a Soñar*?

– Pero ¿cómo yo voy a hacer eso si yo nunca en mi vida he animado?

– No, no, no, pero es que nada más tienes que ir a la playa y hacerle preguntas a cualquier persona.

—Ya va, pero ¿cuánto me van a pagar? Porque si gano más de lo que voy a ganar en Francia, entonces sí me quedo (entre risas).

Esa era la condición. Yo pensaba en eso porque en Francia te quitan el 45% del impuesto y aquí no pagaría nada, entonces hice mis cálculos y decido quedarme. Yo sabía que tú estabas con Jalymar y nosotras íbamos a hacer la parte de la calle y dije "bueno y ¿qué importa, cuál es el problema? vamos a darle".

Otra vez dijiste "vamos a darle".

Así es. Lo cierto es que en RCTV me llaman y me dicen "vas a hacer algunas cosas y tu productor va a ser Popy".

¿Diony López te tocó?

Sí. Entonces me dice: "Televen está haciendo un proyecto ambicioso que es el primer *reality show* de Cantantes" y en Radio Caracas querían hacer "Fama y Aplausos". En ese entonces, a María Alejandra Requena le tocaba por derecho, porque todas las conductoras estaban ya en proyectos y María Alejandra no tenía proyecto, pero salió embarazada.

Entonces yo recuerdo que Rogelio Jaua me dice: "bueno, te toca a ti".

¿Te toca qué? Ja ja ja...

Y yo le digo "¿me toca qué?" (risas). A mí siempre me pasaban las cosas, y yo pregunté:

— ¿Y Nelson qué hace?

– Nelson hace las galas.

– ¿Y qué son las galas?

– Bueno los conciertos de los sábados.

– Pero tú vas a estar en la escuela con los muchachos toda la semana.

Para poner en contexto, era un *reality show* de cantantes que se transmitía toda la semana y los sábados eran las galas de 4 o 5 horas y tú estabas todos los días en la escuela donde convivían los muchachos.

Sí. Yo me paraba a las 5 de la mañana a ver qué hacían todos esos chamos ahí, todo el día hasta la noche. Allí comía, desayunaba y almorzaba.

Fama y Aplausos.

¿Qué pasó entonces?

Yo recuerdo que por mi acento "oriental" tuve problemas. Yo lloraba muchísimo, recuerdo una vez que me equivoqué, que confundí una "L" por una "R" y Diony me dijo: "¿hasta cuándo te voy a decir que te pongas el lápiz en la boca para que puedas modular, para que puedas hablar lentamente?". Entonces claro, yo lo que hacía era llorar, no sé si él me veía con compasión o no sé lo que pensaba, pero si yo volviera a regresar a ese tiempo, yo lo elegiría de nuevo, ¿sabes por qué Nelson?

¿Por qué?

Porque Diony me enseñó que la disciplina, la puntualidad, el amor y la pasión por lo que uno hace, te llevan al éxito y te llevan al triunfo. Eso no lo entendí porque era muy joven, tenía 20 años, pero ahorita que ya estoy madura con un récord en televisión bastante largo, entendí que eso era así. Cuando yo llego a mi estudio, cuando yo llego a mi trabajo media hora antes y no encuentro a los productores en sus puestos, no consigo los libretos listos, yo me molesto porque vengo de esa escuela, una escuela maravillosa que me enseñó lo que era la disciplina, el trabajo y la constancia. Pero bueno, en aquel entonces yo lloré mucho. Cuando llegué al estudio, que para mí era un estudio gigante donde estaba Nelson Bustamante, donde aprendí y crecí viéndote y viendo a Jalymar, yo decía: "Dios mío, estoy aquí, gracias y bueno, si me tocó, vamos a darle otra vez".

"Vamos a darle", qué linda esa frase tuya. Tú sabes Annarella, cuando hacíamos ese programa *Atrévete a soñar*, yo siempre le decía a la gente que le íbamos a hacer el sueño, que si tuviese la oportunidad de decirle algo a algún familiar lejano, que lo hiciera en ese momento en televisión. Si Diony te estuviera viendo al otro lado de la pantalla, con ese agradecimiento que sientes, ¿qué le dirías a cámara?

Diony, antes de morir, me mandó un correo electrónico y parece mentira esto, pero cuando yo abrí ese correo a mí me impresionó porque me dijo: "eres una de mis mejores alumnas, perdón si alguna vez te atropellé, discúlpame si alguna vez te hice llorar, pero yo sabía que tenías talento, yo sabía que dentro de ti había algo que me decía que tú ibas a ser una gran animadora, a tu estilo, porque tú no eres de las animadoras convencionales y eso yo lo vi desde un principio", cuando yo leí ese correo muchos años después que ya no trabajaba en RCTV, porque RCTV ya había cerrado, yo me puse a llorar y pensaba "Dios mío, era su manera de trabajar", pero yo lo entendí muchos años después. Diony para mí fue una parte importante en mi vida y cuando me voy de vacaciones, que me voy al oriente del país, me pongo mi lápiz en la boca para regresar a Caracas y volver a empezar. Esas fueron las enseñanzas que me dejó RCTV en mi vida, porque allí comencé, ya tengo 12 años en Televen que también ha sido mi casa.

Una gran familia, sin duda.

Una gran familia que me ha enseñado mucho.

En algún lugar del cielo donde está "Popy", Diony López, ahí tiene un televisor, dale las gracias, te está viendo ahí.

"Yo sabía lo que yo quería y luché por eso".

Él sabe que lo quiero, que cuando yo lo abrazaba y lo besaba él se ponía a reír. Yo quiero decirte que hay varias personas en mi vida que siempre van a estar. Una es mi mamá, que no tengo cómo agradecerle porque gracias a ella hoy estoy aquí. También gracias a Rogelio Jaua, gracias a Eladio Lares porque, de alguna manera, ellos estaban en el comité. A José Juan Picos porque me dio la oportunidad de estar y eso se lo voy a agradecer toda mi vida. A mi papá que ya no está conmigo y mi mamá tampoco está conmigo, pero les demostré que sí logré lo que quería, que no fui Administradora, que no fui Ingeniero como ellos querían, pero soy esto, una persona que lleva positivismo a Venezuela, alegrías y sonrisas, que sí se puede, que a pesar de las adversidades sí podemos sonreír y siempre podemos luchar por lo que queremos. Yo soy un fiel ejemplo de eso Nelson, porque no importaba lo que ellos querían para mí, yo sabía lo que yo quería y luché por eso, siempre tuve ángeles a mi alrededor que me ayudaron, porque sin ellos esto no hubiese ocurrido. ¡Me vas a hacer llorar bobo! (Se toman las manos).

Me hiciste llorar tú a mí. Annarella, gracias de todo corazón, porque *Motiva* es un sueño de muchas personas, pero de tres socios en esencia que creímos en esto, Rogelio Jaua, lo has nombrado muchas veces, Félix Morante que fue tu primer director de televisión...

¡Félix! Cómo olvidar a Félix Morante, jamás lo olvidaré...

Y somos personas que te hemos visto nacer en el medio, y para los muchachos que están leyendo esto, es muy importante decirles que en nuestra Venezuela los sueños sí se pueden hacer realidad.

Así es.

Si lo pudo hacer una muchacha de Ciudad Bolívar que lo arriesgó todo y se fue para Caracas.

No, es que yo estoy convencida de eso. Hace unos años a mí me llamaron de un canal de los Estados Unidos para hacer un programa y yo tenía que decidir entre casarme o irme y yo lo rechacé; es que yo amo mi país, también sumado a que estaba enamorada y me iba a casar, pero pasaron los años y me volvieron a llamar de Estados Unidos para hacer otro programa y yo decía "no, yo no me voy de mi país, porque este es mi país, porque aquí sí se pueden lograr los sueños". La única manera de avanzar es con trabajo, con dedicación, con pasión, con amor por lo que uno hace, no solamente para lograr los sueños, sino para lograr la familia, los valores y todo lo que tenga que ver con una vida en positivo. Yo te agradezco, Nelson, que hayas venido con este programa que haces en Estados Unidos, con estos dos compañeros que conocemos hace muchos años, a enseñarle a Venezuela que sí se puede, que la gente se tiene que motivar a tener un país hermoso porque lo tenemos, porque el país se hace de las bellezas naturales, pero también de nosotros...

¿Tú sabes qué es más bello, Nelson? Nosotros somos los que hacemos que este país crezca, no solo mujeres bellas con coronas, no, nosotros como personas, el ciudadano de a pie, ese que te consigues en la calle, el "buenas tardes, vamos a ayudarte", porque ese es el pana que conseguimos afuera y aquí también lo podemos conseguir.

Es así. Lo lindo que es conseguirse gente maravillosa y lo que hay en todos los rincones de Venezuela como la empanadita de cazón (risas de ambos). Es que en Venezuela somos únicos.

Gracias Nelson, por llevar una mejor televisión, por llevar valores a la familia venezolana. Yo estoy segura que este programa va a calar en todas las personas.

Amén que así sea. Hoy ha sido un día maravilloso contigo porque nos ratificas, una vez más, esa frase de la mujer venezolana "vamos a darle".

¡Vamos a darle!

Gracias Bono.

Te quiero Nelson, te quiero mucho, y a ustedes gracias por la invitación, se les quiere mucho.

Hasta la próxima.

Luis Olavarrieta

"Cuando dejas de escuchar al que tienes al lado que te dice que no puedes, cuando tienes ese miedo que te advierte 'epa, puede pasar esto', pero tú le dices al miedo 'epa yo lo asumo, y lo voy a hacer bien', creo que eso es parte de la felicidad".

Nelson: Hoy damos la bienvenida en *Gente que Motiva* a Luis Olavarrieta. ¡Hermano bienvenido!

Luis: Gracias a ti por la invitación.

Qué gusto tenerte aquí. Yo creo que es primera vez que compartimos en un programa de televisión o, por lo menos, primera vez que tengo la oportunidad de entrevistarte.

Gracias por la oportunidad, además tú sabes lo guía, lo importante que eres para la carrera de muchos ¿no? Y en la mía personal, me incluyo, creo que teníamos una fijación que era Bustamante ¿no? Llegar hasta allí, por lo menos tener la relación, conocerlo.

¡Gracias, gracias!

Y saber cómo habías llegado, poco a poco, a ser quién eres.

¿Y este era tu sueño? ¿Tu sueño de chamo siempre fue estar en un medio de comunicación o había otra cosa?

"La vida me fue ubicando".

Yo siempre fui muy pantallero, pero yo no sabía lo que quería en la vida, yo era el payaso de la clase. Nosotros somos tres hermanos, tal vez el que llamaba la atención, el que hablaba por mis hermanos, el que siempre tenía como poder de palabra pero, realmente, lo que quería nunca lo supe, la vida me fue ubicando.

Y cuando eras chamo, ¿había algo en específico o no?

Yo era teatrero, me encantaba dirigir, hacer obras de teatro en el colegio o disfrazarnos. Había una inclinación hacia el arte, pero no había nada en específico, no sabía si quería ser periodista o ser animador, se fue presentando, la vida me fue llevando y dije "bueno hacia allá es donde voy a ir".

¿Qué recuerdas, entonces, que hayan sido los primeros pasos que te llevaron hacia allá?

Mira creo que la universidad, creo que siempre tuve mucha inclinación hacia exponer, siempre fui muy creativo en clases para decir las cosas y que se me prestara la atención. De niño, un profesor me dijo "deberías estudiar Comunicación Social" y, al día siguiente, le dije a mi mamá "mira voy a estudiar Comunicación Social".

¿Estabas estudiando otra carrera?

No, todavía en el colegio, que era muy bueno exponiendo. Me pasó lo mismo en la universidad, a la cuarta clase que tuve hubo un foro y me acuerdo que yo no estaba de acuerdo con el exponente, me levanté en el auditorio y le dije "no estoy de acuerdo, por esto, por esto y por esto" y él me dice: "deberías trabajar en televisión, porque tienes buena voz y además la proyectas muy bien".

No sé si estabas de acuerdo o no, pero te cambió la vida.

Ají picante.

Sí. Entonces yo le dije a mi mamá "voy a trabajar en televisión, ya tú vas a ver". Nelson, no pasaron ni tres meses y en Radio Caracas hubo un casting y, por supuesto, yo me fui arreglado como para *El Observador* y terminé trabajando para *Ají Picante* y, para colmo, el villano de *Ají Picante* ¿no?

No puede ser.

Sí y siempre he tenido como muy buena motivación en hacer las cosas.

Pero aparte, con muy buen oído.

Sí, la gente que me interesa la escucho mucho.

Y has escuchado también esa sugerencia de la vida.

Sí, siempre.

Porque no todo el mundo sabe escuchar...

O no sabe a quién escuchar, porque creo que hay que ser selectivo también. No se puede andar por la vida creyendo todo lo que dice cualquiera ¿no? Pero cuando hay respeto y hay admiración, ejemplos a seguir, yo creo que por allí es que uno tiene que prestar atención.

Entonces fuiste al casting vestido como para *El Observador*...

Porque me llamaron, yo entregué mi currículo a El Observador para trabajar en un noticiero, porque era lo que tenía entendido que hacía un periodista. Todavía no estaba muy claro, tenía pocos días de haber iniciado la carrera, y recuerdo que me llaman a las dos semanas, me recibe Rita Núñez y me dice: "esto no es para *El Observador*, esto es para un programa que se llama *Ají Picante*. Escribe tu perfil, y describe lo que puedas ser". Y bueno chévere, me puse a evaluar cuáles eran los perfiles que estaban en aquel momento, y dije "aquí falta alguien que diga las cosas sin pena, ese insolente, que sea bastante irreverente", además lo traía un poco con mi personalidad de joven.

Okey, aquí viene la otra pregunta ¿tú tuviste que crear un personaje para hacer eso o lo que hiciste fue exponenciar un poco tu propia personalidad?

Total, yo creo que fui el joven más feliz del mundo... porque ¿qué joven no es impertinente? Creo que eso es lo hermoso de la juventud, que no te dejas llevar tal vez, por ninguna limitación, sino que crees en tus propios ideales.

Aparte, lo rico de la juventud es eso, que no tienes filtro para decir lo que piensas...

Además te vas equivocando y vas aprendiendo, como jóvenes nos permitimos equivocarnos y tenemos la oportunidad para hacerlo. En *Ají Picante* me daban la oportunidad de equivocarme, me equivoqué mucho, pero mucho, y mira continué y gracias a Dios me sigue yendo bien.

Pero ya va, espérate, deja la carrera porque estás hablando de que te equivocaste mucho, y yo no sé si tú recuerdas una equivocación que tuviste conmigo.

¿También Nelson?

¿Te acuerdas?

No, Nelson. Es que tanta gente me dice lo mismo.

Soy un lugar común entonces.

Sí, total, total, un punto de encuentro de mucha gente (risas de Nelson) ¿qué te dije?

Fue algo feo, feo, grave. Es más, yo no sé qué hace él en este programa, yo no recordaba eso (risas de ambos).

Qué pena, qué pena. Por favor te pido disculpas.

¿Por qué me pides disculpas?

Por algo que te hice pero que no recuerdo.

Bueno, un día mi hermana, Maritza Bustamante, me pidió que la acompañara a un cumpleaños, creo que del novio de ella y mi hermana y yo somos muy cariñosos, entonces, estábamos...

Ahhh ya me acordé... ya me acordé... (risas de ambos).

Cuéntalo tú, pues, cuéntalo tú.

No recuerdo las palabras exactas, pero sí me acuerdo que te abordé diciendo que estabas con una menor de edad.

Mi hermana y yo estábamos caminando tomados de la mano, tú llegaste con la cámara en frente y me dijiste:

— Oye Nelson, estás comiendo fino ¿no? Puro lomito.

— Luis tranquilo, hazme el favor, tranquilo porque es mi hermana.

— Ahora le dicen hermana—, así me dijiste.

Y yo le pedí a tu camarógrafo que apagara la cámara, entonces te dije:

– Luisito yo te voy a hacer un regalo, porque tú estás comenzando en esto, respeta a la gente, primero averigua. Una cosa que tiene que aprender el periodista es a investigar un poquito. Es mi hermana, de verdad, si no me terminas de creer, vamos con una fórmula simple... ¿Cómo se llama ella? Maritza Bustamante... ¿y yo?

– Nelson Bustamante... ahhhhh. ¡Uy perdón Nelson, disculpa!

¿Te acuerdas de eso?

Me acuerdo de la situación y te reitero las disculpas. Allí era la parte de ser impertinente, me acuerdo que se me cortó la libertad después que empecé con el personaje; se me empujaba más para hacerlo pero de una buena manera, porque a la gente le gustaba, la gente se reía un poco de las impertinencias, y el programa fue tan exitoso que duré 10 años en ese programa, se dice fácil pero no es así.

¿Momentos difíciles?

Yo creo que muchos, pero he sido muy valiente siempre.

Algo que recuerdes que nos puedas comentar aquí.

Mira, puede ser la muerte de mi padre, la ida de mi familia del país hace muchos años, quedarme solo en una casa, y entender que tenía que valerme por mí mismo en muchas circunstancias, no en la económica porque siempre he sido independiente desde que entré en la universidad...

En la parte emocional, en la parte del apoyo, de la compañía.

Sí, fue muy difícil, porque me enfrenté a la soledad. Claro ahorita se vacila pero, en ese momento, no se vacilaba. Yo he pasado el 24 y el 31 solo, no porque me hayan negado invitaciones de los amigos, sino que yo sentía que esos momentos eran para pasarlos en familia y no los tenía. Además, mi papá murió en diciembre, entonces como que todo se desprendió un poco desde esa perspectiva, pero lo asumí bien. Algo que sí tengo bueno es que vivo depresiones de dos días y al tercer día me levanto feliz, me levanto con ánimo, me replanteo las cosas.

¿Hay alguna herramienta interna que utilizas para eso?

"Uno tiene treinta mil dragones constantes en la cabeza".

Sí, entenderte Nelson, entenderte. Creo que uno siempre vive entendiendo a los demás, buscándole soluciones a los demás, que es importante también, pero nos falta la ayuda personal, y yo creo que darnos un cariñito es parte fundamental para salir de cualquier conflicto que tengamos. Yo lo hago mucho, yo hablo conmigo, me entiendo, que es lo importante, que soy humano, que también tengo un conflicto emocional como todo el mundo. Uno tiene treinta mil dragones constantes en la cabeza, diciéndote que no lo hagas, que hay miedo, que hay frustración.

¿Cuántas voces hay allí adentro?

Muchas voces, tal vez, la voz más fuerte es la del miedo que tenemos, que nos paraliza, y se suma a la de alguien que no nos quiere mucho y nos dice "es verdad, no lo hagas", entonces ya son dos voces y lo dejas de hacer. Yo ya no creo en esas voces, tengo la advertencia, pero lo asumo y he sido valiente en mis decisiones, he sido valiente en sobrepasar las cosas y en proponerme nuevas cosas.

Y allí estabas hablando también de cuando uno es joven, que el fallar es parte de la vida, porque sin el error no aprendes.

Sí, yo me equivoqué tanto de joven, pero tanto, porque era permisivo, permití todos los excesos, todas las maneras y conductas que pueda tener un joven exagerado, llegaba a los límites muy, pero muy rápido, y después que llegaba al límite decía "okey esto no es lo que yo quiero" y me daba la vuelta. Hubo un cambio radical en mí, como a los 29 años dije "ya".

¿Era la búsqueda de la emoción? ¿La adrenalina perenne?

Sí, de riesgo, siempre vivía en riesgo, el riesgo en todo sentido.

¿Cuándo cambió eso?

A los 29 años dije ya y dejé de fumar, dejé de tomar y dejé de rumbear, dejé amistades que no me convenían, dejé otro tipo de excesos, otro tipo de relaciones y empecé a trabajar en mí. Empecé a entenderme, empecé a escuchar esa voz interna que te dice "mira para acá no es, para allá sí es", con los mismos miedos que te advierten como te lo decía antes, pero ahora con una manera más positiva de ver las cosas. Soy muy positivo y tuve un profesor que también me lo decía, constantemente, que esa es una de las grandes cosas que debía mejorar, porque siempre le veo como que una salida a todo, desde un primer momento y, a veces, tomo como que esa misma impulsividad que no me deja ver que hay riesgos. Y siempre hay miedos...

Claro, los miedos son parte esencial de todo el proceso porque, aparte, te permiten protegerte.

Sí, total, son una advertencia.

Luis, después de ser ese muchacho irreverente, hoy en día eres una persona de éxito en los medios de comunicación de Venezuela que ha evolucionado mucho.

Yo no me veo así, y creo que por eso me lo disfruto más.

¿Ah sí?

"Yo no estoy pendiente de ser exitoso".

Sí, porque yo vengo a trabajar con amor por lo que hago, pero yo no estoy pendiente de ser exitoso, ni tener el dinero, ni ser el millonario más grande... no, no, yo disfruto lo que hago. Por supuesto, tengo otras misiones como ser el mejor en mi trabajo, que el programa se vea, que sea un programa de calidad, y tengo otra noción del éxito, distinta a la que la gente quiere ver en uno.

¿Eres detallista?

Muy detallista, pero detallista en cosas que la gente no le toma cuidado. Por ejemplo, estoy en otras cosas muy distintas, no estoy buscando el éxito Nelson, no lo quiero tampoco.

¿Qué estás buscando entonces? ¿Disfrutar la felicidad es lo que quieres alcanzar?

Sí, la felicidad hermano, estar con alguien que me haga feliz, estar en una playa con quien quiera compartirlo conmigo, los pequeños detalles. Por ejemplo, mi casa es abierta a mis amigos, entonces todos los días llega alguien de mi círculo cercano con una buena conversación, con los cuentos del día y eso para mí es felicidad.

¿Y el trabajo es parte de esa felicidad?

"Yo necesito estar en Venezuela".

Es parte fundamental, tú sabes, yo me fui por seis meses y todo el mundo me decía "te vas a quedar", porque tenía las comodidades para quedarme afuera, pero las comodidades porque mi familia vive afuera, no es que tenga trabajo, ni que voy a llegar a Telemundo, porque es mentira, y sabemos la situación de los venezolanos afuera, pero tengo la comodidad de empezar de cero y tener el respaldo de mi familia, pero yo necesito estar en Venezuela por dos cosas, primero porque amo lo que hago en mi país y, segundo, yo tengo que ser agradecido con la gente que me ha dado tanto. Fíjate, ayer se me accidentó el carro y andaba con una gorra y unos lentes, y te lo juro por Dios que me pasó algo maravilloso. Una señora como de 60 años, que no ve televisión, puso su batería a disposición y me cargó la mía, y ella ni me reconoció. Esa gratitud y ese espíritu que nos caracteriza, cómo no ser agradecido con esa gente y, a la vez, he tenido tanta insistencia porque la gente me quiere ver haciendo otras cosas, que no deje el país, que soy gente joven, que podemos hacer muchas cosas en conjunto, y me envían muchos mensajes positivos, entonces ¿cómo no volver?

¿Crees en lo positivo?

Soy muy positivo, sí. Te decía que, a veces, tenía una persona que me decía "epa, no te crees falsas expectativas con el positivismo porque esa es otra cosa, es auto engañarte".

Sí, exacto.

Pero siempre soy muy positivo, siempre tengo una luz blanca ante la oscuridad, siempre sale.

¿Crees que los sueños se pueden hacer realidad?

Totalmente.

¿Por qué?

Porque es parte de la vida, el problema es que uno tiene que seguir avanzando Nelson, ir avanzando con uno mismo. Creo que el gran reto que tiene el ser humano, en sí, es entenderse y dejar de auto golpearse, juzgarse y recriminarse. Cuando dejemos de hacer eso, nos vamos a sentir libres, y en esa libertad está la búsqueda de los sueños. Cuando dejas de escuchar al que tienes al lado que te dice que no puedes, cuando tienes ese miedo que te advierte "epa, puede pasar esto", pero tú le dices al miedo "epa yo lo asumo, y lo voy a hacer bien", creo que eso es parte de la felicidad, ir por tus metas y por tus sueños.

Tú eres una persona de trabajo, ¿los sueños realizados son gratis, te han llegado gratis a tu vida?

Uno sí y otros no. Por ejemplo, soñar estar con mi familia es un sueño que lo puedo tener y yo tengo el alcance, pero los sueños laborales hay que trabajarlos y hay que echarles pichón.

Sacrificio, esfuerzo y disciplina.

Todo eso, pero se une también que tú te sientas seguro de lo que vas a hacer, y que el miedo no te paralice ni lo tomes como excusa. Vuelvo a reiterarte, mucha gente, aunque no lo haga por mal, está sumergida en esa negatividad "eso es imposible", pero yo no les presto atención, me escucho más a mí.

Te iba a preguntar justamente eso, ¿cómo haces para no escuchar cada "no" que viene de afuera y los que vienen de adentro?

Hace poco yo estaba en Boston y me decían:

– ¿Pero qué vas a hacer en Boston?

– Voy a hacer lo que yo quiera. Tengo tres cursos, perfeccionar mi inglés...

– Pero es una ciudad muy cara, no vas a poder vivir...

Allí está el "no" de frente.

Hasta gente cercana me decia que yo no tenía el dinero para estar en Boston, pero me fui y viví una buena temporada en Boston, tal vez no en la mejor zona pero estaba feliz.

Eso es lo importante.

"Yo respiro ser feliz".

¡Así es! Entonces el éxito es muy relativo con la felicidad. Yo respiro ser feliz, me llena más ser feliz, y el trabajo me da felicidad, por eso es que hago las cosas con pasión dentro del trabajo.

Y por eso estás en Venezuela, para traer también tu optimismo y tu felicidad.

Me encanta estar en Venezuela, me encanta.

¿Cómo reflejas tu optimismo y felicidad a Venezuela?

Mira, creo que he aprendido mucho a escuchar, no solamente a la voz interna, sino también a escuchar los problemas de los demás y te das cuenta de que uno sigue siendo un afortunado y que tienes herramientas para aportarle a la gente. Yo aprovecho de transmitir mis mensajes a través de la televisión, de la radio. Ahorita también voy a hacer hasta un libro que me llamó la editorial hace una semana, y pienso "bueno, la gente me está escuchando entonces ¿por qué no hablarle de manera positiva? ¿Por qué no darle una luz ante la oscuridad? ¿Por qué no mostrar otra cara ante tanta dificultad?".

Ya hay demasiada gente hablando en negativo, ¿por qué no hablar en positivo?

Total, total, y uno deja de perderse gente buena en el camino por andar vibrando en una energía que no es, que existe, pero que tampoco es.

Claro que existe, lo que pasa es que está más publicitada que la energía positiva.

Sí, entonces te puedes perder gente interesantísima, gente que te aporta algo. Me pasó ayer con lo del carro, una señora que no volveré a ver, pero me resolvió la vida, y yo digo "mira, si yo hubiese estado renuente a la vida, cerrado a las posibilidades de que alguien me ayudara, me pierdo de esa acción".

Esa es una demostración de una Venezuela en positivo que tenemos.

Una maravillosa Venezuela que está latente, estamos empañados ahorita, pero ese espíritu del venezolano está allí.

Está allí y lo viviste.

Y lo vivo todos los días.

Eso es hermoso. Nuestra Venezuela es hermosa y es sinónimo de éxito.

Tú eres Venezuela también hermano y nos sentimos orgullosos de las cosas que haces.

Muchas gracias.

Y las cosas cambian para mejor, yo estoy seguro que van a venir. Esperemos que des esa bienvenida a las cosas buenas porque eres parte de eso hermano.

¡Gracias Luis, muchísimas gracias por haber compartido con nosotros esa parte de tu historia que poca gente conocía!

A ti, hermano.

Raúl González

"Sí, quien tiene un sueño, tiene una vida, parece ser una cosa lógica, pero yo pienso que si no hay sueños no habrá nada que nos impulse todos los días a despertarnos".

Nelson: Hoy damos la bienvenida a Raúl González, ¡Raulitoooo! (estrecha su mano).

Raúl: Gracias mi pana, un placer.

¡Bienvenido!

Gracias por la invitación.

No, gracias a ti por venir y te lo digo porque, para nosotros, cada uno de los invitados tiene una historia muy especial, y tu historia era importante contarla también.

Muchas gracias, muchas gracias.

"Visa para un sueño".

Como te comenté antes de comenzar el programa, cada uno de estos capítulos tiene como un subtítulo que va con el enunciado del programa *Gente que Motiva*. En este caso es Raúl González, "Visa para un Sueño", porque creo que te define mucho, primero por tu obra de teatro que es un éxito pero, además, se basa mucho en lo que es tu vida ¿no? En tus sueños materializados...

Sí, quien tiene un sueño, tiene una vida, parece ser una cosa lógica, pero yo pienso que si no hay sueños no habrá nada que nos impulse todos los días a despertarnos, a conquistar lo que queremos. Entonces, sin nada que nos motive, que nos mueva, estamos muertos, por ende, para mí los sueños son básicos.

Raúl González comenzó primero en Venezuela, su país natal y después llegó a los Estados Unidos para convertirse en uno de los principales animadores de este país pero, ¿cómo comenzó todo esto? ¿Cómo comenzó el sueño de estar frente a cámara como animador de eventos?

Mira chico, yo recuerdo esto como a los cinco años. Yo tuve mi primer gran icono de la televisión, odiado por muchos pero amado por la gran mayoría —que en paz descanse— que era el señor Diony López, el payaso Popy. Esa fue la primera referencia que yo tuve en la televisión, y me llamó muchísimo la atención, empecé a decir "yo quiero estar allí", porque yo veía que unos niños iban a cantar y tanto di que lo logré; la perseverancia que es un elemento clave en la vida de todos.

Vamos a ir anotando. Perseverancia: primer *check mark* en Motiva.

(risas de Raúl). Exactamente, le pedí a mi mamá que me llevara, me hicieron un casting y fue la primera vez que aparecí en la televisión.

¿A qué edad fue eso exactamente?

Tenía 5 años. Y yo entré y vi aquel estudio, en aquella época era Radio Caracas, todavía en Quinta Crespo y vi todas las luces y yo dije "mira esto me gusta, esto es para mí".

¿Cantaste?

Sí, canté.

¿Qué cantaste?

Canté *Compadre Pancho*.

Un pedacito nada más. Cuéntanos cómo es...

Raúl canta:

"...Oiga Compadre Pancho lo que me pasa lo sabe usted

Que la negrita del barrio con el pulpero ya se me fue..."

Y me pasó algo increíble en televisión en vivo, que cuando fui a cantar el cuatro se había desafinado y yo me atrevo a decirle a Popy, cuando me presenta, que se esperen porque yo tenía que afinar el cuatro (risa de ambos). Para aquellos que conocieron a Diony, en alguna oportunidad, él era un hombre con un gran nivel de excelencia y de respeto a la televisión, su cara dijo mucho, un hombre súper estricto.

Muy estricto, sumamente estricto y, además, todo esto pasa en vivo.

Sí, y me dijo: "que esto no vuelva a pasar". (Raúl imitándolo). Empiezo a hacer cosas allí en Radio Caracas Televisión y luego me voy a un programa que se llamaba "La Piñata" en VTV con Olguita Henríquez, en el canal 8. También hice un acto de fin de curso en el Teatro Las Palmas con Lilia Álvarez Sierra, una persona también muy famosa, una chilena que llegó a Venezuela para hacer teatro con niños; ella me vio y le dijo a mi mamá que me llevara a un casting de la compañía de teatro.

Desde allí en adelante, no has parado...

No he parado, la única vez que paré fue cuando llegué aquí a Miami, que tuve que acomodar el camino pero, de allí, yo más nunca paré.

Entre otras cosas, también hice radio, programas infantiles...

Programas infantiles de mucho éxito.

Chamokrópolis y Supercrópolis.

De mucho éxito. Hicimos *Chamokrópolis*, primero en Televen, luego *Supercrópolis* en Radio Caracas Televisión.

Sí, tú te convertiste en una de las figuras más importantes de Venezuela en el público infantil.

Exacto. En ese momento, nuestro programa de verdad que fue un capítulo importante en la historia de la televisión venezolana.

Importantísimo, pero todo cambia.

Todo cambia exactamente.

Y tu vida cambió. Tuviste que adaptarte de nuevo, que pensar en cómo utilizar, justamente, esa "visa para un sueño".

Sí, exacto.

¿Qué pasó después en tu vida, después de tener muchísimo éxito en Venezuela?

Mira te soy muy honesto, yo nunca pensé que iba a salir de Venezuela, jamás. Definitivamente, la situación política fue un punto de visión para mí. Salí un día de Radio Caracas y vi unas tanquetas afuera, yo estaba terminando de estudiar Publicidad y dije "¿qué cosa es esta? Esto no me suena bien".

Esto no me gusta.

Esto no me gusta para nada. Entonces, vi que me quedaban tantos meses de contrato, me fui con unos abogados de mi papá, calladito la boca y un día me desperté y dije: "me voy". Así que me vine con esa maleta llena de ilusiones, de allí sale la obra "Visa para un Sueño" y llegué aquí creyendo pues, el ego, "el gran oponente", que a veces uno piensa que es seguridad y te pega.

El ego: el gran oponente.

Okey, entonces vamos a hacer otro *check mark* de palabras que estamos anotando hoy... "EGO".

Es que sus siglas corresponden a "El Gran Oponente". En mí había una mezcla de rebeldía y valentía, y llegué aquí diciendo "bueno, yo enseño mi demo y al primero que yo le enseñe esto, estamos más listos que listín y me van a dar trabajo ¡pero ya!

Y viene la vida y te saca un bate gigantesco (y hace que agarra el bate) y te da así... (hace el swing del bateo): pum, la realidad.

Exactamente, la realidad.

¿Qué pasó en tu vida?

Bueno, una lección por la que tenía que pasar, de eso estoy súper seguro. Yo en el tiempo que estuve aquí me gasté mis ahorros porque quise tener... o vivir la misma vida que tenía en Venezuela y me quedé sin plata. Un día tuve que dormir en un Ford Fairmont del 82. Fui al banco y me quedaban 25 centavos en la cuenta, yo dije "¿y ahora qué? Entonces bueno nada, empecé a repartir pizza, a cantar de noche...

Ya va, ya va, pero vamos un poquito más atrás, ¿cómo fue dormir en el carro? Porque me gusta que nos podamos ubicar en tu vida. Tú venías de todo el éxito del mundo en tu país ¿cómo es que duermes dentro del carro, qué pasó? ¿Cuántas noches dormiste allí?

Fueron 28 noches.

¿Qué pasaba por tu mente?

Pasaba de todo, Nelson. Mira, cuando una persona toca fondo, es encontrarse con una realidad, es encontrarse con uno mismo en un momento de soledad, en un momento de desesperación, en un momento clave para tomar decisiones y establecer prioridades.

Te preguntaste ¿qué pasó aquí?

¿Qué pasó aquí? ¿Lo hago o no lo hago? ¿Me devuelvo? ¡No! No me voy a devolver, sigo intentando y yo lo que le pedía a Dios era una señal, o sea, yo mismo me hablaba con fe, con convicción y seguridad; yo decía "tengo que seguir, la decisión es mía, hay dos maneras de ver y afrontar la vida: eres víctima o eres un guerrero" y la decisión no la puede tomar más nadie por ti, sino tú mismo.

En aquel momento para mí era mucho más fácil porque yo estaba solo, no había ningún compromiso más que conmigo mismo. Un día me desperté y me paré en el carro y dije: "yo no me voy, yo tengo que salir adelante", rezaba todas las noches, escuchaba Radio Paz, me puse a leer un libro que me regaló un amigo de un motivador (Anthony Robbins) y empecé a decirme cosas y a...

A motivarte.

A motivarme, Nelson.

Y a luchar contra el "yo era famoso".

"El pasado es historia".

Es que ese es un síndrome que nos pega a todos los inmigrantes, porque siempre queremos establecer o queremos volver al pasado y yo no recomiendo que regresen, sino únicamente para ver los errores cometidos y aprender, pero el pasado es historia.

¿Pero lo hiciste en algún momento mientras estabas en el carro?

Claro, porque comienzas a comparar y piensas: "Dios mío, yo en Venezuela era... yo en Venezuela tenía..." pero luego entendí que ya eso había pasado, era historia, mientras que el futuro es un misterio y el hoy es un regalo, por eso le llaman presente.

Eso lo hablamos tú y yo una vez. La gente piensa que tú llegas y todo sale así de fácil, ¡pues no!, cuando eres un inmigrante es mucho más complicado. Hay que tener a Dios, deseo, determinación, disciplina. Yo me paro todos los días en la mañana, respiro, me doy unos dos o tres golpes en el pecho y ¡vamos papá, vamos a darle!

¡Vamos!

Vamos, no importa, te vas a encontrar a mucha gente que te va a decir que no es posible. A mí en Univisión, los primeros siete años me decían que no era de una nacionalidad específica, que no tenía el físico perfecto para la televisión, y para mí esas son situaciones en las que la valentía y las ganas deben estar presentes, que tú digas "bueno pana y por qué no puedo ser el primero".

Exacto.

¡O el segundo! Era atreverse, esa era mi actitud y mi posición, y así la sigo teniendo hasta hoy.

Porque fueron siete años buscando...

Ujum, y ser parte del sueño. Por eso, la idea fundamental de la obra, en muchos sentidos, es la perseverancia que vale más que el talento, en muchas ocasiones.

También está el miedo al rechazo que es uno de los peores elementos con los que debemos lidiar, y saber que si te rechazan, no importa, maneja el miedo y el rechazo de una manera tal que lo utilices para ti. Imagínate si yo le hubiese hecho caso al miedo todas las veces que me atacó o me ataca...

¿Dónde estuvieras?

No lo sé, pero no estuviera aquí contigo disfrutando este día, esta conversación espectacular. No sé dónde estaría, pero seguramente aquí no.

¿Cómo saliste de ese carro, después de 28 noches durmiendo allí?

Bueno hablé con el dueño de la pizzería...

Vivías repartiendo pizza y cantando.

Y cantando de noche. Era una cosa impresionante, porque empezaron a ir venezolanos a la pizzería, se tomaban fotos conmigo, me decían cosas y el dueño de la pizzería me preguntó "¿y usted quién es, por qué esta gente se toma fotos con usted?". Y entonces le conté mi historia y allí el señor Luis Bolívar —que Dios lo bendiga y gracias por todo el apoyo que me dio— me dijo: "mira, yo te voy a ayudar... no hay una sola hoja del árbol que se mueva o que se caiga sin la voluntad de Dios", queriendo decir que todo pasa como tiene que pasar y cuando tiene que pasar, mientras tú hagas lo que tienes que hacer, el universo, Dios —o el nombre que tú le quieras poner—, hará el resto.

Conspira de la forma más inesperada para que se dé.

"National Visas Center".

Chamo es impresionante Nelson. Yo apliqué, recién llegado, a la lotería de visas, al "National Visas Center" que es como se llama. Allí se regalan 55 mil visas al año, yo apliqué a la lotería de visas y como no tenía dirección fija le había dicho a un compañero de la orquesta en la que cantaba que me diera su dirección. Entonces un día en el que estaba desesperado, me llega la correspondencia y mi compañero me lleva un sobre al trabajo que decía "National Visas Center".

¡Ohhh!

Cuando yo abro el sobre, ¡pum! Veo en inglés: "usted ha sido seleccionado residente de los Estados Unidos de Norte América", me sentí en *Sábado Gigante*, en *Sábado Sensacional...* aquello faltaba que entrara el ballet, el papelillo, el confeti, ¡una cosa que no me podía creer!

(Risas de Nelson).

Y entonces, a partir de allí, empieza a cambiar un poco la historia, pero no del todo. Entonces fue seguir buscando, porque quería estar en la tele.

¿En qué momento consideras que cambió tu vida, que estabas más cerca de lograrlo?

En ese momento de la residencia y te explico por qué, Nelson. Antes iba a buscar trabajo en los canales de televisión y unos me recibían pero otros me pedían el número del seguro social y yo decía "¿el qué?". Bueno, resulta que hasta que tú no tengas tus papeles en regla estás limitado, pero ya con la residencia pude empezar a trabajar en televisión, no delante de cámara, sino detrás de cámara.

En producción.

Sí, en producción. Allí trabajé con un grupo de venezolanos.

Pero ya estabas allí, ya estabas encaminado.

Eso es, exactamente, y seguía buscando mis cosas de talento y hasta que, poco a poco, un día pude entrar en la radio local, la *WQVA*, una emisora de Miami y la productora ejecutiva de *Despierta América* me escuchó en la radio y dijo: "deberíamos invitar a este muchacho que hace voces, que hace personajes". Eso fue un 25 de diciembre, Nelson, y nadie ve televisión en la mañana, en lo que me llamaron el día anterior yo dije: "¡Yo voy!".

Eso es aprovechar las oportunidades.

Identificarlas, tener la claridad de la meta.

El enfoque.

El enfoque, sí.

Desde allí comenzó a cambiar tu vida...

Por completo. Ya entonces me dan la oportunidad en Univisión y allí estuve 13 años. Estoy muy agradecido con Univisión, de verdad que pude conocer a gente extraordinaria, tuve la oportunidad de conocer bien el mercado.

Hablamos de momentos difíciles y de tus dudas, tus miedos, pero luego llega Univisión y después pasas a Telemundo. ¿En qué momento esa visa se convirtió ya en un sueño que se hacía realidad?

Mira, definitivamente esa primera llamada de casting en vivo en Univisión, que me dio la oportunidad de formar parte de *Despierta América* durante 13 años y poder despertar a la comunidad hispana de los Estados Unidos, fue lo más grande en ese momento.

Mucha gente se reflejaba por todo lo que cada animador aportaba.

Podías contar tu historia.

"Y mientras tú más motivas, te sientes más motivado".

Sí, porque este tipo de programas nos une a los latinos en Estados Unidos y tenemos que apoyarnos, darnos la mano. Y mientras tú más motivas, te sientes más motivado. El concepto de *Despierta América* es, básicamente, despertar a la gente entreteniéndoles e informándoles y, de alguna manera, motivándoles: "usted tiene esta situación en este momento, usted no tiene papeles, usted... tranquilo..."

Utilice esta herramienta, por aquí puede salir...

Sí, y en un contexto bien positivo. Así estuve 13 años en Univisión, luego pasé a Telemundo y me pasó una cosa Nelson... si tú sacas la cuenta, ya yo tengo 21 años en este país y justo al cumplir los 20 años, yo dije "este ciclo se vence, nuevamente", y siempre lo cuento así porque me gusta que la gente lo reciba de esa manera. En Venezuela estaba en un momento muy importante en mi carrera y decido renunciar y me vengo.

Y en Univisión estabas también en un momento muy importante.

Sí, en un momento muy importante en mi carrera y digo "quiero seguir creciendo".

¿Te han dicho que estás loco?

Pufff, ¡por favor! Todo el tiempo Nelson, todo el tiempo. Empezando por los dos seres humanos más importantes en mi vida que son mis padres. Hoy en día como que ya me conocen y no se meten mucho pero, definitivamente, cuando yo renuncié en Venezuela todo el mundo me dijo "¿tú estás loco? ¿No tienes miedo?".

Cuando renunciaste a Univisión ¿qué te dijeron?

Lo mismo, que estaba loco. Y es que yo, en Univisión, sentía que ya se había cumplido un ciclo, yo pienso que eso también es importante que uno lo tenga claro.

Ciclos, otro *check mark* para la lista.

Desde la "A" hasta la "Z".

Sí, ciclos. En este negocio, en el que usted y yo estamos, caballero, yo he aprendido que no solo hay que tener un plan A y un plan B, en mi caso, yo tengo desde la A hasta la Z, así que debo ser muy inteligente. Con el teatro en español, en esta ciudad, todo el mundo me dijo que estaba loco, y ya llevamos 11 años produciendo teatro en español. Igual el negocio del restaurante, a mí me gusta la gente, me gusta entretenerme, no sé nada de cocina pero voy siempre a mi restaurante. Entonces, cuando tomé la decisión de Univisión, cualquier cosa que me pasara yo ya tenía estos dos negocitos andando.

La pregunta es, mi querido Raúl, ¿existe esa visa para el sueño, los sueños se pueden hacer realidad?

Sí, o sea, para mí los sueños existen. Yo pienso que el enemigo de los sueños es el ser humano como tal, y lo que pasa es que uno no lo entiende, porque no se atreve, porque la sociedad te dice "eso no está bien, las posibilidades no existen, porque hay que ser lógicos, porque hay que tener cuatro dedos de frente".

Te muestran todas las limitaciones...

Y ¿sabes qué, Nelson? Yo pienso que el que realmente llega, se supera y sigue adelante es el que se atreve. Una vez leí un libro de un motivador que se llama Lair Ribeiro, y él decía que la diferencia entre una persona ordinaria y una extraordinaria es aquella que se atreve a ponerle el "extra" a su vida. Nelson, sin excusas, repito, tú empiezas a buscar lo que llamo yo "la copita de aprobación": "Nelson ¿tú crees que yo deba hacer esto?" Y te llenas de la opinión de todo el mundo, pero nada haces.

¿Y dónde está la respuesta?

La respuesta la tienes que tener tú, pana. La respuesta la tienes que tener tú. ¿Hasta dónde estás tú dispuesto a dar; hasta dónde tú estás dispuesto para conquistar? ¿Puedes transformar el NO en SÍ quiero?

Yo creo que este es el mejor cierre para esta entrevista, hasta dónde está usted dispuesto a transformar esos "NO" en "SÍ".

Exactamente.

Hay que atreverse, enfocarse en hacer realidad los propósitos.

Yo te propongo hacer otro programa y allí te voy a entrevistar yo: "Nelson Bustamante, Atrévete a Soñar".

Él ha estado aquí pues, de alguna manera, conversando y poniéndolo a uno en una posición muy especial, pero yo quiero que ustedes sepan que mi admiración y mi respeto hacia Nelson es muy grande. Siempre te lo he dicho, lo que estás haciendo es extraordinario, pero te mereces más y ojalá, algún día, podamos compartir juntos en las pantallas de televisión de este gran país y de Venezuela también, que es nuestro país. Te mereces todo lo mejor.

Gracias, Raulito.

Y sabes que te lo digo...

¡Amén!

Desde aquí (señala su corazón), pa´ lante es pa´ allá.

Pa´ lante es pa´ allá... ¡hasta la próxima!

Carlos Cruz

"Agradezco mucho cuando la gente me devuelve esa admiración, ese afecto, ese cariño, porque la gente siente como que tú le perteneces, como que tú eres de ellos y eso es muy importante".

Nelson: Quiero dar la bienvenida a Carlos Cruz. ¡Bienvenido, hermano! (estrecha su mano).

Carlos: Gracias, gracias.

Qué gusto tenerte, ¿cómo estás?

Bien, bien, dentro de lo que cabe, estoy bien gracias a Dios.

Qué gusto verte porque, aparte, nos conocemos desde hace muchos años en nuestros inicios en esta carrera.

Sí, así es.

Que todo comienza con un sueño Carlos. ¿Tú tuviste un sueño de niño de trabajar sobre las tablas, frente a cámara?

Fíjate que no.

¿No? y ¿qué pasó entonces en tu vida?

"La vida te va tejiendo los hilos".

Esto fue una cosa mágica, porque fue un encuentro. Yo ahora viendo mi vida en retrospectiva, pienso que la vida te va tejiendo los hilos, van tejiendo y tejiendo, y no te estás dando cuenta de nada hasta que todo coincide en un punto y, cuando ves todo en conjunto... Imagínate, yo tocaba charrasca en un conjunto de gaitas en el liceo.

(Risas de Nelson, carcajadas). Okey, perdona que me ría, pero tejer de allí a llegar a ser uno de los actores más importantes de Venezuela, mira allí tejieron bastante...

Fíjate cómo empezó todo... (entre risas). Nosotros teníamos un equipo de sonido muy grande y una señora quería montar una obra de teatro con niños, el teatro era muy grande y teníamos un equipo de sonido bueno. En fin, nos alquilaron ese equipo para poner los micrófonos, yo comencé como sonidista, ponía los micrófonos en la escenografía para que se les escuchara en todo el teatro y yo tuve una semana ensayando...

Perdón Carlos, me perdí con la charrasca, ¿dónde queda la charrasca?

Bueno del conjunto de gaitas. Nos alquilaron las cornetas del conjunto de gaitas.

Ahhh... Allí va, allí sí está bien tejido, del conjunto de gaitas a las cornetas...

Sí. Nos metimos en el grupo de danza porque la novia de un amigo estaba en clases de Jazz, entonces necesitaban hombres para bailar tambor y joropo, y nos dijo a nosotros. Por supuesto, nosotros aceptamos porque había un mujerero loco.

Entonces, allí fue donde conocimos a la directora de teatro que necesitaba un equipo de sonido. Íbamos a los ensayos y cuando vi ese espectáculo, quedé fascinado, le dije a la directora: “mire, si algún día usted quiere hacer una obra de teatro, cuando yo esté un poquito más grande, estoy a la orden”, porque yo tenía como 22 o 23 años.

O sea que empezaste, inclusive, un poquito tarde para la tendencia normal de quienes comenzamos en televisión.

Sí, yo empecé en teatro a los 23 y en televisión a los 28.

Okey, un poquito más atrás entonces.

Sí, y la directora nos llamó para hacer una obra de ella.

Allí nació la pasión y nació el sueño.

Así es, porque después de eso hicimos dos montajes más: *Yo me bajo en la próxima ¿y usted?* de Adolfo Marsillach y *Viejos tiempos* de Harold Pinter, y fue allí cuando decidí que quería ser actor.

Y aparte de la charrasca, ¿qué más hacías a los 22 años?

Yo pintaba apartamentos. También ya era atleta de alta competencia. Yo jugaba voleibol, básquet y piché hasta doble A, pero por las lesiones me tuve que retirar, pasé como un año y medio deprimido, no sabía qué hacer con mi vida porque yo era atleta y entonces conseguía cualquier trabajo, pintaba apartamentos, empapelaba, cualquier cosa yo hacía, hasta que llegó el teatro y me voy a la Escuela Nacional de Artes Escenográficas César Rengifo, audiciono y quedo en la escuela. De hecho, yo soy de la primera promoción de la escuela César Rengifo, me gradué.

Es decir que el deporte era tu sueño de niño, ¿qué querías hacer? ¿Querías hacer béisbol, el básquet o voleibol?

Mi pasión era el voleibol, pero en aquella época en Venezuela no había todavía liga de voleibol profesional.

¿Pero sí de selección nacional?

"El teatro y yo nos encontramos".

Sí, selección nacional por supuesto, pero las lesiones me fueron alejando del deporte, le fui agarrando miedo, tuve nueve esguinces en un tobillo y ocho en el otro. Entonces me fui retirando y quedé frustrado, pensaba "¿qué hago ahora con mi vida?". Y por eso te digo que la actuación fue un encuentro, el teatro y yo nos encontramos y nos quedamos así los dos, él me eligió a mí, yo estoy seguro, yo estoy convencido de que a mí el teatro me eligió y así comenzó esto que se fue convirtiendo en un sueño en el camino.

Yo siempre, cuando doy clases, les digo a mis alumnos: "señores, los sueños se consiguen trabajando, porque es muy fácil soñar, de repente, con la fama, ser reconocidos y firmar autógrafos, pero deben soñar en concreto, trabajen en función de eso y dejen que lo demás fluya".

Dejen que la vida vaya tejiendo.

Vaya tejiendo el destino, es así. Ni que te quiten ni que te pongan.

Eso es así. Yo, muchas veces, cuento a nuestros invitados cuando tuve que tomar la decisión de mi carrera y dije que quería estudiar Medicina, pero pasa el tiempo y mira dónde estamos sentados tú y yo aquí, frente a cámara. Carlos ¿qué pasó después? Se encontraron de frente el teatro y tú, comenzó un sueño, pero ¿cuándo aparece la televisión en tu vida?

Mira la televisión comenzó cuando yo estudiaba 4to. año en la César Rengifo y tuve la intuición de comenzar a hacer casting antes de graduarme porque, además, estaba pelando, era un estudiante que vivía en San Antonio y bajaba con la ayuda de mi hermano, que en ese momento era 10 bolívares pa´ abajo y con eso pasaba todo el día.

También trabajé en otras cosas aparte. Comenzando en Radio Caracas Televisión, mi hermano estaba en una agencia de publicidad y me dice para trabajar en un evento en el Poliedro, sirviendo los tragos. Me puse mi camisita blanca, mi corbatica y me fui para allá y, cuando estoy sirviendo unos tragos, aparece por allí Luis Gaitán que era Director de Radio Caracas. En ese momento, yo trabajaba en una novela llamada *Carmen Querida* y él era director de allí, cuando me ve, se queda loco y me dice "¿qué haces tú aquí?" y le digo: "bueno, pues trabajando, qué voy a hacer" (risa de ambos).

¿Qué otras cosas de ese estilo tuviste que hacer para poder pagar tus estudios?

Yo comencé como maquinista en una agencia de publicidad, yo era utilero, asistente de iluminación, de sonido, era asistente de todo. Eso fue antes del teatro y, en ese momento, jamás imaginé que estaría frente a cámara.

¿Tú seguiste con tu charrasca?

Sí, sí, sí. Seguí en eso hasta que me gradué. Ayer, justamente, alguien subió en Instagram un comercial que yo hice en el año 88 de café El Peñón, que lo dirigió Fina Torres (risas de Nelson).

Ohhh casi nada.

Cuando yo vi eso me emocioné. La persona escribió en el Instagram, algo como "cada vez que estés a punto de rendirte, recuerda por qué estás luchando".

¡Qué bonita frase!

A punto de tirar la toalla.

Entonces, eso me movió muchísimo, porque hubo momentos en los que estuve a punto de retirarme de mi profesión, yo sentía que las cosas no pasaban como yo quería que pasaran, era todo muy lento. En especial, porque yo venía egresado de una escuela de teatro, yo decía: "o sea, yo soy un actor profesional, esta es mi profesión, lo que yo estudié..." y yo veía que me pasaban por encima cualquier cantidad de caballos que venían de haber hecho solo un curso y a mí eso me deprimía, me llenaba de resentimientos, me molestaba y quería tirar la toalla. Mi maestro de actuación, el Dr. Carlos Ospino Díaz, me insistía: "no Carlos, no te retires, tú tienes mucho talento, no te retires", yo respiraba profundo y seguía... y así han pasado 34 años de mi vida. Hoy por hoy, afortunadamente, me he diversificado dentro del área de la actuación, pero me gusta muchísimo dirigir, me gusta muchísimo formar actores, ser *coach* de actores, porque para eso me preparé en la escuela César Rengifo, allí me fui formando como preparador, cosa que me gusta muchísimo, es una pasión que he descubierto que me gusta tanto como la actuación.

¿En qué momento descubriste, entonces, que sí era para ti? Porque no se daban las oportunidades que estabas buscando, depresión, obstáculos, puertas que se cerraban...

Mira, yo entendí algo. Hubo un momento de mi vida en que yo empecé a hacer terapia por equis razón, generalmente, uno empieza a hacer terapia porque tiene un rollo de pareja.

Sí, ya yo te iba a decir eso...

Enguayabado, pero fue revelador y maravilloso porque fueron 18 años haciendo terapia, eso se convirtió en mi lugar, mi centro, y yo me di cuenta de que tenía muchísimo resentimiento, porque yo sentía que a mí no me daban el puesto que yo creía merecer. Por allí pasamos todos alguna vez en la vida y entendí que yo debía cambiar.

El medio sigue siendo exactamente el mismo, bueno, con la diferencia que hay muchas menos producciones, pero la dinámica es la misma. Entonces yo cambié, mi relación con el medio cambió, no vi más esa cosa, esa dependencia amor-odio que tiene uno con esta profesión y, en lo que eso sucedió, mi carrera se disparó. Eso fue en el año 99 y hasta el sol de hoy, gracias a Dios. Entonces eso me hizo reflexionar muchísimo, y yo les digo a los muchachos cuando están comenzando, que se sienten frustrados, que vean para adentro y esa frase, por muy trillada que suene, es verdad: "como es adentro es afuera". Nosotros somos un espejo y cuando lo aprendí, eso me llenó de mucha paciencia, me ayudó a ser tolerante. Mi maestro me decía una frase muy interesante: "tienes que convertir tus defectos en virtudes" y yo siempre he sido muy terco, entonces eso lo convertí en perseverancia.

Muy bien ¿y qué tal?

Perseverancia.

Entonces persevero y persevero, a veces me distancio un poco, respiro profundo, me nutro de otras cosas y regreso.

Carlos, en todos estos años ¿cuál consideras que ha sido tu mayor satisfacción a nivel profesional?

Mira vale, me la pones difícil.

¿Y en lo personal?

Es difícil escoger una, pero en el teatro, por ejemplo, yo hice un personaje en una obra llamada *El Último Minotauro* de León Febres Cordero, que yo considero que yo fui un actor antes y otro actor después de hacer ese personaje. Allí estábamos Elba Escobar, Eduardo Gil y yo, que en paz descanse Eduardo. Eso a mí me cambió, me dio una gran profundidad y me colocó en una zona de mí totalmente desconocida, que me impactó muchísimo, porque ese trabajo repercutió de manera contundente en la televisión, en el cine, etc.

¿Un personaje puede cambiar tu vida?

Olegario Pérez.

¡Cómo no! Bueno hay una anécdota. Yo como actor siempre me sentí más serio que un revolver y dudaba que pudiese ser un actor de hacer reír hasta que llegó el papel de Olegario Pérez. Yo, en principio, nunca entendí por qué Leonardo Padrón me dio ese personaje a mí, porque yo decía "tantos actores que hay en este país que tienen facilidad con la comedia, por qué me elige a mí que no sé hacer comedia, yo nunca he hecho comedia". Ese fue un gran hallazgo para mí, descubrir que "ohh sorpresa", sí tenía condiciones para hacer comedia.

Y "ohh sorpresas que da la vida", también has descubierto que hay mucha gente que te admira en lugares del mundo que tú ni siquiera imaginabas, eso es éxito también y es motivación. Cuéntanos sobre eso.

¡Sí! Cuando yo abro el Facebook comienzo a ver que me llega una serie de solicitudes con nombres muy extraños y yo pensaba que era un *spam* o un virus y yo no los admitía. Entonces un día me pongo a ver y decido aceptar a uno e, inmediatamente que acepto, me dicen "Hello". Yo busco el traductor de la computadora para empezar a chatear y resulta que me estaba escribiendo una muchacha de Etiopía.

Guaooo, aquí mismito (risas de ambos).

Entonces yo pensaba que era un echador de broma, un mamador de gallo que me estaba vacilando, pero no. Entonces empiezo a ver las fotos y, verdaderamente, era una muchacha, así que empecé a aceptar las otras solicitudes que tenía de Vietnam, Singapur, La India, de otras partes de la India, de Croacia, de Eslovenia por la telenovela *Mis Tres Hermanas*.

Hay una anécdota, Nelson, que a mí me llamó la atención muchísimo. Yo tengo un gran amigo que se dedicó a hacer diseño de revistas de arquitectura y él hizo un intercambio con una revista de una gente de Croacia. Un día nos reencontramos porque él era pana del conjunto de gaitas, el que tocaba el tambor, y me dice:

– Tú sabes que yo estoy con un proyecto de revistas y la semana pasada vino un tipo de Eslovenia a Venezuela, yo lo recibo en el aeropuerto y a que no sabes cuál fue la primera persona por la que me preguntó.

– No, ¿por quién?

– ¡Por ti!

– ¿Por mí?

Porque en ese momento estaban pasando *Mis Tres Hermanas* allá y cuando estaba el conflicto bélico paraban para ver la novela. Eso también pasó con *Kassandra*, que paraban la plomamentazon, veían sus novelitas tranquilos y después seguían.

Y a mí eso me impactó muchísimo. Entonces mi pana le dijo:

— Él es amigo mío.

— No te creo, eso es mentira, tú me estás engañando, cómo va a ser amigo tuyo.

— Sí vale, ese es hermano mío.

El tipo hasta hizo una parrilla y, lamentablemente, yo no pude ir.

En fin, son países que tú ni te imaginas... tú sabes esto muy bien y es que a nosotros, los actores, en una época los canales de televisión nos tuvieron muy engañados, porque ellos buscaban todas las maneras para que no te enteraras qué pasaba en el mundo contigo y con la novela, porque entonces tú podías ir a pedir aumento de sueldo.

Pero ahora existen las redes sociales y no hay barreras ni fronteras, en cualquier lugar del mundo donde te vean ya te enteras porque te escriben por alguna de estas redes.

Yo terminé *Cosita Rica* y me fui inmediatamente a Buenos Aires por tres meses a estudiar dirección, canto y actuación, otra vez. Estando allí escuché un grito: "Olegaaarioooo", fue un militar venezolano que estaba haciendo allá unas pasantías, pero me causó mucha impresión, pues, a mí no me conocía nadie en Buenos Aires.

Eso es satisfactorio y eso es éxito. Hablábamos también, durante comerciales, de cómo la vida se mide de forma diferente, y cómo las ambiciones

también se miden de forma diferente cuando uno tiene ese trayecto recorrido.

Admiración y valoración.

Sí y la valoración, la relación que uno tiene con este medio cambia con los años. Creo que nos pasa a todos, de una u otra manera, que en principio estamos muy pendiente del afuera, de la valoración que hace el otro; uno siempre está esperando la oportunidad pero ahora, con los años, me importa más la valoración que yo mismo me hago, en relación con mi trabajo y eso me ha dado a mí la profundidad justa como ser humano y como actor, que disfruto. Agradezco mucho cuando la gente me devuelve esa admiración, ese afecto, ese cariño, porque la gente siente como que tú le perteneces, como que tú eres de ellos y eso es muy importante.

Y gratificante, por eso se agradece también.

¡Por supuesto!

Porque tú motivas también a través de tu ejemplo, tu vida y tu trabajo. Gracias por compartir este rato con nosotros.

Gracias a ti, te deseo mucho éxito, de verdad.

¡Qué gusto verte! Mucha admiración y respeto Carlitos, muchas gracias.

¡Gracias, gracias!

Carlos Fraga

"Ya los sueños son creaciones, quizás esas creaciones no estén materializadas aún, pero basta que tú sueñes algo para que eso exista dentro de ti y basta que ese pensamiento exista para que tenga vida, lo que falta es la materialización."

Nelson: Damos la bienvenida a nuestro amigo Carlos Fraga a este programa que se titula: "La vida es hoy".

Carlos: Encantado, qué bueno estar aquí.

Qué bueno tenerte con nosotros.

De verdad muy contento, muy orgulloso además.

Gracias Carlos, muchísimas gracias por acompañarnos. En el programa siempre comenzamos esta conversación hablando de sueños. En tu vida, ¿todo comenzó con un sueño?

No existen las casualidades.

Yo creo que todo comenzó con un sueño, además, creo que las casualidades no existen, que todo en la vida se va engranando y, como yo entiendo la vida por movimientos, la mía también se ha desarrollado por una serie de ellos. Primero quise ser maestro y fui al Pedagógico, me gradué e hice la equivalencia en Letras. Luego quise ser Psicólogo y la vida me llevó a ser Comunicador Social, pero entonces después sí estudié Psicología. Ahora todo tiene sentido, entonces tú dices ¿para qué era el Profesor? Para poder explicarle a la gente cosas que, de repente, solo con el conocimiento no bastaba. ¿Para qué era el Periodista? Para que los medios de comunicación me pudieran acompañar. ¿Para qué era el Psicólogo? Bueno para que, de alguna forma, toda la parte psicológica la pudiera engranar y dársela a la gente en pastillas sencillas. Entonces, yo creo que todo empieza a engranar de manera perfecta y nada está de más.

¿Y el muchacho de 12, 13, 14 años con qué soñaba en ese momento?

Mira, mi juego favorito, cuando estaba solo, era explicar algo a un grupo de gente, de manera muy histriónica.

¿Y lo hacías frente a algo? ¿Frente a un público imaginario o frente a un espejo?

Frente a un espejo o frente a cosas imaginarias. El otro juego era animar un programa de concursos; fíjate tú, que me tocó hacer *Dígalo Primero* con mucho éxito en aquella época de los 80. Entonces, cuando jugaba, yo inventaba cosas, pero todo dentro de mi propia imaginación y era realmente muy divertido para mí, así que todo esto empezó con un sueño.

Y ¿cuál fue la primera materialización de esos puntos que después engranaron en lo que eres hoy en día?

Fue mi entrada a la televisión. Yo creo que mi entrada a la televisión fue la primera materialización y, además, fue muy simpática. Yo estaba estudiando actuación con Horacio Peterson, porque alguien me dijo "tú tienes cosas como actor, tú deberías estudiar actuación en la mejor escuela que es la de Horacio Peterson".

¡Pero qué maravilla cómo pasan esas cosas de la vida! Y comenzaste la entrevista diciendo "no existen las casualidades".

¡Claro!

Ese alguien que te dijo lo de la actuación no fue una casualidad de la vida.

No, para nada.

Era justamente el punto que necesitabas para orientar tu vida.

José Ignacio Cabrujas: "Joven, lo felicito ¿usted no estará interesado en hacer una telenovela?"

Inmediatamente, hago un año y medio de actuación que era lo que duraba el curso de "Laboratorio Teatral de Anna Julia Rojas" y en el trabajo final, en la obra *Confesionario de Tennessee Williams*, Horacio invitó a gente importante a vernos. Cuando terminó la obra, se me acercó un señor de voz ronca que yo, por supuesto, conocía porque yo sabía de literatura y era el señor José Ignacio Cabrujas, entonces me dijo: "joven lo felicito, ¿usted no estará interesado en hacer una telenovela? Y yo le respondí: "Maestro, realmente no" (risas de ambos). Fue todo una sorpresa.

Mira, cuando uno espera la respuesta... yo estoy pensando que le dijiste "oye claro maestro" (risas).

No, le dije: "no maestro, realmente no, muchas gracias", y me voy a una panadería que quedaba abajo a llamar a una amiga mía para contarle cómo había salido en ese trabajo final y le conté:

– Salí chévere, imagínate que José Ignacio Cabrujas me acaba de decir que si quiero hacer una telenovela con él.

– ¿Que le dijiste qué?

– Le dije que no.

– Pues trancas, regresas y le dices que sí. ¿Cómo te vas a perder eso si puede ser lo más importante que te pase en la vida?

Y agarré yo, como un zombie, cerré el teléfono, me fui para arriba y le dije: "Maestro como que sí" e hice la primera telenovela que fue *Chao Cristina*.

¿Qué edad tenías tú en ese momento?

Bueno yo tenía como 21 años apenas.

¿Qué es esto?

Sí, 21 o 22 años. Y entré en aquel mundo que no conocía, que no tenía planificado, combinaba el dar clases con mi mundo actoral, entonces era todo muy confuso porque, al principio, yo no entendía, pero luego me fue gustando y me fui quedando.

¿Qué te decían tus alumnos?

Bueno, unos me decían "qué decepción".

¿Ah? ¿En serio?

Sí, sí, unos me decían "qué decepción profe" porque, además, yo era el joven intelectual, entonces "usted que sabe tanto, ahora verlo en una telenovela" y otros me decían que eran mis fans. Fueron épocas muy hermosas porque era un descubrir permanente, yo entré a hacer esa telenovela y de ahí empezaron a salir otras más, hasta que llegó *Lo de Hoy* que fue lo que marcó todo.

¿Cuánto tiempo después? ¿Cuántas novelas después?

8 meses y 6 novelas.

¿En 8 meses pasó todo eso?

Sí, pasó todo eso. Y, de repente, Luis Guillermo González bajó y dijo: "yo quiero que tú hagas *Lo de Hoy*". Cuando arranqué, pensé: "esto es lo que a mí más me gusta, animar".

¿Qué es *Lo de Hoy*?

Era un *magazine* matutino que hacía con una bellísima mujer llamada Neyla Moronta. Donde, de alguna manera, le dábamos el despertar a Venezuela; era un *magazine* muy divertido, entonces ahí comprendí que eso era lo que quería hacer, hablarle a la cámara de frente, no quería ser más actor sino animador.

¡Qué gran diferencia! Carlos, ahora hablemos de los momentos difíciles, porque la gente te ve en televisión y piensa "oye la vida no es tan fácil", como puede interpretarse en lo que dices.

"La vida no es ni justa ni fácil, pero es muy compensatoria".

Bueno, yo creo que la vida no es ni justa ni fácil, pero es muy compensatoria y eso es lo que uno tiene que, de alguna manera, entender y educar a los otros, porque vivimos clamando por una justicia de la vida, pero lo cierto es que la vida no es justa; no es justo que un león se coma a un cervatillo...

No, pero así es la vida.

Y lloramos. Sí, como todo el mundo, he tenido momentos malos, momentos muy difíciles. Ahora, yo creo que hay 2 tipos de individuos — y esto lo practico como tesis—, los que sienten que la vida los apoya y los que sienten que la vida siempre les juega mal.

Quizás sea por mi crianza, vengo de un padre que es un gran aventurero y que, de alguna forma, siempre me inculcó eso. Me decía: "la vida te está apoyando permanentemente, trata de ser lo más honesto con la vida y trata de ser lo más coherente posible contigo" y eso lo he tratado de llevar como puedo, pero he tenido momentos muy duros donde he llorado mucho, donde he sentido que nada tiene sentido, sin embargo, algo de mí mismo me rescata.

¿Recuerdas alguno en específico que puedas contarnos?

Sí, cómo no. Ha habido muchísimos pero, por ejemplo, te puedo decir uno relativamente reciente. En el 2002, cuando se da el problema a nivel político en Venezuela, a mí me toca salir de Venezolana de Televisión, que era el canal donde yo me había desempeñado durante los últimos siete años, en donde me trataban muy bien, pero yo quedo afuera porque yo lo decidí, siempre es bueno decirlo, a mí no me sacó nadie. Luego voy a la radio donde yo participaba y también me dice el jefe de producción: "mira nuestro circuito ahora se va a politizar a favor de esta tendencia" y yo dije: "no puedo, es decir, yo a esta altura de mi vida no me voy a politizar con nadie porque mi programa tiene que ver con otra cosa" y me salgo. Ahora, eso se dice fácil, pero yo tenía 16 personas que yo mantenía.

Todo tu equipo.

Sí, de la productora independiente, era todo mi equipo que debía liquidar doble, tuve que enfrentar a mi socia y decirle "quebramos, esto quebró, no hay nada que hacer", y eso para mí fue hundirme en un fango horrible. Nunca se me olvidará que ese día me llama un amigo y me dice "te tengo un pasaje para New York" y yo me recuerdo estar en el Rockefeller Center, en otoño que es tan hermoso, llorando por todas las calles, es decir, era sentir que ya todo lo que se había hecho, que era importante para mí, ahora no quedaba nada. Hoy en día lo agradezco y, en ese lapso, escribí dos libros; en ese lapso pude estar 10 años sin televisión y probar que puedo vivir y seguir haciendo lo que me gusta, sin necesidad de la industria de la televisión y de la radio, cosa que es una maravilla, porque hoy estoy de nuevo en esta industria, pero más amigablemente, desde el "te hablo, pero no te necesito pues".

Y ¿cómo hiciste en ese momento de dudas y dolor? ¿Cuál fue el punto de quiebre donde decidiste que

no estabas aquí para que la vida te pegara sino para aprovechar esa oportunidad de seguir creciendo, reinventarte y hacer los libros?

Reinventarme, eso es lo que me llevó.

¿Qué fue? ¿Qué te despertó?

Bueno, yo creo que no me despertó nada en concreto, creo que lloré, lloré y lloré, regresé a Caracas y enfrenté lo que tenía que enfrentar.

Viviste ese luto.

Sí, lo viví, pero profundamente, allí aprendí que luto que no se viva, el cuerpo lo toma y, cuando eso pasa, no lo toma de la mejor manera, porque lo que hace es pegar gritos. Con esa experiencia, escribí uno de los libros más hermosos que se llama *El viaje íntimo de la mente al corazón*, y digo hermoso para mí porque es muy vivencial. De allí en adelante, se fue acercando gente nueva, equipos nuevos y empezamos a hacer una serie de proyectos que no dependían de los medios y que, sin duda alguna, me mantuvieron 10 años en una espectacular calidad de vida.

"Rendirse es un verbo bello".

Hay una fortaleza que aparece, que sale de la propia debilidad pues, cuando uno reconoce. Yo creo que hay una palabra, Nelson, que en todos los eventos de mi vida me ha marcado que es la rendición, cuando tú eres capaz de rendirte, rendirse es un verbo bello, no es un verbo de perdedores.

¿Qué es rendición entonces?

Es un verbo de ganadores. La rendición es la posibilidad, sea física o de actitud, de arrodillarte, poner la mente al piso y decir "señor, hágase tu voluntad, aquí estoy yo con mi corazón", porque yo creo mucho en Dios, para mí, Dios está adelante y eso fue lo que me terminó de ayudar.

Hace falta una gran humildad para eso, ¿verdad? De espíritu y mucha fortaleza.

Claro, y que te des muy duro para que te arrodilles, por eso yo creo tanto en el dolor, el dolor es la emoción a la que le tenemos más miedo, pero es el mejor aliado de un ser humano, porque el dolor te fertiliza, te pone en una atmósfera personal donde crecen los grandes árboles, entonces yo creo en el dolor, creo que el dolor hay que recibirlo cuando llega y te toca la puerta, hay que abrirle la puerta de par en par y hay que abrazarlo también porque te guiará al siguiente camino de tu vida.

Qué maravilla, yo estoy aquí escuchándote y pienso "déjalo hablar porque de eso se trata".

¡Qué bueno!

La vida es hoy.

Carlos, a través de tu programa, les dices a todos que *La vida es hoy*, más allá de las dificultades que se puedan vivir en este o cualquier otro país.

Yo entendí algo que lo digo mucho: "la vida no está para triunfarla, la vida está para vivirla, que es el mayor de los triunfos".

Qué hermoso, es así, pero te pregunto, en algún momento la gente te dice en la calle: "okey Carlos, está muy bonito lo que dices en cámara, pero ¿cómo se come eso?

¿Cómo haces tú?

¿Cómo haces tú? (risas).

Sí, me lo han dicho y la respuesta siempre viene desde el agradecimiento:

– Carlos, pero ¿cómo haces tú?

– Mi amor, respira, amaneciste, tienes gente que te quiere, tienes un techo donde vivir, tienes una cama donde dormir. ¿Comiste hoy?

– Sí, claro.

– Ahí empieza el agradecimiento.

Cuando tú eres capaz de conectarte con lo único importante que es la vida, lo demás se convierte en situaciones que puedes cambiar. Cuando tú te dejas arropar por la calamidad, evidentemente, no hay nada qué hacer sino resignarse. Hay mucha gente que se resigna por cualquier cosa, no, la resignación está muy mal, porque pensamos que no hay remedio. Debemos saber que, aun cuando estamos mal, también hay un futuro y un panorama espectacular, se trata de creer para ver, de eso se trata la fe.

Y la acción, dentro de todo esto, ¿dónde está?

La sonrisa del corazón.

La acción viene desde esa fe para movilizarte, desde esa fe para sonreír, a no permitir que la sonrisa del corazón te la borre nadie porque, si bien estamos viviendo un país con pocas buenas noticias, en mi vida y en la suya seguro que hay buenas noticias.

¿Tú confías o crees que los sueños se pueden hacer realidad?

Absolutamente, absolutamente. Los sueños no solo se pueden hacer realidad, ya los sueños son creaciones, quizás esas creaciones no estén materializadas aún, pero basta que tú sueñes algo para que eso exista dentro de ti y basta que ese pensamiento exista para que tenga vida, lo que falta es la materialización. Mucha gente no se atreve a materializarlo porque a veces soñamos con cosas que nos asustan.

Exacto, te iba a preguntar, ¿el miedo a dónde va?

El miedo tiene muchas versiones. Hay un miedo maravilloso que hay que mantenerlo siempre que es el que usted preserva, pero hay otro miedo que es paralizante y debemos responsabilizarnos de él. Eso es lo que yo enseño a la gente, a cómo responsabilizarse por ese miedo que sienten:

– ¿No te parece que es el momento de que se te cumpla el sueño?

– Me da miedo hacerlo.

– Perfecto, es válido, pero eso es tuyo, eso nada tiene que ver con la vida. Ese miedo te paraliza a vivir tu sueño y la vida es hoy.

Te ha llegado gente y te ha preguntado "mira, ¿qué hago con este problema que tengo en este momento?".

Bueno, ya llevo 27 años en esto (risas de ambos).

Te lo pregunto porque acabas de decir algo maravilloso que es cuando, muchas veces, la gente pone en ti sus problemas y quiere de ti sus soluciones cuando se trata de sus propias vidas.

Inspirador vs. Motivador.

¡Claro! Por eso yo separo, Nelson, — y tu programa es maravilloso para hacerlo—, yo separo muy bien que en este mundo, gracias a Dios, hay inspiradores y motivadores. El inspirador es aquel que cuenta una anécdota de su vida y logra inspirar a otros, eso es maravilloso y bienvenido, pero eso puede ser una vez, ya cuando le vengas la segunda vez con la misma historia, ya esa historia no tiene fuerza, en cambio, el motivador es el que desestructura para estructurar, y lo digo siempre porque creo que en el estacionamiento de la vida, como dice mi amiga Mariana Reyes, cabemos todos pero muy bien estacionados, tenemos que estar todos muy bien estacionados para saber cómo interactuar y qué aportar, porque entonces lo que hacemos es entorpecernos unos a otros.

Y ensuciar un poco el estacionamiento.

Claro, claro, entonces mucha gente me viene y yo trabajo mucho con preguntas, yo soy muy duro, muy impactante en lo que digo porque creo mucho en eso de "quebrarte los vidrios", para ver qué vas a hacer con ellos, si los reparas, si los recoges, si reparas la ventana.

Tú te quedas atrás mirando simplemente.

Exacto, entonces yo soy de los que te responde con una pregunta:

— ¿Ajá, qué vas a hacer ahora? ¿Qué vas a hacer con tus sueños?

— Pero es que yo no sé... yo vengo a averiguar qué puedo hacer con mis sueños, ¿qué puedes hacer por mí?

— Yo, absolutamente nada. Yo puedo escucharte, que es bastante y, con base en lo que oigo, te puedo decir ciertas cosas, pero eso tiene que venir de una decisión.

La vida es una decisión Nelson, vivir es una decisión, pero claro, como nosotros no estamos conectados a la vida sino estamos conectados a la sobrevida, por eso decía Leonard Orr, que el problema de la vida no era morirse, morirse es fácil, es rápido, el problema de la vida es vivir muriéndose; cuando tú no te conectas con la vida, cuando te despiertas y no sientes ese milagro de despertar, evidentemente, siempre vas a esperar que algo o alguien pase.

Mira, el problema de la vida es cuando pensamos y sentimos que, para que la vida mejore, algo o alguien tiene que cambiar, alguien tiene que venir o tiene que irse, y cuando yo pongo mi vida en manos de otros, mi vida es una frustración segura, entonces eso es lo que tenemos que entender. Mi felicidad no puede depender de nada ni de nadie, la felicidad es la posibilidad de que un ser humano pueda vivir a plenitud total.

La paz total, eso es, pero ¿sí existe la felicidad, Carlos?

Claro que existe.

Pero digo, existe la felicidad de a raticos en el exterior, me refiero en la parte externa del ser humano.

Pero eso es alegría.

Entonces quiero decir que nos da felicidad y nos da mucha alegría que nos hayas acompañado hoy aquí.

Gracias hermanito, de verdad, todo el éxito del mundo (se estrechan la mano).

Amén.

Y me encanta que estés sembrando esto, además, en el país.

¡Gracias!

Querer a nuestro país, ¡qué maravilla!

Claro, muchísimas gracias por acompañarnos hoy en esta conversación.

Maravilloso este reencuentro.

De esto se trata. ¡Muchísimas gracias!

Nelson Bocaranda

"El sueño de una Venezuela es lucirse para hacerlo realidad".

Nelson Bustamante: ¡Vamos a darle la bienvenida a mi tocayo: Nelson Bocaranda!

Nelson Bocaranda: Además de que nos conocemos desde hace muchos años.

Es así, Nelson. Primero gracias.

No, yo encantado porque son tres generaciones, tu abuelo, tu mamá y tú, bueno todos.

Comienza contando, ¿cuáles son las tres generaciones?

Las tres generaciones fueron tu abuelo, Alejandro Oropeza Castillo, que fue la primera entrevista como periodista que me tocó hacer porque, empezando, él era Gobernador de Caracas y yo era un muchachito de 17 años que trabajaba en Radio Aeropuerto como reportero. Llamé para pedir la entrevista con el Gobernador de Caracas, me atendió Lola Plaza, que era su famosa secretaria de toda la vida, y le dije: "mire, es Nelson Bocaranda, el periodista de Radio Aeropuerto".

¿Con 17 años?

Reportero a los 17 años.

Sí, porque yo me gradué en el 62 con 17 años y empecé a trabajar directamente en Radio Aeropuerto. Entonces bueno, era reportero de calle, cuando se podía trabajar por las calles de Caracas con un grabador de rollito, que pesaba 11 kilos, porque era un grabador con más de 12 pilas "D". En fin, fui a la oficina donde trabajaba tu abuelo, y él ve a un carajito que entra...

De 17 años (entre risas).

Y dice:

– Pasa, un momentico, ya te atiendo.

– ¿Quién es este muchachito que se metió aquí?— llamando a Lola por teléfono.

– Es el periodista de Radio Aeropuerto.

– Caramba usted es el periodista, ¡qué bueno!

Y establecimos una excelente amistad. Él fue el que me abrió las puertas con el presidente Betancourt, con el presidente Leoni, con todas esas planas de dirigentes que había en ese momento y, de verdad, siempre fue una persona muy cercana. Inclusive hasta hubo encuentros del tercer tipo, que tu mamá e Isa y todos ellos decían que siempre estaba a mi lado, el Dr. Oropeza, Don Alejandro. Fui amiguísimo de tu mamá, tus tías, de toda la familia. Después tu mamá trabajó conmigo en Nueva York, en la oficina de Turismo e Información... así que bueno, para que veas...

Sí, de toda la vida (risas).

Sí, en el canal 8, en Radio Caracas, en todas partes.

Miren, ustedes se están enterando conmigo parte de mi historia familiar (risas). Qué increíble porque este es un programa que se trata de los sueños,

del éxito, y que un muchacho de 17 años haga su primera entrevista, justamente, al Gobernador de Caracas, eso es comenzar con buen pie. Cuéntanos más sobre cómo se fue forjando su carrera ese muchacho de 17 años.

Bueno, una de mis primeras experiencias en televisión fue ser el locutor de cabina del canal 8. Después hice *A Puerta Cerrada* en Radio Caracas y eso nos abrió las puertas hacia los productores independientes y monté lo mismo, pero con el nombre *En Confianza*, que se quedaron con el programa y se lo robaron, pero no importa (risas de ambos).

Cuéntame en qué momento comenzó tu sueño, Nelson, de ser periodista, de trabajar con la verdad, de investigar...

Yo creo que todo eso ha venido con el paso del tiempo, pero yo sentí que, de muchacho, me fascinaba todo lo que era la información. Yo tenía una abuela, la mamá de mi papá, que me enseñó a leer con la columna de Abelardo Raidi en *El Nacional*. Yo los jueves iba para su casa, en San Bernardino, y ella me ponía a leer la columna, terminé siendo uno de los mejores amigos de Abelardo. Entonces allí me entusiasmó mucho, empecé a leer material de periodistas en inglés, de la relación de periodistas con el poder de la información y, poco a poco, se fue dando. Cuando yo estudiaba en La Salle, un cura me hizo una prueba vocacional para estudiar Arquitectura, que era donde estaba pre inscrito y me dijo: "no, pero la escuela de Periodismo va a abrir y puedes entrar sin bachillerato". La escuela de Periodismo era de humanidades, entonces yo hice 5to. de Ciencias y 1er. año de Periodismo, por eso salí tan carricito.

Con razón, yo decía bueno "habrá salido de bachillerato entonces como a los 12 años de edad, si a los 17 ya era Periodista". Y ¿en algún momento sí quisiste estudiar Arquitectura u otra cosa?

No, no, ya yo me había pre inscrito y me fascinaba la arquitectura paisajista, y con el test vocacional me dijeron: "mira, tú sí eres bueno para Periodista chico y la escuela de Periodismo se está abriendo" y entré sin ser bachiller.

¿Tú crees que ese consejo, esa prueba vocacional, te cambió la vida?

Sí, claro que sí. En mi casa, mi padre me había dicho: "Tienes que estudiar Arquitectura, ¿cómo vas a estudiar Periodismo?", años más tarde me ofrecieron un trabajo distinto al Periodismo y me dijo: "¿y te vas a salir del Periodismo?". Así que bueno, hicimos las pases (riendo).

Las vueltas que da la vida... Nelson, tu carrera ha sido de muchos éxitos, libros, televisión, radio, hay de todo.

Bueno, empecé en el 62 con Radio Aeropuerto y en el 63 en Venevisión, ya llevo 53 años trabajando, pero empecé en Venevisión y allí estuve por 49 años.

Pero cuando dices en el 63, seguías siendo un muchacho porque ya tenías 18 años de edad.

Beca de Periodismo por la Casa Blanca.

Exacto, entre 17 y 18 años. Entré como reportero, primero manejé las informaciones de prensa que hacía el canal con Óscar Yanes, que era mi maestro en la Escuela de Periodismo, entonces me llevó a Venevisión y me puso como reportero. Después, fui reportero en la calle del canal y mi primera entrevista fue a una famosa mujer del monokini, porque a Óscar le gustaba todo aquel amarillismo, entonces era una mujer que no usaba nada adelante y la entrevistamos de espalda. La segunda entrevista fue a Geraldine Chaplin, que era la novia de Carlos Saura, el director de cine. En plena entrevista dijo, con su súper acento de España: "quiero hazzzer pizzz" (imitando el acento) y entonces fue una sorpresa que alguien dijera que iba al baño en cámara, bueno esa fue mi segunda entrevista (risas de Nelson). Luego de Venevisión, me fui a Estados Unidos, conseguí una beca para estudiar que me dio la Casa Blanca.

Qué maravilla, cuéntanos más.

Lo cuento porque tengo la foto, tantas cosas que me han pasado que gracias a Dios tengo la foto y mi esposa, Bolivia, se dedicó también a compilar las fotos, porque hay muchas cosas que uno cuenta y la gente dice "oye, pero este es un inventor".

Me mandó Venevisión a la conferencia de Presidentes de Punta del Este, en el año 65. Yo estaba en la campaña electoral de Johnson y Goldwater, porque nos habían invitado a nueve periodistas de la Católica a cubrir la gira de la campaña presidencial. Lyndon Johnson era el presidente que había sustituido a Kennedy, después de que lo mataron y el otro era Barry Goldwater, que era un hombre de ultra derecha en su momento, una especie del Trump de hoy. Entonces, yo cubrí esa gira y me tocó ir, con el

Presidente Leoni y los ministros, a la conferencia de Punta del Este, y yo de asomado —siempre fui muy asomado— me fui con una tarjetita de Venevisión y me le acerqué al presidente Johnson y le dije: "mire, yo estuve en su campaña electoral, lo acompañé en el bus de la prensa, pero yo ya me estoy graduando, yo quiero que me ayude con una beca para estudiar en los Estados Unidos". A los 3 meses, el Embajador de los Estados Unidos me dijo: "tengo una beca de la Casa Blanca, 30 dólares diarios, te darán comida y hotel", y estudié e hice mi postgrado allá, gracias a eso. Eso fue a los 20 años de edad.

Pero igual seguías siendo un muchachito, pero un muchachito arriesgado que sabía lo que quería, porque fuiste a hablarle al Presidente de los Estados Unidos y le dijiste "yo quiero una beca".

¡Y me la dieron!

¡Y te la dieron! Porque esas son las sorpresas de la vida, cuando uno se arriesga, cuando uno busca.

Cuando uno lo busca y lo quiere, pues, uno lo logra.

Mira dónde está, hoy en día, aquel muchachito de 20 años.

Pero, fíjate, me tocó hacer pasantía en distintas televisoras de Estados Unidos. De hecho, trabajé en Time&Life en Michigan, ellos eran los accionistas del canal 8 y son los que me recomendaron para ir al canal 8 y entro allí cuando aún era un canal privado.

Era CVTV, Cadena Venezolana de Televisión.

Correcto. De allí me vine para Radio Caracas Televisión, luego para Venevisión, donde ya había estado antes, entonces bueno, así ha sido la vuelta.

Viví en Estados Unidos por 9 años, y desde allí hice muchos programas que trasmitía la corresponsal de Nueva York para Venezolana de Televisión. Después empecé en la radio que también tengo todos los años del mundo.

¿Cuánto tiempo tienes en radio?

En la radio desde el año 70, fijo todos los días. Una pila de tiempo, tengo 53 trabajando pero bueno...

¿Y estás satisfecho cuando haces ese balance?

"Siempre he tenido buena intención y buena vibra para hacer las cosas".

Sí, yo estoy satisfecho. Es un balance muy positivo porque creo que siempre he tenido buena intención y buena vibra para hacer las cosas. Además, creo que uno se fija su meta y, si no le hace mal a nadie, si no envidia y si no tiene celos ni odios, chico, el cielo te ayuda.

Quien te escucha, tocayo, pudiera pensar que la vida es fácil, sin tropiezos al regreso, pero hay momentos difíciles, pues la vida es como una montaña rusa de emociones y situaciones. ¿Qué herramientas has utilizado para pasar los momentos difíciles?

Yo siempre he sido un hombre de mucha fe, muy creyente y, además, muy devoto de algunos santos, La Madre Cabrini, San Benito Abad, bueno tantos.

¿Hay una colección por ahí?

Bueno, ahorita para protegerme cargo medallitas aquí. Pero creo que los momentos difíciles los he superado creyendo que las cosas van a salir bien y pidiéndole al cielo, pidiéndole a Dios que me ayude. Me ayudó con el cáncer de Bolivia, que fue una historia de vida importante. Ella está publicando un libro ahorita que se llama *A Sostén Quita´o*, contando su experiencia porque tiene una fundación "Senos Ayuda", para ayudar a las mujeres con cáncer de mama, entonces con la crisis que hay ahorita pues decidió hacer un libro a beneficio de la fundación, para darles como una guía de vida a las mujeres en situaciones como estas.

Y ahí estuviste tú, siempre al lado de ella, bueno toda la familia.

Sí claro, por supuesto, todos. Yo creo que eso es clave también, decirle a la gente —eso lo cuento en mi último libro— que hay que darle todo el apoyo de la familia al enfermo. Me ha tocado superar muchas cosas, me han sacado del trabajo, me han censurado, me he autocensurado y todas esas cosas, pero me he ido sobreponiendo a todas esas vicisitudes y he podido informar todo lo que he querido.

Ahora que mencionas tu libro, *El Poder de los Secretos*, así se titula el programa de hoy.

Ese libro lo hice a dos manos con Diego Arroyo Gil, un periodista muy joven que puso en orden, en cuanto a mi desorden de fechas.

Siempre es bueno que llegue alguien a poner orden ¿verdad?

Sí señor. Mi esposa es muy ordenada y yo desadornado. Conseguí que alguien me ordenara en los tiempos. Inclusive ahora, cuando no me acuerdo de una fecha, llamo a Diego y le digo: "mira, en qué fecha estuve yo en tal parte".

Y en cuanto a la censura que mencionaste antes, también tú has sido muy inteligente con la utilización de las nuevas tecnologías.

Ah sí, siempre he estado al día con eso, me ha gustado siempre.

Estás al día y has marcado tendencia, a través de tu Twitter. ¿En qué momento descubriste que esa herramienta también podía ser muy poderosa a nivel de comunicación?

Eduardo Hauser, quien fue mi jefe y ahora compadre, montó un sistema de información en Estados Unidos y cuando a mí me sacaron de la radio por presiones del gobierno, él me dijo: "tienes que tener Twitter, porque en Egipto metieron preso a un periodista, él denunció por Twitter y llegaron 2000 personas y lo ayudaron".

¿Qué pensaste tú en ese momento? ¿Tú sabías lo que era Twitter?

"El tubazo de mi vida".

Sí, en ese momento apenas sabía lo que era, pero no lo había usado como herramienta ni sabía el potencial que tenía. Claro me tocó después, yo puse más de 5000 tweets sobre el presidente Chávez y su enfermedad, que fue el tubazo de mi vida, pues mi trabajo más importante ha sido descubrir que Chávez tenía cáncer, obligarlo a que lo dijera y luego mantener informado al país de lo que pasó.

Sí, y todo lo hiciste a través de las redes sociales, pero la tendencia es que las redes sociales pertenecen a las nuevas generaciones.

Ah bueno, entonces yo creo que soy de la nueva generación (risas de ambos).

¡Eso es lo que te quería decir!

De la nueva generación del Twitter (risas).

Estamos hablando de los tropiezos y de las puertas que se trancan...

Pero se abrió otra.

Tú te reinventaste. Tú buscaste cómo abrir la otra puerta.

Es que yo creo que me he reinventado muchas veces en la vida, a lo mejor sin pensarlo tanto. De la radio a la televisión, de la televisión al exterior, del exterior a la televisión otra vez, empezar otros programas, hacer otra cosa... bueno y, poco a poco, yo creo que manteniéndome al día, precisamente, por esa reinvención, esa es la palabra que me ha servido mucho, ahora que la dijiste.

Esta es la pregunta que le hago a todos nuestros invitados ya de cierre. En esta Venezuela, ¿los sueños se pueden hacer realidad?

El sueño de una Venezuela es lucirse para hacerlo realidad. Yo digo que sí, más ahora porque ahora hay más deseos de sueños, hay más deseos de soñar en un país mejor, en un país que podamos convivir, una vez más, todos juntos; un país que salga adelante, donde no se tengan que ir nuestros hijos, nuestros nietos, donde nuestros amigos no tengan que estar en una diáspora por el mundo entero. Este país tiene futuro, tiene chance, tiene posibilidades, después que lo han dejado en la carraplana, porque se han robado los reales o lo que fuera, ahora podemos nosotros salir adelante. Yo creo que sí, yo sí tengo mucha fe en mi país, yo no me quiero ir, no me quise ir, viví fuera y volví, me reinventé para seguir siendo venezolano.

Así es, Nelson, muchísimas gracias.

Gracias, gracias a ti.

Muchísimas gracias por acompañarnos, porque de eso, justamente, trata el programa, de una persona como tú que nos motiva a seguir luchando.

Así es, tú también eres un gran motivador. Ya me dijeron en la Católica que había sido exitosísima tu charla y los jóvenes que fueron, de los cuales hay dos Periodistas amigos míos, salieron emocionados y me dijeron: "no, yo no me voy de aquí".

Ah no, sigue hablando entonces (risas).

Ah, eso está bueno ¿viste? ¡Así es que es!

Muchísimas gracias, de verdad.

¡Suerte, gracias y saludos!

Juan Carlos García

"Lo que quiero para Venezuela es que volvamos a ser el país unido que siempre hemos sido, donde no importe el partido político, que sea como ser del Caracas o del Magallanes, simplemente una rivalidad".

Nelson: ¡Hoy en *Gente que Motiva* damos la bienvenida a Juan Carlos García!

Juan Carlos: Muchísimas gracias, encantado de estar aquí.

Gracias por acompañarnos, aparte, nos conocemos desde hace mucho tiempo, y tú puedes chalequearme en cámara, así que tranquilo.

Así es (carcajadas de ambos).

Te lo voy a poner de bombita.

No, pero voy a empezar bien. Cuando yo tenía cinco años, que ya tú hacías de todo, ya tenías como treinta años en la televisión tú... (risas de ambos). De verdad, me encanta estar aquí porque sé lo que has luchado tú por llevarle sueños a los demás y el hecho de que tengas este programa, a mí de verdad me llena de orgullo, porque sé lo que has luchado junto a varios de tus amigos para consolidar todo esto, tu canal, tu programa, por eso es un privilegio estar aquí contigo, contando historias.

Muchísimas gracias, bueno y hoy nos toca conocer un poco más de tu historia, y hablando de los sueños, ¿los sueños se pueden hacer realidad?

Totalmente, que yo pueda estar aquí hoy es un sueño porque, a lo largo de mi vida, tuve que dar mucho, tuve muchas piedras en el camino que tuve que saltar y tratar de sortear para alcanzar mi sueño, aunque en ese momento no sabía cuál era.

¿Dónde comenzó el sueño entonces? ¿Cuál era el sueño inicial? ¿Era estar en televisión?

Grandes Ligas.

No, no, para nada, era ser pelotero. Mi gran sueño era ser grandes ligas, fui a varios nacionales de chamo, a mí me entrenaban Leo Chacón, uno de los grandes ligas más grandes que ha dado este país y Rolando Petit, pero justo cuando estaba llegando de un nacional de junior, con 16-17 años, tuve un accidente y me fracturé cubito y radio del brazo de lanzar, me metieron dos clavos. Entonces allí, ya se me vino abajo el gran sueño de mi vida, porque nadie te va a firmar con dos clavos en la mano de lanzar y menos si eres pitcher, tendrías muchos impedimentos, una recuperación, si no, ese brazo a largo plazo representaría una mala inversión... y todo eso. Justo cuando estoy en el hospital, me llama Rolando para decirme que tenía una invitación de la escuela de “Los Astros” para hacer unos *tryouts* y, bueno, yo creo que mi papá lloró más que yo en ese momento estando en la clínica, antes de que me operaran.

Pero como he sido siempre en la vida, cuando se te cae un sueño hay que buscar otro, hay que levantarse. Como dicen por allí “lo que no te mata, te fortalece”, y a mí ese momento me sirvió para fortalecerme más e ir tras otro sueño, buscar otro que me motivara a seguir adelante, que me levantara todos los días y fuera mi norte.

¿Y qué descubriste allí? Porque ante tantas preguntas en la vida, ante esa puerta que se te había cerrado por un golpe muy duro, ¿cuál fue tu respuesta inicial?

Mi respuesta inicial fue irme de vacaciones, venía agosto y me fui con mi yeso en el brazo, y como soy yo, mucha playa, mar. Traté de oxigenarme durante dos meses seguidos en la playa, con mi familia, mi mamá, mi papá, ellos sabían lo que significaba eso para mí, pero bueno traté de pasarme ese suiche rápido, no quedarme pegado en eso porque me haría mucho daño y quería empezar a rodar de nuevo.

¿En qué momento vino esa nueva idea, ese otro nuevo sueño que ibas a empezar a perseguir?

Bueno, empecé a estudiar Ingeniería Mecánica porque me gustan las matemáticas, pero al final no era lo mío. Por unos años estuve perdido estudiando algo, pero no era lo que me motivaba, no era lo que quería hacer y, en ese transcurso pues, ehhh viene un niño, mi hijo.

Gabriel.

"Mi hijo fue mi principal motivación".

Sí, Gabriel. Mi hijo fue mi principal motivación, eso fue lo siguiente que me llevó a buscar, rápidamente, cuál era mi sueño, aunque en ese momento ya lo sabía, pero no me atrevía a dar el paso.

¿Cuál era ese paso?

Era ser actor, el mundo de la televisión siempre me ha encantado, yo fui novelero desde chamito.

¿Y por qué no te atrevías a dar el paso?

Por miedos míos y miedos que te meten en la cabeza. Miedo de lo que pensarían mi papá y mi mamá, miedo de que no fuera una carrera porque, desde que eres chamo, te dicen que esa carrera no da plata, no es sólida pues, no te crea una estabilidad; que es un medio muy corrupto, o sea, mil cosas que escuchas del medio que, en ese momento, me dio cosa porque yo en el modelaje sí estaba consolidado para esa época.

¿Tú venías haciendo comerciales?

Sí, muchísimos comerciales.

Yo recuerdo que cuando tú y yo nos conocimos, tú estabas en modelaje, pero también estabas trabajando en otro tipo de cosas, que no tenían que ver con el modelaje.

Es correcto, el modelaje me permitía estudiar, si no quería hacer comerciales no hacía los casting y me dedicaba a mi carrera de Ingeniería, sin embargo, los comerciales me permitieron disfrutar mucho, viajar, ganar buena plata.

Pero no estable tampoco.

No era estable y cuando me llega la responsabilidad de ser papá, fue cuando empecé a trabajar en una empresa de telefonía celular y empecé como vendedor. Después de haber sido un gran modelo en este país, de haber disfrutado tanto, me tocaba, con mayor humildad, empezar de cero, empezar con algo estable, pararme todos los días temprano para llegar a una oficina, reportar al jefe, salir a patear todo el centro de Caracas, buscando quién te comprara un celular en esa época y, bueno, yo no creo en las casualidades sino en las causalidades y mi oficina quedaba justo al frente de Radio Caracas, en el centro (risas de Nelson).

Resulta que yo, antes de cruzar la calle hacia mi oficina, me paraba frente a RCTV y decía "algún día voy a cruzar hacia allá y no hacia allá" (señalando en ambas direcciones). Era difícil saber que tu sueño estaba allí, pero que tu trabajo quedaba al lado ¿no? Y un día me cansé de tratar de hacer feliz a los demás, entendí que tenía que ser feliz primero yo para poder hacer feliz a mi hijo y a mi familia. Entonces, un día me atreví y aproveché que tenía a una gran amiga allí que era Desideria D´Caro, agarré mi portafolio de modelo que tenía mucho polvo, le quité todo ese polvo, me lo puse debajo del brazo y le dije a Desideria: "¿tú me puedes presentar a alguien en Radio Caracas, con quien yo pueda hablar, y que me diga dónde puedo estudiar actuación?" y fue allí cuando me llevó a la oficina de María Eugenia Marrero y le dije: "mira, yo no sé actuar, yo he sido modelo, he trabajado muchos años en una empresa de telefonía, aquí está mi fotografía, quiero aprender, quiero estudiar", y me dijo: "déjame las fotos y espera nuestra llamada".

"No nos llame, nosotros te llamamos" (risas de ambos).

¡Exacto! Eso mismo pensé y, al día siguiente, recibo la llamada, me dicen que me iban a becar en la escuela de Radio Caracas, que eso para mí era lo máximo, porque los más grandes actores de este país han salido de Radio Caracas y han estudiado en la escuela de arte y cine de RCTV.

Y empezar a caminar en pro de mis sueños, hacia donde quería ir, yo decía "gracias Dios porque me estás permitiendo empezar un camino a los 29 años", y con un hijo que era mi motivación mayor. Desde ese momento que recibí la llamada yo sabía que ya estaba allí y que iba a empezar a ser feliz, todos los días me paraba para ir a clases, con ganas de llegar, era el primero en llegar y el último en irme, preguntaba todo en clases y, bueno, allí empezó todo.

¿Recuerdas ese momento cuando en vez de ir a la oficina de ventas de celulares, ya cruzaste para ir a Radio Caracas? ¿Dijiste "lo estoy logrando"?

"Jamás voy a olvidar a mi Radio Caracas".

Sí, totalmente. Es que nunca se me va olvidar. Yo puedo ir a miles de canales de televisión, Nelson, puedo trabajar con Venevisión, Televisa, Telemundo, con quien sea, pero jamás voy a olvidar a mi Radio Caracas. Allí fue mi primera oportunidad, fue donde comenzó todo, allí comenzó mi sueño, y nunca debemos olvidar dónde comenzamos, porque de allí venimos, de allí vengo yo y esa fue mi mayor motivación, esa primera entrada a la puerta de RCTV.

Además, esa entrada para mí no fue como la de alguien que va a buscar trabajo, sino como alguien que va a buscar una puerta y siempre estaré agradecido de ese momento.

Y a ti que te gusta tanto el deporte, cuando te pones la camiseta, la franela del equipo, ¿ya se siente diferente verdad?

¡Totalmente!

Ya vas a empezar a jugar para el equipo, así sea de banca principal para comenzar ¿no?

Primera Telenovela.

Sí, total. De hecho, yo estaba estudiando y me llaman para decirme: "mira, surgió la oportunidad de que hagas un personaje que entra ahorita terminando la novela, en *Mariú*". Eso fue en el año 99, entonces era un abogado que iba a sacar a Danielita Alvarado de la cárcel y hacía un triángulo con Crisol Carabal y Vicente Tepedino, entonces yo decía: "¿de verdad? ¿Ustedes quieren que yo haga eso?".

Entonces, en mis primeras escenas con Danielita, imagínate tú, Danielita Alvarado, Crisol Carabal y Vicente Tepedino, con grandes actores, yo no me lo podía creer, estar en el set de grabación. Le daba gracias a Dios porque era lo máximo que me podía pasar. Y de verdad, tú sabes cuando tú tienes un nudo en la garganta, bueno así me sentía ese primer día de grabación, que si me preguntaban "¿cómo te sientes?" me ponía a llorar, menos mal que no... uno de los actores, no recuerdo el nombre ahora, me dijo:

– Bienvenido— y me da la mano.

— ¡Gracias!

— Muchacho, ya estás helado.

—Sí, es que estoy muy nervioso.

— ¡No vale, relájate!

Y bueno allí, allí empezó todo.

Juanca, cuando la gente te ve, piensa que tú naciste en el éxito y desconoce tus dudas, tus momentos, tus cambios, el sufrimiento de no convertirte en pitcher de las grandes ligas, sin embargo, sabemos que todo eso se dio así para que hoy pudieras ser uno de los grandes actores de Venezuela y Latinoamérica.

Sí, así es. Yo antes de llegar a esto, trabajé en tiendas de ropa, viajaba a Estados Unidos como hacía mucha gente que compraba y vendía ropa, o sea, yo trabajé en muchísimas cosas, de bartender, en discotecas, en restaurantes, hasta que encontré lo que de verdad me motivaba y me hacía seguir. Por eso, hoy en día, yo estoy feliz con lo que estoy haciendo.

Después de que te dieron la bienvenida en la primera novela y que tú estabas asustado, ¿qué pasó? ¿En qué momento pensaste "ahora sí pertenezco a esto"?

Bueno, sí, grabé un mes. Fue una participación especial, pero me encantó, luego empiezan a armar elenco para *Angélica Pecado* y me dan la oportunidad de ser parte. Mi primera escena era de un masajista y era con Hilda Abrahamz, o sea, "Maniña Yerichana". A mí me habían pedido que, como las cámaras estaban de lado, que si me podía quitar el interior para que se me viera el torso realmente desnudo, y yo acepté, todo lo que a mí me decían, yo respondía "sí señor, sí señor". Y cuando Hilda entra de frente, ella no sabía y me dice "¿muchacho, qué haces tú desnudo?" (risas de ambos). "Ay disculpe (tapándose), fue el director que me dijo", pero bueno, son anécdotas, anécdotas sabrosas y que disfruté mucho. Luego me vino mi primer antagónico que fue en *Carísima*.

Que ya eso era empezar a jugar en grandes ligas.

Sí, porque era el antagonista de Carlos Montilla, ¡imagínate tú!

Alguien que tú admirabas desde hace mucho tiempo.

Muchísimo. Mi mamá me disfrazaba de Carlos Montilla cuando yo tenía cinco años (risas de ambos). Luego me viene el primer protagónico, que fue *La Mujer de Judas*, junto a Chantal. Ya allí yo decía "pellízquenme porque yo estoy soñando, estoy protagonizando", ¿sabes? Desde la humildad agradecido con Dios, con la vida, con todo lo que estaba pasando en ese momento. Yo te podía decir que yo era uno de los tipos más felices del mundo, en ese momento de mi vida.

Sabor agridulce.

Después me vino *La Invasora*, que fue un sabor agridulce, porque era mi segundo protagónico pero se estaba yendo mi mamá. Fue un momento dificilísimo, donde debí hacer de tripas corazón y dar lo mejor de mí, porque comenzaba un proyecto nuevo... (se quiebra) mi mamá disfrutaba mi carrera al máximo, como buena andaluza tenía mucho arte y ella era mi fan número uno, era quien disfrutaba todo lo que estaba haciendo, se reía conmigo, y ese momento fue muy difícil, perderla justo cuando estaba empezando a despegar mi carrera, cuando estaba empezando a cumplir mis sueños, y yo quería que ella fuera parte ¿no? Pero fíjate tú lo que son las cosas, a ella la habían enterrado en el Cementerio de Nichos de Manzanares, en la iglesia, y mi primera escena en la novela fue en el quiosco de Manzanares frente a ella, frente a la iglesia.

Guaoooo, entonces ella te estaba viendo.

Para mí fue algo muy bonito, fue como decir "quédate tranquilo que aquí estoy, siempre te voy a proteger, siempre te voy a cuidar" y así lo tomé.

Me habían dado cinco días libre, y yo les dije: "no, no, no, yo no necesito días libres, yo necesito trabajar" y, desde ese momento, me pasé un suiche, supe que ella estaba allí y nada, había que seguir adelante, Nelson. La vida está hecha de tropiezos y uno no se puede quedar en el piso, siempre que te tumben, levántate y sigue, busca tu norte que hacia allá es que tienes que ir.

Tú eres motivación, tu ejemplo es motivación para muchos. Yo digo que nuestro reto, en nuestro país, es que todos juguemos en un solo equipo como la Vinotinto.

Así es, así es.

¿Cuál es tu sueño para Venezuela?

Mi sueño para Venezuela es que logremos ser el país que siempre hemos sido, o sea, este nunca ha sido un país que separa a la gente, todo lo contrario, este siempre ha sido un país que recibe inmigrantes, no que despide a los hijos, así ha sido, así recibió a mi papá y mi mamá, y de allí vengo yo. Sin embargo, yo tuve que despedir a mi hijo, y no es lo que quiero yo, todo lo contrario, lo que quiero para Venezuela es que volvamos a ser el país unido que siempre hemos sido, donde no importe el partido político, que sea como ser del Caracas o del Magallanes, simplemente una rivalidad.

Momentánea...

Sí, jocosa, momentánea, de chalequearnos, de disfrutar más bien ¿no? Y no como es ahora, que es de odio, lamentablemente.

Y está en nosotros también, como te decía con el ejemplo de la Vinotinto, aprender a jugar en equipo.

Así es, todos poner un granito de arena, el cambio comienza con uno mismo primero, de adentro hacia fuera.

Y tú eres ejemplo de que cuando se lucha, se trabaja, más allá de las dificultades de la vida, los sueños se pueden hacer realidad.

Sí, eso mismo.

Eres ejemplo de eso y de que nunca hay edad para cumplir los sueños. Yo creo que uno tiene que estar motivado todo el tiempo a cumplir sueños y nunca

dejar de soñar. Siempre les digo a las personas que me piden consejos, que no dejen de soñar, que si tienen un sueño traten de alcanzarlo, si ese sueño se cae que busquen otro, pero siempre deben estar buscando sueños.

Agradezco tu invitación porque le permite a la gente conocer un poco más sobre el Juan Carlos García persona, no el personaje que ven en las novelas; ver las cosas que me han pasado, las cosas que he sufrido y los sueños que he alcanzado. ¡Felicitaciones por este programa que tienes, qué éxito!

¡Gracias a ti, muchísimas gracias!

No vale a ti.

Qué gusto verte, ver tu éxito pero siempre con esa humildad que te caracteriza.

¡Muchas gracias!

Osman Aray

"Si no es por la puerta, es por la ventana, pero algo positivo siempre puede pasar si tú lo decides y si tú así lo quieres".

Nelson: Hoy en *Gente que Motiva* quiero dar la bienvenida a Osman Aray.

Osman: Nelson, un gran honor estar contigo, te admiro mucho y creo que toda la televisión en Venezuela y en Latinoamérica te tienen como una referencia pues, por una trayectoria impecable, por una carrera valiosa y, bueno, me gusta que ahora seas un gran motivador, que siempre lo has sido.

Muchísimas gracias y qué bueno tenerte aquí en el programa porque, aparte, tu carrera también es una carrera que motiva, justamente. Todo comienza con un sueño ¿no?

Sí, bueno, mi sueño... yo realmente tengo un cuento bastante particular, que tiene que ver mucho con Radio Caracas Televisión. Yo estudiaba en la Florida y hacía las tareas en La Campiña, porque mi mejor amiga vivía al frente del Teatro La Campiña.

De la puerta por donde entrábamos todos.

Estudio 92.

Tal cual. Entonces, en aquella época, se estaba desarrollando *Estudio 92*, que era un programa animado por Carolina Perpetuo y Enrique Ibáñez, imagínate tú, y ese programa causó sensación en los jóvenes que teníamos, más o menos, 11-12 años, porque a nosotros no nos dejaban ir a fiestas, no nos dejaban ir a discotecas ni nada por el estilo, pero a mí me encantaba la música y bailar, entonces...

Pero perdón, para explicar brevemente de qué trataba el programa, cuéntalo aquí.

El programa era como una gran discoteca y, en esa época, fue cuando se impuso la changa y, bueno, todo el mundo demostraba quién bailaba mejor, se hacían competencias, era un gran programa, además era vespertino, súper juvenil.

¿Y en qué año era?

En el 92, por eso se llamaba "Estudio 92". Entonces a mí me encantaba, yo tenía por ahí como 11 años, tampoco es que se van a poner a sacar cuentas.

Ya lo estamos haciendo (risas).

Entonces, una vez que terminamos la tarea rápido, nosotros dijimos "¿oye y esa cola ahí? ¿Qué te parece si nos metemos a ver qué pasa?". Evidentemente, hacíamos las tareas solos, no teníamos padres que nos vigilaran y nos hemos metido en la cola. Un productor nos preguntó si sabíamos bailar salsa, merengue o changa, y dijimos que sí y nos metieron (risas). Carolina Perpetuo todavía me saca eso, nos han metido a bailar y bueno fue muy divertido para mí, fue como entrar en un universo de cámaras, de luces, de color, de mucha gente bailando, el ruido ensordecedor de la música, los productores, los directores... entonces yo, de verdad, firmemente entendí que yo tenía que pertenecer a ese lugar pues, ahí me cayó la locha. Pero me costó mucho convencer a mi papá.

Eso fue lo que me inspiró. Entonces, te puedes imaginar en el colegio, yo tenía los grandes cuentos, la gente me hacía rueda de pescado para que yo les contara cómo había sido mi experiencia y todo fue súper significativo.

"Osman, yo tengo la planilla para las pasantías en Radio Caracas Televisión".

Mi padre, que lo quiero muchísimo y siempre me apoyó, al principio no entendía mucho, él es Administrador Comercial y quería que yo fuese Contador o Administrador Comercial como él, pensaba en función de mi futuro, en qué tenía más campo, etc. De hecho yo le decía "imprímeme los pensum de las universidades" y me imprimía los de todas las carreras menos Comunicación Social que era lo que quería de verdad. Me hacía como una trampita hasta que, igualmente, gracias a una amiga, fui a hacer la prueba de aptitud a la Católica, que no quedé allí sino en la Universidad Central, con mucho orgullo. Además me gradué con 20, entonces fue maravilloso porque, paradójicamente, esa misma amiga me dice: "Osman, yo tengo la planilla para las pasantías en Radio Caracas Televisión", ella se había traído una planilla de más, yo la llené y como iba a llevar la suya, le dije: "chama, lleva la mía también".

No, pero ya va, la vida te estaba llevando hacia allá...

Bueno, tal cual. Comenzamos esas pasantías, después hice pasantías en el otro canal — que todo el mundo sabe que fue Venevisión—, donde realmente desarrollé como que toda mi carrera.

Pero espérate, espérate, no te adelantes porque a veces cuando corremos en este cuento perdemos cosas. ¿Recuerdas el primer día que entraste? ¿Te llamaron?

Sí, me llaman a la casa, de hecho atendió mi mamá y me dijo: "Te llaman de Radio Caracas". Fue una gran emoción.

¿Qué fue lo primero que tuviste que hacer como pasante en un canal de televisión? Porque fíjate qué importante, hoy en día la gente te ve frente a pantalla, después del éxito que tuviste en Venevisión, ahora el éxito aquí en Televen, pero no se imaginan que tú fuiste pasante. ¿Qué significa ser pasante?

Y fui pasante, además, por mucho tiempo. Bueno, la pasantía es un periodo de ardua preparación para poder aplicar a un cargo. Yo entré en un departamento en Radio Caracas que se llamaba "Centro de Acopio de Información a la Producción" pero era un departamento fastidiosísimo porque era puro archivar. Además, no había tecnología como hoy en día, entonces yo tenía que llenar carpetas para todo y aprender sobre términos y logística de grabación y televisión.

Yo sentía que no podía, evidentemente, yo era un muchacho muy, muy joven pero, claro, al final todos hemos pasado por un departamento como ese, así son los inicios. Lo bueno es que todo el mundo fue solidario conmigo.

Hay una parte comiquísima. Tú sabes que, además, yo era tan inmaduro que no quise hacer más la pasantía.

¿Por qué?

Porque no quería, claro, yo hice mi pasantía en el tiempo debido, pero entonces me iban a dar como una extensión y no quise seguir. Yo era el único que trabajaba en mi grupo de la universidad y todos mis panas salían a rumbear, se iban para la playa, esas cosas universitarias, y yo sentía que estaba fuera de onda, menos mal que recapacité enseguida, busqué papeles en el otro canal y bueno entré en un gran programa que fue "24 Horas con Napoleón Bravo", que me dejó una experiencia increíble, sobre todo, conocer la información, ese género periodístico, trabajar en un matutino a las 6 de la mañana, además en vivo, en verdad fue todo muy enriquecedor.

¿A qué hora tenías que llegar? ¿Como a las 3 o 4 am?

Bueno, no solamente era que llegaba a las 4 o 5 am, sino que la dinámica en este país es que las noticias varían en un segundo, todos sabemos que así es en Venezuela. Entonces, por ejemplo, nosotros teníamos un programa armado de un tema en particular, todo listo para el día siguiente, y ocurría algo en La Asamblea, cualquier situación y todo tenía que cambiar.

¿Pero estabas detrás de cámara? ¿Eras productor?

No, estaba como asistente y formaba a los otros asistentes porque había tanto trabajo y yo le tenía pánico a entrar de lleno en todo ese terreno, asumir como la formalidad de un cargo, pero luego me tocó, ya no tenía más escapatoria y fui asistente, co-productor y productor.

Estás hablando de éxito, de crecimiento a nivel de carrera pero ¿en qué momento crees tú que llegó

ese orgullo de saber que estabas logrando hacer realidad tu sueño? Ese orgullo de "estoy donde quiero estar, estoy montado en mi sueño".

"Ese orgullo vino cuando tuve foco".

Bueno te cuento, ese orgullo vino cuando tuve foco. Yo pienso que si hay un consejo que puedo dar es tener foco, tener decisión, determinación, estar concentrado, no mirar a los lados y eso me ocurrió cuando me agobié un poco de esa realidad noticiosa.

Miren lo que me pasó, que fue cuando puse en práctica lo del foco. En el mundial "Francia 98", Jesús Marín, un gran amigo mío, era el único que hablaba francés en Venevisión y lo mandan a Francia con el equipo a cubrir el mundial, entonces queda una vacante en el departamento de deportes, te puedes imaginar, era la única vacante que tenían y me han mandado a mí a hacer deportes (risas en el estudio).

Bueno fue un desastre, un desastre. Realmente no me hallaba y llega un productor y me dice: "¿por qué tú no escribes para espectáculos? Yo te voy a presentar a Albani Lozada", y allí con Albani fue como un click inmediato, de esas cosas mágicas que ocurren. Hoy en día, es una de mis grandes hermanas de la televisión, hicimos un montón de cosas, yo llegué a ir con Albani a una alfombra roja en Londres donde desfiló Madonna y la Reina de Inglaterra y yo no lo podía creer, es muy difícil, o sea, era muy impactante.

¿Lo habías imaginado siquiera?

No, para nada. Tuve grandes responsabilidades desde muy joven y comencé muy joven en esto, creo que también eso me ha ayudado, porque me formé siendo muy pequeño y he tenido la suerte de estar con gente muy profesional, entonces aprendes a valorar el trabajo del otro y no intentas pasar por arriba, intentas dar la mano y seguir juntos.

¿Y entonces en qué momento te diste cuenta de que estabas ya montado en ese sueño?

Cronista de espectáculos.

Bueno, poco a poco, me fueron haciendo algunas pruebas. La gente me decía que yo era un muy buen conversador, que era una persona que podía desarrollarme en la locución, me formé, estudié muchísimo y me convertí en locutor. Después, cuando ya tuve la solidez necesaria — porque estar frente a cámara intimida muchísimo— fue que comencé a imponer mi personalidad, que es algo que nadie te puede tapar. Cuando tú eres seguro y ya superaste barreras, te has formado, eres un muchacho aplomado, llegas temprano, haces tu trabajo, bueno después te sueltas y te das cuenta de que tienes una personalidad televisiva, te empiezas a identificar con algunas personalidades, con otras personas no tanto, pero entiendes y asumes un camino. En mi caso, yo asumí mi camino de convertirme en un periodista de espectáculos, formado para tener la misma capacidad de competir con cualquier cronista de espectáculos en el mundo entero y lo digo con mucha vehemencia, no con jactancia porque, de verdad, he estado en muchísimas alfombras rojas, he logrado hablar en idiomas con diferentes personalidades, he tenido que analizar informaciones para que el público, Venezuela, las vea, las lea y las comprenda, y eso amerita un criterio de tu parte, si no estás preparado no puedes formar parte de esto y yo, con mucho orgullo, te digo yo me formé bien.

Esa es parte esencial del éxito, la formación. Pero el muchacho que fue al Teatro La Campiña y, de repente, entró casi coleado a bailar, comenzó a soñar con la televisión y, hoy en día, es una personalidad y es una figura respetada dentro de los medios de comunicación en Venezuela.

Como todo en la vida, ha habido momentos difíciles, ¿recuerdas alguno?

"Yo respeto los concursos de belleza, pero yo no encajo en ese patrón".

Claro, hay dos momentos, uno en lo personal y uno en lo profesional que te voy a comentar:

En el profesional fue que a mí me tocó, realmente, vivir la sombra, el fantasma de no ser el tipo más lindo, de no ser un muchacho que salió de un concurso de belleza. Yo respeto los concursos de belleza, pero yo no encajo en ese patrón y eso es duro cuando entras en un negocio donde la imagen cuenta muchísimo. Hay gente que es noble, hay gente que es grata, educada, discreta y hay gente que no, y tuve muchos momentos de introspección y de pensar "¿será que sigo en esto? Pero es que él es más alto que yo, él entrena más que yo, está más flaco que yo, es más lindo que yo" hasta que dije "de aquí no me saca nadie, porque ni él ni nadie es mejor que yo, porque tengo la capacidad y el conocimiento".

¡Qué bien!

Y no me importó más, no me importó si mi corte de cabello les gustaba o no, simplemente fui yo, con mi personalidad y mi criterio, que valoro, que defiendo, que protejo.

El otro momento dificilísimo fue en lo familiar. Mi madre fue paciente renal, tuvo una insuficiencia en su riñón, estuvo tres años haciéndose diálisis y fue un momento muy difícil a nivel familiar, primero porque ocurrió cuando yo estaba en la adolescencia y yo no entendía mucho de qué iba el tema del riñón, hacerte diálisis tres veces a la semana, etc., entonces recuerdo que queríamos programar unas vacaciones largas y mi mamá podía ir solo días nada más. Sin embargo, mi mamá es un motor que me ha motivado mucho y creo que ella es una gran motivadora, una mujer con mucha fuerza...

Tú y tu mamá son muy cercanos, porque tú te la llevas a donde vayas, o sea, tú tienes un espectáculo y van juntos, o tienes un concierto que cubrir y va contigo, hasta a rumbear te la llevas.

Yo siempre bromeo que mi mamá es más famosa que yo, mami te quiero (ambos ríen). Sí, es verdad, pero después de tres años vivimos un momento milagroso, donde ella, incluso, se lo atribuye al Doctor José Gregorio Hernández. Apareció un riñón, una persona que, lamentablemente, tuvo un deceso y sus dos riñones eran óptimos para ser donados. Hay algo increíble en esto, eran dos riñones para dos personas, mi mamá se llama María y el señor que recibió el otro riñón se llama Mario, eran vecinos de cuarto y, bueno, ahí estábamos con María y con Mario, todos como hermandados, batallando para el riñón...

Hoy por hoy, mi mamá tiene una vida completamente normal, lo agradezco muchísimo a Dios, a ella también porque forma parte de su proceso curativo y también le envío mi mensaje de esperanza y afecto a tanta gente que, lamentablemente, en nuestros pueblos latinoamericanos, a veces, sufren para conseguir la atención médica y por lo costoso que es la diálisis, en fin...

Para ti, ¿los sueños se pueden hacer realidad?

Los sueños se pueden hacer realidad porque cada día amanece, tienes todo un día para reflexionar, para replantearte. Siempre que busques respuestas, la misma vida te las va a dar, no puedes tampoco dejarte llevar por algunos elementos externos que te puedan perturbar o cambiar la dirección de la meta. Hay frases motivacionales o principios que todos conocemos, pero muy poca gente aplica.

Si tú tienes una meta, si tienes un sueño, tú lo visualizas, entonces tienes que desarrollar una metodología, una estrategia para alcanzarlo, pase lo que pase, y si no es por la puerta, es por la ventana, pero siempre algo positivo puede pasar si tú lo decides y si tú así lo quieres.

Yo creo que no hay mejor final para este programa, Osman Aray.

¡Ta- táaaannn! (lo hace como si tuviera tocando un piano).

¡Osman gracias por acompañarnos y todo el éxito del mundo para ti y besos a tu mami! Siempre le mando besos a tu mami.

Yo le digo, ella es fan. Gracias a ti por invitarme.

Josemith Bermúdez

"La vida es un sueño que hay que cumplir".

Nelson: Hay personas que nos motivan a cumplir nuestros sueños y a seguir nuestro corazón, hoy recibimos a Josemith Bermúdez. ¡Bienvenida!

Josemith: Gracias, contenta de verte.

¿Por qué estás contenta, a ver?

Porque es como sentirme en familia, con esta gente que uno admira, es rico estar aquí contigo y tenerte otra vez en los hogares de Venezuela.

¡Muchísimas gracias, qué linda, muchísimas gracias! Todo comienza con un sueño, ¿cómo comenzó tu historia?

Mi historia, ¿a qué te refieres exactamente, cuándo empecé a trabajar?

De vida, de vida.

¿De vida? ¡Guaooo!

¿En qué momento soñaste con ser una persona reconocida, querida u odiada, en los medios de comunicación?

Bueno, querida siempre quieres ser, odiada nunca quieres ser, evidentemente eso es así, pero a nivel de televisión yo nunca tuve claro qué era lo que quería hacer. Me encantaban las historias, me encantaba leer, tengo una familia bastante convencional, una familia de ciencias y quizás, para mi mamá, leer poesía era como divagar, no lo comprendía y yo tampoco, yo decía "¿bueno por qué seré tan vaga? ¿Por qué me gusta la poesía? ¿Por qué me gustan las historias?".

¿Poesía era sinónimo de vagancia?

Sí, porque, de repente, a mí me gustaban las novelas y mi mamá me ponía con las matemáticas. Yo quería leer, por ejemplo, *Romeo y Julieta*, y me decía: "por qué quieres leer? No pierdas tu tiempo en eso, enfócate". Ella quería que yo fuese médico.

"Mi vocación no estaba en la Medicina".

¿Y qué pasó en el camino?

Bueno para estudiar Medicina tienes que tener una gran vocación, y no significa que yo sea una mala persona, pero mi vocación no estaba en la Medicina, pero tampoco tenía claro dónde quería estar realmente.

¿En qué momento lo descubriste entonces?

Yo creo que fue cuando entré a RCTV, cuando empecé a estudiar actuación y entendí que había este otro mundo, que no me era tan ajeno porque yo leía novelas todo el tiempo. A los 14 años había leído tantas cosas y, de repente, yo dije "bueno, pero no estoy tan mal ¿no?".

¿Y entonces cómo hacías con esa dualidad en casa?

Era un enfrentamiento porque, además, mi hermana mayor es brillante, es Ingeniero de Sistemas, la otra es Arquitecto, y yo decía: "Ay, yo soy muy *vanilla*", porque quería "perder el tiempo" leyendo, yo no quería hacer nada, yo quería inventarme una historia todos los días, yo quería ser Julieta y mamá quería que yo fuese médico, por ejemplo.

¿Cómo haces cuando quieres hacer realidad tu sueño, pero del otro lado está tu mamá que quiere que hagas realidad sus sueños?

Bueno, yo creo que yo fui sacudiéndome los prejuicios, comprendiéndome a mí misma, o sea, comprendiéndome como persona y respetando cada decisión. Creo que también vino todo como de la mano, no solamente conocí personas maravillosas como Flavio Caballero y Juan Carlos Gardié, por ejemplo, que fueron mis maestros en RCTV.

¿Tu primera oportunidad fue frente a cámara o detrás de cámara?

Yo entré frente a cámara de una.

Ají Picante.

¿Con qué?

Con *Ají Picante*.

Un programa incisivo, provocador...

Sí, sí, muy irreverente.

¿Y entonces qué te dice tu mamá en casa cuando la "Doctora Josemith" nunca se convirtió en doctora sino en una chica irreverente y provocadora de la televisión? (risas de ambos).

Yo creo que mi mamá empieza también a comprender otro mundo, entonces ella dijo: "Bueno, Josemith nació para esto y además me respeta". Sin embargo, al principio me preguntaba: "¿cuándo te vas a dedicar, realmente, a lo que estudiaste?" y yo: "mamá, lo que yo hago es un oficio y requiere, no solamente de un conocimiento, sino de una disciplina, o sea, no estoy jugando, no voy a la televisión a jugar".

¿Qué estudiaste?

En Venezuela estudié Publicidad en el Instituto Nuevas Profesiones y luego estudié Comunicación y Mercadeo en la UCF, University Central of Florida en Orlando.

Seguías entonces en una carrera que nada tenía nada que ver con la ciencia.

Para nada, pero yo creo que mi verdadera universidad comienza en Empresas 1BC en RCTV porque, además, comprendí la vida en otro mundo, en un universo sin prejuicios, porque así es el arte...

¿Y cómo entraste allí? ¿Se hizo un *casting*?

Había una agencia en Las Mercedes, Mariela Centeno, ella me llama y me dice: "oye están buscando una chica así con tu perfil para una publicidad", en ese momento se hacía mucha publicidad en Venezuela para unas toallas sanitarias. Y quedo en el casting para hacer ese comercial en Nueva York y así empecé. Después hice otros comerciales para una marca de champú en Latinoamérica y me llaman de RCTV para ser actriz, pero yo me voy a Estados Unidos a estudiar. Total que cuando regreso me vuelven a llamar y allí es cuando entro en *Ají Picante*.

¡¡Qué tal!!

Sí, y empiezo a estudiar igual actuación. Fue como un largo camino de estudios porque, además, estudié con Héctor Manrique, estudié con cada maestro que me dejó esa curiosidad de comprender el mundo y cómo era realmente.

Y ese otro mundo también es, justamente, de creación, de vivir la vida de otros... que eso es muy complicado y maravilloso.

Es un universo fantástico porque, además, te permite desnudarte completamente.

Esa palabra me gusta y, sobre todo, este programa es para desnudarse, porque la gente te conoce a través de un personaje, permíteme decírtelo así. Yo te veo en pantalla y yo creo que tú tienes un personaje, entonces el reto es que yo pueda ayudarte a desnudar un poco más tu alma, para que te conozcamos a profundidad.

"Suelo decir las cosas sin filtro".

Yo creo que, cuando encienden la cámara, uno empieza a actuar y a verse bien para caerle bien a todo el mundo, pero cuando interpretas algo siempre le imprimes algo tuyo, en mi caso, lo que le imprimo es que yo soy una persona realista y soy dura conmigo misma, soy exigente y cuando tú eres exigente contigo, eres exigente con todo lo que te rodea. Suelo decir las cosas sin filtro y, a veces, en un país como en el que vivimos, no estamos preparados para la crítica. A mí no me gusta humillar a nadie, o sea, no sé si soy compasiva, no me gusta herir a nadie, pero la verdad duele y me gusta decir la verdad, no sé si ayudo o no ayudo, pero digo lo que es.

¿Pero dices lo que es siempre o dices lo que es cuando estás en televisión en tu programa?

Sí, sí, soy, o sea ¿cómo te explico?

¿Qué te mueve? ¿Qué te emociona? ¿Qué te hace sonreír? ¿Qué te hace llorar?

Bueno, a mí me emociona estar en armonía, que todo funcione, que todo baile un vals, me emociona lo bonito.

¿Te gusta la música?

¡Me encanta!

¿Qué te gusta bailar?

Es algo personal (carcajadas de ambos). Me gusta bailar todo.

Dame algo.

Aunque no bailo bien, bailo de todo.

Uno baila bien por dentro ¿verdad?

Yo bailo bien por dentro.

Y ¿qué te gusta?

Me gusta la salsa, me gusta el reggaetón, me gusta el vallenato, ay me gusta de todo, me gusta el jazz, no tengo prejuicios musicales.

¿Y de comer?

Me gusta el aguacate, me gustan las frutas.

Un país como el nuestro donde la arepa manda...

¡Me encanta una arepa!

¿Una arepa de qué?

Una buena arepa con quesito blanco derretido, con mantequilla.

¿Qué te mueve? ¿Qué no te gusta?

Yo soy aventurera y me gusta vivir siempre cosas nuevas. La verdad, no sé si tenga un alma de gitana por allí...

¿Qué fue lo último nuevo que viviste?

Cuando me lancé en paracaídas de un avión.

¿Qué sentiste?

Un vértigo pero ahhhh, sentía que me estaba revolcando en una ola, y yo dije "aquí fue donde morí, pero feliz". Fue muy divina la experiencia porque, además, todo el mundo decía "¿tú te atreves?". Yo tengo un hijo y para todas las personas que somos papás, generalmente, medimos riesgos, antes no, pero ahorita cualquier paso que yo doy, lo doy pensando en él, entonces había pasado algo, una revuelta porque eso fue en Higuerote y la primera vez que lo iba a hacer no pude llegar, entonces la gente empieza a decirte...

Eso es una señal...

Sí, sí, sí, eso es una señal del universo. Pero, bueno, como buena acuariana, o sea, curiosa yo dije "no, yo tengo que lanzarme, esto no puede ser", me bajo y tengo como a ese Pepe Grillo diciéndome todo lo que te dice la gente.

Tienes el Pepe Grillo que te está hablando, tienes el bueno y el malo. El que te dice: "salta, salta, salta" y el otro: "ni se te ocurra".

¡Exactamente! Pero siempre hago lo que me dice el arriesgado.

Al otro te lo sacudes.

Sí, al otro le digo chao... (risas) pero bueno, el tema es que me preguntaban: "¿estás nerviosa?" pero no lo estaba.

¿No estabas nerviosa? ¿De verdad?

"Así que me atreví".

No, para nada. Más bien yo decía "¿cuál es el momento que me voy a poner nerviosa? Quiero sentir nervios". Yo quería sentirme como esa primera vez, como cuando hice mi primera obra de teatro que yo decía "¿qué hago yo metida aquí?". Y así me sentí, justo en aquel momento que nos subimos a la avioneta pensaba "¿será que me voy a lanzar o será que a última hora me voy a echar para atrás?". Pero yo veía que eran puros profesionales que se lanzaban, así que me atreví.

Y vas cayendo, tu instructor te agarra la mano, te da la vuelta, te dice “abre los ojos”, o sea, fue una emoción tan grande sentir ese frío en la cara, ¡yo hasta le pedí matrimonio en el aire! Pero él fue muy inteligente y me dijo que no, que era producto de la emoción. (risas de ambos).

De la adrenalina que se siente allí.

Quiero volver a vivirlo...

Te iba a preguntar eso, si lo vivirías de nuevo, ya sabes los riesgos.

Mi experiencia fue tan buena que me gustaría volver a hacerlo como para comprender, porque todo pasa tan rápido, no sé, yo estoy loca Nelson, no se lo digas a nadie (risas de ambos).

No, no no, creo que se va a enterar casi todo el país viendo el programa y, aparte, afuera también.

La verdad es que estoy loca.

¿Qué otra cosa has hecho que salga a relucir esa valentía? En tu caso, estás frente a pantalla en televisión nacional, estás haciendo realidad ese sueño, tu éxito.

Tener valentía es dejar tu vida privada y hacerla pública porque, de una u otra manera, te vuelves más vulnerable ante los demás por tener un programa en vivo, por estar expuesta todos los días a la televisión nacional. Yo creo que eso es algo solo de valientes y debes mantenerte, además, con cordura ¿no?

¿Y eres vulnerable a los ataques?

"Yo sé quién soy".

No soy vulnerable, ni para la gente que viene a alabarme, ni para la gente que me ataca, ni me crezco, ni me pongo pequeña ante los ataques de las personas, porque yo sé quién soy y, además, tengo algo favorable que es mi familia, ellos me tratan como un familiar más, no soy la chica que trabaja en la televisión, ellos saben que es un trabajo como cualquier otro.

¿Alguna vez tu mamá te ha llamado Doctora, ahora que estás en Televen? (risas de ambos).

No, nunca, nunca. Dra. Jose ¿tú te imaginas yo Médico?

Bueno yo te voy a decir algo, yo quería estudiar Medicina.

¿Ahh sí? ¿Tú sí querías?

Yo creía que quería, sin embargo, la vida me trajo por acá, este es el camino que Diosito me puso porque era el correcto para mí, pero en un momento de la vida yo dije "yo quiero estudiar Medicina", ¿te imaginas? Lo mismo que tu caso.

Cuéntame, ¿cómo mides el éxito?

Esa es una pregunta tan compleja, porque el éxito viene con la capacidad de resolver cada obstáculo, definitivamente, y de mantenerte de pie cada día, ese es el éxito...

Los sueños ¿se pueden hacer realidad?

Todos.

¿Sí?

Sí, sí, la vida es un sueño que hay que cumplir además.

La vida es un sueño que hay que cumplir, no hay mejor despedida que esa. Te agradecemos que nos hayas acompañado hoy en nuestro programa, ¿viste que pasó rapidito?

¡Bellísimo! (risas).

¿Te gustó?

Demasiado bello.

Un poquito diferente ¿no?

Divino, te felicito.

Josemith, muchísimas gracias, la vida es un sueño...

... que hay que cumplir.

La vida es un sueño que hay que cumplir. Será hasta la próxima.

Gustavo Aguado

"El hombre que está lleno de recuerdos nunca está solo, pero el que vive de recuerdos es un pendejo".

Nelson: Hay personas que nos impulsan a seguir, a hacer realidad nuestros sueños y, yo diría, a no decaer para ir tras el éxito, bailando sabroso (risas de ambos). ¡Bienvenido Gustavo!

Gustavo: ¡Qué bueno verte otra vez!

Qué bueno que estás con nosotros y, como dijiste, "en la casita". ¿Y cómo estás?

Muy bien, gracias a Dios y al grupo. Mi proyecto de vida va caminando.

Ha caminado muy bien y durante muchos años. Yo quiero felicitarte, lo hice fuera de cámara, te felicité porque tú eres un artista que ha sabido mantenerse vigente, año tras año, generación, tras generación, y te voy a hacer un regalo si tú me lo permites.

¡Claro!

Hace pocos días tuve la oportunidad de dar una charla en la Universidad de Florida, en Estados Unidos. Al llegar, me busca un muchacho encargado del protocolo y cuando enciende la radio, lo que estaba sonando era *Guaco* en su *play list.*

¡Qué bueno!

Es decir que has marcado generaciones por más de 50 años.

Desde el 62.

"Vengo de una familia musical".

Por eso, y todavía sigues vigente. ¿Cómo comenzó todo esto Gustavo?

Bueno, con un sueño como todo. Vengo de una familia musical. En mi casa siempre había fiestas, mucha música, y yo intuía que iba por allí la cosa, que iba a ser músico porque era lo que me apasionaba aparte del béisbol. Las circunstancias se fueron dando.

¿Quién formó *Guaco*?

Un grupo de amigos, mi hermano, mi hermana y unos amigos de la urbanización Sucre. En ese entonces yo era menor de edad, entonces mi primo, Carlos Clavel, me fue a buscar porque no tenían cantante esa vez, y mi hermano no se quería hacer cargo de mí porque estaba en sus andanzas...

Era un grupo de muchachos cantando gaitas, ¿no?

Sí, cantando gaitas como lo hacían todos en el estado Zulia pues, y allí salió.

Ya va, tu hermano dijo: "de este muchacho no me voy a hacer cargo".

No, pero tuvo que hacerse cargo (risas de ambos). Los grupos de gaitas eran para hacer fiestas, no eran un trabajo sino un disfrute, se hacía música tradicional buscando las costumbres de Maracaibo.

Y entonces Gustavo ¿qué pasó? ¿Quién se encargó de ti? ¿Quién dijo "ahora sí vas a cantar"?

Estaba mi primo y me dejaron allí, entonces yo era el cuatrista y me fui involucrando en la música.

¿Recuerdas cuál fue la primera canción que pudiste interpretar con *Guaco*?

Sí, se llamaba Los Huecos.

¿Qué es eso?

Era una crítica a los huecos.

"La gaita era protestataria".

¿Y recuerdas cómo dice?

(cantando) "... No es justo que siendo el Zulia una
región petrolera, no tenga una carretera sin huecos
y sin zanjones, donde carros y camiones van
directo a la chivera".

Era una gaita tradicional, porque la gaita era protestataria, era un medio de comunicación porque pagaban los anunciantes y nos decían: "hazme una gaita..."

O sea, tenían las emisoras de radio, los canales de televisión y la gaita para hacer publicidad.

Así es.

Y la gaita también era para cuestionar y criticar lo que estaba ocurriendo, sobre todo en esa región del país. ¿Y entonces, Gustavo, qué pasó después en tu vida?

Tocaba y cantaba todas las navidades, pero me fui a estudiar a Colombia, mi mamá no me soportaba y me mandó a estudiar a Colombia (risa de ambos).

¿Por qué no te soportaba tu mamá?

Era muy tremendo, y ella pensó que era oportuno que yo me fuera a estudiar a Colombia y dejar la juntica que tenía, los músicos. Entonces me fui y me enganché allí, vi cosas del folclore en Colombia, luego me regresé y me quedé en *Guaco*.

Inicialmente, Guaco era música tradicional. ¿En qué momento comenzó a cambiar?

En los ochenta comenzamos a hacer la transición a lo que estamos haciendo ahorita.

¿Con qué canciones?

Unas compuestas por un integrante de *Guaco*, que es Carlos Hernández. Él compuso *Pastelero*, *El Cepillao*, *Cigarrito y Café*. ¡Excelente compositor!

Todo comenzó con un sueño, Gustavo.

Sí.

Hablemos de eso ¿pensaste alguna vez que las canciones, que acabas de nombrar, podían convertirse en lo que son hoy para el venezolano?

No, no, te juro que no, no pensé que iba a llegar hasta dónde estamos ahorita, increíble, yo no me lo creo todavía, para mí sigue siendo un sueño.

Un sueño que sigues viviendo y sigues disfrutando. Es más, un sueño que nosotros seguimos disfrutando también.

Tú sabes, Nelson, que los sueños no se cuentan para que se den, cuando se cuentan no se dan, pero cuando te los callas... suceden. En este caso, lo compartimos con todos los amigos de Gustavo Aguado.

¿En qué momento te diste cuenta de que *Guaco* era un sueño mucho más grande que simplemente el Zulia? ¿En qué momento decidieron ustedes hacerse más grandes?

No sé, hace 20 años atrás decidimos venir a la capital, pero todo esto sustentado en una filosofía que tenemos nosotros, yo te la conté: "el hombre que no acaba con los tipos, está escribiendo su propio epitafio", entonces decidimos venirnos para acá porque aquí estaban la televisoras.

Era estrategia también. Si ustedes se hubiesen quedado con el sueño durmiendo en Maracaibo, este sueño, lo que es hoy *Guaco*, no lo estuviésemos disfrutando.

Sería una pesadilla (risas de ambos).

Una pesadilla porque estuvieses a esta edad diciendo "¿qué hubiese pasado si... me hubiese atrevido a convertir este sueño en una gran realidad? Claro, con mucho de sacrificio también.

Sí señor, como todo. Yo no hago alarde de eso, pero como todos los humanos que nacimos para trabajar y bregar. Si te quedas acostado en tu casa estás listo...

¿Cómo es entonces lo que decías?

"Que el hombre que está lleno de recuerdos nunca está solo, pero el que vive de los recuerdos es un pendejo". Eso es de la bisabuela de mi esposa. Y yo lo aplico.

Lo importante es aplicarlo. *Guaco* llega a Caracas, decide ser mucho más grande y decide regalar todo el talento al país, ¿qué pasó con *Guaco* entonces?

"Cigarrito y el Café".

Tuvimos la suerte de llegar a Sonográfica y allí empieza el periplo de Nelson Arrieta, la vinculación que tiene Nelson con Radio Caracas y Sonográfica. Ellos nos firmaron y grabamos *Cigarrito y el Café.*

Guaooo ¿ese fue el primer disco con ellos?

Con ellos sí. Me acuerdo que Karina estaba pegadísima, Kiara, todos vendían 500 – 800 mil discos, y nosotros en un mes tuvimos un récord para la compañía... hablar en primera persona es detestable...

Hoy te toca a ti, ¡vamos Gustavo!

Bueno, los porcentuales de nosotros eran más porque el disco salió a finales de noviembre y fueron como 160 mil copias, porque tuvimos que deslastrarnos de un epíteto que nos pusieron de que *Guaco* era pura gaita.

Exacto.

Sí, entonces tuvimos que romper ese esquema. Hasta ahorita, a veces, no ponen el disco de *Guaco* porque dicen que es gaita.

¿Todavía?

Todavía, todavía. Nosotros tratamos, por todos los medios, de buscar fórmulas para que la gente no nos vinculara más con las gaitas.

Después cambiaron las cosas. Ya que estamos en esto, hay una anécdota que una vez ustedes me pusieron a cantar como si fuera Nelson Arrieta ¿te acuerda de eso?

Pero cómo no me voy a acordar, estabas tú chamaquito y el otro Nelson también.

Exacto, el cantante de ustedes, en ese momento, era Nelson Arrieta.

Entonces hacíamos parodias en la televisión y tú doblando la canción y Nelson escondido, había un parecido bastante notorio.

Es así, tuve la oportunidad de trabajar varias veces con ustedes allá en Radio Caracas. Gustavo, el éxito requiere muchos sacrificios y, muchas veces, las puertas se trancan o no abren las que uno quisiera. ¿En qué oportunidad consideras que las cosas se trancaron? Si es que le pasó a *Guaco.*

Discográficamente sí. Como éramos músicos de avanzada, hay un disco que se llamaaa... no recuerdo pero estaba la canción *Margarita Vice*, ese era un LP, *Long Play*... ¡vé qué molleja, se me cayó la cédula! (risas de ambos).

***Long Play*, acabas de hacer que un poco de chamos ahorita busquen en sus celulares "señor Google ¿qué es *Long Play*?" (Risas de ambos).**

Fue el último disco en pasta, creo, que sacamos con Sonográfica... *Anuncio y Clasificado* se llamaba, pero este disco estaba muy volado, puyamos mucho y no tuvo lo que deseábamos. No sonamos mucho y vino una baja. Y después pa´ arriba otra vez.

Y en ese momento de baja, ¿qué pensaban? ¿Había dudas?

Nos pusimos a reflexionar, había muchas cosas que corregir.

Y a nivel personal, Gustavo, esos bajones de la vida que siempre llegan, o esas cosas no tan positivas que, eventualmente, pasan...

Bueno es una ley de vida, Nelson, pero mi padre y mi madre... yo tuve que trabajar el día que murieron. Primero velamos a mi viejo y después a mi vieja, y yo tuve que ir a trabajar... eso fue muy duro para mí.

Allí es donde se aplica esa frase "el show debe continuar".

Totalmente.

¿Y cómo haces? ¿Qué pensabas en ese momento? Porque debes salir a un show a hacer feliz a la gente, a través de tu música.

Bueno yo traté de entenderlo. En el último caso, que fue el de mi mamá, pues todo el mundo era mirándome porque ya se había rodado la noticia...

Pero bueno todo se supera ¿no?

Sí, de eso se trata, si no es imposible llegar hasta acá... si te caes y no te paras, estás listo.

Gustavo, hablemos de ese *Guaco* internacional, de ese sueño tan grande. ¿Hay algún país, algún lugar, donde suena la música de ustedes que tú digas "jamás imaginé que esto pudiese ocurrir"?

Bueno todavía no se ha concretado esa parte del sueño, pero como mi hijo es ahora el manager que nos maneja a nosotros, él tiene tres o cuatro años siéndolo y nos ha puesto ya tres nominaciones al Grammy. Entonces, todavía se está expandiendo, se hizo ya trabajo de radio, ya sonamos en las radios de Estados Unidos, Colombia, Puerto Rico, en fin, pero falta el golpe del *Cigarrito y el Café* de esta época.

¿Cómo se mantiene vigente *Guaco* durante tanto tiempo? ¿Cómo haces, Gustavo? Yo que te conozco desde hace tantos años, te veo hoy en día y te admiro, apenas te vi te lo dije.

Muchísimas gracias.

Porque has logrado algo único Gustavo.

Sí, una sonoridad que es muy venezolana, no se parece a nada...

No, a nada.

Es una firma. Esta es la respuesta de Venezuela a la música popular pues, porque no se parece a nada.

Guaqueros.

Y a donde ustedes van, siempre los venezolanos dicen: "yo tengo que ir a ver a *Guaco*".

Sí, esa es la fidelidad venezolana.

Porque tú eres Venezuela, *Guaco* es Venezuela.

Sí señor, muchísimas gracias. Para mantenerse, como te lo dije, la inconformidad, la investigación y el olfato para escoger las buenas canciones.

¡Qué buena palabra, la inconformidad!

Sí, siempre he sido muy rebelde.

Para crecer en positivo. La inconformidad te ha hecho investigar, prepararte y buscar cuáles son los nuevos caminos a tomar.

Sí, eso ha sido todo, ¿qué coméis? ¿Qué tanto sabéis? (risas de ambos).

Es difícil hablar serio con Gustavo ¿verdad? Los sueños... comenzamos hablando justamente que todo comenzó con un sueño. Cuando ves tu vida y miras hacia atrás, ¿los sueños se pueden hacer realidad?

Claaaroooo... este es uno, pero tú sabes que a mí no me gusta mirar para atrás, y yo te lo dije con la frase.

¿Cómo es que es la frase?

"El hombre que está lleno de recuerdos nunca está solo, pero el que vive de recuerdos es un tonto", un pendejo pues. Entonces tú no puedes mirar para atrás. Tú consigues a varias personas "porque yo hice esto, yo conseguí aquello, mira yo fui el que cantó este tema"... no, no, eso ya pasó...

¿Y para qué sirve el pasado entonces?

Para recuerdos bonitos.

De esos recuerdos bonitos ¿cuál tienes? En la vida musical, dame una lista de canciones, de esos recuerdos bonitos de tu vida...

Un canción que se llama *Regálame tu amor*, una preciosura, un poema de amor. *Agua de Cristal*, una canción que grabé yo. Bueno, conocí a mi actual esposa, en fin, me han pasado cosas muy hermosas.

Cosas sumamente positivas. ¿*Guaco* es más grande que Gustavo Aguado?

Ufff, claro que sí, no tengo la menor duda.

Tú te ves algún día diciendo "muchachos, sigan ustedes que ahora me toca a mí aplaudirlos".

No me dejan... (Risas de ambos).

¿Por qué? ¿Ya lo propusiste?

Síiii, como tres veces.

¿Y qué pasó? ¿Qué ha pasado?

No, no, no, la gente se molesta.

Yo me molestaría.

Claro, pero acuérdate que tú hablaste de generaciones ¿entiendes? Mis fanáticos son de la 1era. y la 2da. generación...

Y de la 3era., la 4ta. y la 5ta.

Sí hombre, todos... (ríen).

Pero cuando hablas de los retos que todavía tienes por vivir y tiene *Guaco* por vivir, ¿en algún momento has pensado en eso que estás diciendo?

Un cambio generacional, tu hijo se hace cargo de la banda como manager. La gente sabe que gran parte del éxito de *Guaco* ha sido la inteligencia del cambio generacional, incluso, al adaptarse a nuevas caras, nuevas voces.

Sí, adaptarse.

Y tú siempre a cargo de la agrupación.

"Pero un día tendrá que llegar ese momento de entregar el testigo".

No voy a ser sempiterno, pero un día tendrá que llegar ese momento de entregar el testigo, pero hasta ahorita tengo que estar allí.

Y nosotros agradecemos que estés allí.

También por necesidad, a lo que pasan dos semanas, tres semanas... ya me pega.

¡Y cuando se disfruta tanto!

Así es muchacho, cada día es una experiencia nueva.

¿Hay alguna canción, Gustavo, que defina tu vida de sueños hechos realidad? O una frase de una canción.

Tendría que revisar porque todas son emblemáticas, pero por conjeturas, por hechos, por historia, la que nos abrió las puertas fue el *Cigarrito y el Café* y en los 80, *María la Bollera*.

¡María la Bollera!

¿Te acuerdas?

¿Cómo qué no?

La que tocábamos en el Poliedro, esos poliedrazos...

Ohh sí "¿quién tiene la culpa? Dime tú".

María la Bollera...

Gracias Gustavo, gracias por tanto, por todo lo que ustedes han hecho por Venezuela y lo que queda por hacer.

¡Noooo, falta mucho!

Porque ustedes son embajadores de lo positivo como venezolanos y de que los sueños se pueden hacer realidad.

Sí señor.

Cuando decimos que los venezolanos estamos orgullosos de lo que somos, es por ustedes también, ustedes están en esa lista.

Muchas gracias.

Nos despedimos dándoles las gracias a todos ustedes, pero nos vamos con *María la Bollera* (cantando y aplaudiendo).

"¿Quién tiene la culpa?"

"María la Bollera".

"¿Quién tiene la culpa?"

"María la Bollera, qué tiene esa negra que es tan rochelera" (se quedan mudos) y ¿qué más sigue? (risas).

Se me olvidó... (risas de ambos).

Tararea la canción.

(Gustavo y Nelson: siguen cantando la canción).

Camila Canabal

"Con el tiempo nos dejó un aprendizaje de amor, de continuar, de no rendirse [...] la vida continua, la vida es bonita, el sol siempre sale, es lindo ser mamá, es lo más grande."

Nelson: Hoy damos la bienvenida a la querida Camila Canabal.

Camila: Ay gracias mi vida, ¡te quiero, te quiero, te quiero!

Te quiero. Bienvenida.

Gracias.

¿Podemos decir en cámara cómo nos decimos?

¡Claro! Teletubiiiiii, así nos llamamos.

Teletubi, teletubi, "oaaaaa"...

¡Oa! (risas). Bueno miren, parecemos bobos porque a cada rato, en cualquier lugar donde nos vemos, de lejos o de cerca nos decimos así.

Es así, pero yo creo que allí está la esencia de lo más sencillo, la esencia de la amistad. Antes de comenzar la entrevista, diijste que te encantaba este tipo de programas porque hacían falta.

Por supuesto, es que la gente que motiva, la gente que, a través de sus enseñanzas, de su vida, de sus alegrías y tristezas, puede sacar a alguien del hueco, puede hacer que alguien camine, puede hacer que alguien aprenda, se supere, y eso es grandioso. Sobre todo nosotros, los comunicadores sociales, que tenemos un compromiso súper grande de motivar como tu programa ¿no?

Tú sabes que muchas personas te están viendo en este momento y algunas tenían tiempo sin verte en pantalla; muchos te recuerdan por tu trabajo en ese programa que fue un éxito en Venezuela, Estados Unidos y gran parte de América Latina, llamado

***Aprieta y Gana*. Un programa de concursos donde ponías a todo el mundo a divertirse.**

"Yo creo que nací queriendo comunicar, queriendo compartir".

Primero que nada quiero, así como tú dices que la gente me recordará, yo quiero enviar un saludo súper especial a toda la gente que está allí, a través de la pantalla, que me ha seguido, que me ha enseñado, me ha criticado, me ha hecho crecer y me ha acompañado en cada una de las etapas de mi vida.

¿En qué momento yo nací? Yo creo que nací queriendo comunicar, queriendo compartir. Hay un cuento muy divertido de mi vecina... mi papá y mi mamá son médicos, mi mamá era médico, mi papá es médico — actualmente ejerce, tiene una clínica— el cuento es que yo tenía como ocho añitos y me llamó la vecina: "Camila, váyase pa' su casa a estudiar, porque usted va a ser como su papá y su mamá, usted va a ser médico".

¡¡Médico!!

Y me dice mi mamá que yo la miré incrédula y le dije: "no, no voy a ser médico, yo voy a trabajar en televisión".

¿Y qué edad tenías?

Ocho años y siempre quise trabajar en televisión, siempre quise ser presentadora, no actriz, o sea, eso fue creciendo y no sé ni cómo porque yo soy de una ciudad del interior de Venezuela, de Barquisimeto, hija de dos médicos, científicos, nada que ver con el mundo del espectáculo, pero yo creo que esta necesidad de comunicarme ha crecido conmigo y bueno se hizo realidad.

¿Cómo lo tomaron tus papás médicos cuando les dijiste que tú querías trabajar en televisión? Aparte viviendo en una región de Venezuela que no es la capital del país. ¿Cómo les dijiste que querias irte a la capital a ser presentadora?

Yo se lo dije a mi papá y me dijo: "¿Vos estás segura de lo que querés?".

Ah porque, aparte, tú papa es uruguayo.

Y mi mamá también... y yo le respondí que sí estaba segura, pero la verdad es que no pudieron ayudar. Así fue como yo comencé... es un cuento súper largo, y tú sabes que yo soy de hablar y de hablar...

Te gusta hablar, lo sé...

Exacto, entonces no me quiero encadenar, pero, para hacer el cuento corto, yo llamé a un amigo que me dijo:

— ¿Qué sabes hacer? ¿Sabes producir?

— No.

— ¿Sabes coordinar?

— No.

—¿Sabes hacer cámara?

— No, no, yo no sé nada de eso.

— Bueno, si tú estás interesada en trabajar en televisión, tienes que mudarte. Yo te puedo ofrecer contestar los teléfonos de mi estudio.

Y así empecé, yo estudiaba Letras en la Católica y contestaba los teléfonos de un canal de televisión. Después de eso hice producción, luego hice Control de Piso, Control de Caracteres, y ya, después por fin fui presentadora de televisión.

Suena muy fácil y muy rápido.

Pero no fue así.

Lo sé, no ha sido fácil porque comenzaste, como estás diciendo, atendiendo teléfonos, ¿recuerdas a esa muchachita que atendía teléfonos? ¿Cuál era su sueño?

Estar aquí donde estás tú ahorita.

No, dónde tú estás ahorita.

"Y allí comienza mi gran amor con RCTV".

(risas). Exacto, ese siempre fue mi sueño y comencé haciendo eso para llegar allí. A los dos meses ya estaba editando, editaba lineal, no se ofendan los editores que están aquí... lo que hacía era cortar y pegar, pero lo hacía. Después hice Coordinación de Piso, y así fui aprendiendo. Luego, un día, el dueño del canal me ofreció hacer un programa de niños en vivo. Esa fue la primera vez, yo me acuerdo que no dormí la noche anterior, hice un programa que se llamó *Imaginación* y luego empecé a enviar videos a RCTV.

Radio Caracas Televisión, uno de los principales canales de Televisión en Venezuela.

Y allí comienza mi gran amor con RCTV. Yo siempre con fe, con la esperanza y nunca lo dejé de intentar, envié los videos y un día me llamaron de talento artístico para un casting.

Camila, cada programa tiene un título, cada invitado tiene su título, el tuyo tiene que ver con tu proyecto de vida desde hace ya varios años *Así lo ve Camila,* pero también tiene que ver con tu forma particular de ver la vida, esa forma de ser desde Barquisimeto, desde que eras una niña de 8 años que soñaba con ser presentadora de televisión. Hablemos de eso, tus sueños se han ido materializando, pero en ese camino también hay muchos baches y puertas que se cierran, queremos conocer esa parte de Camila Canabal y ¿cómo lo ve?

Bueno, *Así lo ve Camila* es la parte más reciente, pero entiendo que quieres que te cuente, un poco, cómo fue sucediendo todo en mi vida, con las caídas y las levantadas ¿no?

Así es, porque muchas personas te están viendo en este momento y después de conocer tu éxito,

todos dirían: "ella nació en el éxito, sin problema ni dificultades".

Lo más alejado.

Exactamente, por eso cuéntanos.

"Podría decirte que mi vida fue perfecta hasta una mañana".

Bueno, primero, la vida te pone en el camino de luchar por tus sueños, quería ser presentadora y me costó años, mandé muchos videos hasta que llegué a RCTV, que luego nos lo cerraron en el 2007. En Radio Caracas comenzó una gran carrera llena de éxitos, de emoción, de alegrías, de supremo aprendizaje y de amigos entrañables que guardo aún. Realmente, durante esa época, podría decirte que mi vida fue perfecta hasta una mañana del 27 de junio del año 2000. Esa mañana recibí una llamada que nunca me imaginé que iba a recibir. Nosotros éramos tres hermanos, mi hermana Valentina —que tú la conociste—, bellísima, tenía 18 años y mi hermano Francisco que tiene un año menos, yo soy la hermana mayor y esa llamada decía que a Valentina le había pasado algo, que estaba entre la vida y la muerte, y ese momento para mí fue algo increíble, porque es tu hermanita de 18 años, la niña con la que dormí todas las noches hasta que me casé; los primeros 8 años de vida de ella dormimos agarradas de las manos, eso te lo digo un poco como para que entiendan el nexo.

La cercanía.

Sí, la cercanía entre hermanas, me casé a los 23 años y dormí hasta mis 23 años en el mismo cuarto con ella, era mi hermana, mi amiga, mi confidente, era como mi hija porque yo le llevaba 7 años ¿no?

¿Qué pasó con Valen?

"Ese golpe hizo un antes y un después en mi vida".

Y a Valentina le dio una trombosis pulmonar de un día para otro, algo de Dios ¿no? Y me fui a Maiquetía, que es el aeropuerto de Venezuela, nuestro país, y cuando llegué a Barquisimeto, Valentina ya no estaba, se había ido y eso fue para mí un golpe demasiado duro. La noche anterior, yo me había peleado con mi esposo porque no había pagado la luz y me la habían cortado, no le había hablado en toda la noche y esos son golpes de la vida que te muestran las verdaderas cosas importanes de la vida ¿no? Y me tocó volver a empezar, ese golpe hizo un antes y un después en mi vida.

Yo recuerdo porque nosotros tuvimos la oportunidad, a los pocos días que falleció tu hermana Valentina, de trabajar juntos, hicimos algún programa juntos y para ti no hubo oportunidad de parar frente a pantalla.

No.

Esa frase "el show debe continuar"...

Sí.

Pero llevabas el luto por dentro. Recuerdo que me dijiste que estabas muy cuestionada con la vida.

Súper.

Estabas cuestionando a Dios y no entendías por qué Valentina se había ido.

Así es, en ese momento no creía en Dios, no tenía fe, tenía mucha rabia e impotencia. Yo soy así, alegre, divertida, hablachenta y yo duré un año sin salir de mi casa, son cosas que nunca comparto, pero bueno, siempre de luto iba a hacer *Aprieta y Gana*, que era un programa alegre, divertido, espectacular, y yo lo hacía porque mi programa era mi catarsis, pero de allí yo salía directo a mi casa, llena de una profundísima tristeza, de preguntas sin respuestas que todavía no tienen respuestas, pero bueno, la vida fue pasando, tuve al lado a una persona que fue mi muleta, mi bastón, mi todo, que es mi esposo Francisco. Ese año transcurrió entre tristeza, rabia, preguntas y ser también la muleta de mi papá y mi mamá. Con el tiempo nos dejó un aprendizaje de amor, de continuar, de no rendirse... por mi forma de ser comunicadora, siempre he tratado de compartir estas tristezas con la gente porque yo veo que muchos queremos morirnos cuando se nos muere alguien tan cercano y es un sentimiento duro, porque yo me acuerdo que yo quería dejar de respirar, aparte no tenía hijos y de verdad quería dejar de respirar, pero no dejas de respirar ¿no?

Y cuando dices lo de compartir, tú siempre has compartido tus sentimientos con tu público y si

estás en cámara, lo dices en cámara y sino a través de las redes sociales, que ahora son una maravillosa herramienta para uno comunicarse, y recuerdo mucho cuando la vida te dio otro golpe muy duro, te quitó a otra de las mujeres de tu vida, tu pilar que era tu madre.

Sí, eso fue hace muy poco... está muy fresco.

Sí, hace poco, lo que expresaste en redes sociales fue...

"Pude volver a comprobar mi fe".

(pausa larga, toma un respiro). Mira, cuando murió mi mamá —hablando de compartir— yo pude comprobar mi fe, porque mi mamá también muere como Valentina, en un minuto, de una aneurisma o algo parecido y ¿por qué te digo que comprobé mi fe? Porque cuando me llamaron, que fue la misma trágica llamada que recibí hace 15 años con la muerte de Valentina, yo fui con mucha fe, mucha fe Nelson, y llegué y ella estaba viva. Yo tenía muchísima fe, mi papá como médico me decía que ya no había nada que hacer, pero nunca perdí la fe, en ese momento nunca la perdí, y rezaba... (llorosa) es duro ver morir a tu mamá, es tu piso, es tu estabilidad, tu fuerza interna, tu aprendizaje, tu mano, tu bastón, tu suelo, tu mamá es todo, para mí lo fue todo. En ese momento, yo estaba con ella y con mi hermano, y pude volver a comprobar mi fe, fue lindo porque yo sabía cuando ella se estaba yendo y con Dios ya yo no tenía rabia, es que la madurez no llega en vano ¿no? Yo ya tengo 40 años. Cuando mi mamá se empezó a ir, ya notabas que estaba dejando de respirar y yo le empecé a agradecer tantos momentos: "mamá, gracias porque me pintaste el cuarto de fresita, gracias por el colegio, gracias por tu aprendizaje, gracias por ser la mejor abuela, gracias por todo lo que aprendí, por tu lucha y por tu enseñanza" y, dentro de lo dramático de haber perdido a mi mamá, de 61 años, muy joven, pero bueno, comprobé mi fe y para mí fue como un aprendizaje de madurez y de fe. Fue lindo sentir que ya no estaba sola como a mis 20 años, porque a esa edad no tienes la fortaleza. Esta vez no me llené de rabia, aquí fue todo lo contrario, no te voy a decir de alegría, por supuesto, pero sí hubo la fe de saber: "bueno Dios, te la entrego con el amor" y bueno poder agradecerle... fue muy duro, pero es parte de la vida.

A mí me ha tocado vivir la muerte, éramos cinco y ahora somos tres. Es muy duro, fue duro decirle a mis hijas que mi mamá ya no estaba, (llorando), pero mira la vida continua, la vida es bonita, el sol siempre sale, es lindo ser mamá, es lo más grande. Mi mamá me enseñó cosas tan bellas, la vida es tan hermosa pese a los dolores. Cuando pasa algo grave, siempre lo digo y quiero insistir porque siento que es mi compromiso con la gente... cuando a usted le pase algo malo en su vida, usted tiene solo dos opciones, no hay más, aunque hay gente que pasa la vida pensando que hay varias: una es vivir bien, la otra es vivir más o menos, la otra es evadir para olvidar, muchas opciones pero ¡¡¡noo!!! Solo hay dos opciones, una es quedarte pegado en el dolor, arrastrando una carga de la vida que te hace triste, te hace oscuro, que te hace no merecedor de cosas bellas, y la otra es decir: "con este dolor yo voy pa' lante, con luz, con alegría, con ganas, con entusiasmo", ¡¡porque la vida es linda!! Porque tengo muchas cosas por las que vivir, volvemos a este tema tan trillado del vaso medio lleno, medio vacío...

Es así. Hay muchísimo, sí.

Tengo mucho, tengo dos hijas, tengo mi esposo, mi papá, los tengo a ustedes, tengo amigos espectaculares como tú, tengo tanto amor, ¿cómo me voy a quedar pegada en lo que no es bueno?

Nos acabas de abrir tu corazón entero, la gente agradece este tipo de entrevistas porque están conociendo otra faceta de Camila Canabal.

Claro, y es la primera vez que me abro tanto, de verdad que nunca le había contado a nadie con tantos detalles. Trato de hablar con el corazón y sin llorar, pero era imposible, además somos muy buenos amigos y eso lo hizo más sincero aún.

Gracias de parte de todo el equipo y de nuestro público, muchísimas gracias, porque todo esto es aprendizaje, Camila. A través de ti, aprendemos que, más allá de todos esos golpes que contabas, tú sigues adelante, tú eres motivación. Primero te motivas a ti misma y después, a través de tu ejemplo, motivas a los demás.

La gente me dice eso, especialmente todo lo que escribo en redes sociales, lo escribo para mí y lo comparto con la gente ¿no? Pero, primero, lo escribo para mí, porque cuando estoy triste, escribo. Siempre me ha gustado mucho escribir, y lo comparto con la gente porque siento que es parte del trabajo que he querido hacer. Realmente a uno no le pagan nada por escribir en las redes ¿no?, pero me gusta compartir mis sentimientos, mis metidas de pata, y han venido otras cosas también, tengo 17 años de casada, no ha sido un matrimonio perfecto como nada lo es, pero las intimidades no te las pienso contar Bustamante (risas). Pero no ha sido perfecto, o sea, ningún matrimonio es perfecto, la vida no es perfecta, lo importante es sobreponerse, seguir caminando...

¿Cómo haces? ¿Qué herramienta utilizas, justamente, para sobreponerte?

La visualización. Para mí es increíble la programación neurolingüística, que es algo que he aprendido mucho por todas mis entrevistas.

¿Qué es visualización?

Bueno visualizar es verte como tú quieres estar en un futuro, verte presentando el programa de televisión de tus sueños, verte llevando a Joaquina o a Guillermina, que son mis dos hijas, al altar, así bellas, lindas, sanas.

¿Y la programación neurolingüística?

La programación neurolingüística es hablarte a ti mismo de lo que tú quieres, yo lo hago con mis hijas. Es más, les doy este dato a las mamás rapidito...

¡Ajá!

Lo aprendí haciendo un programa de maternidad que se llamaba *Vida mamá*. Una psicóloga me recomendó que entrara al cuarto de mis hijas, cuando ellas ya estuviesen dormidas, en la primera etapa del sueño, entre 11 y 12 de la noche, y les dijera lo que quisiese. Yo entro todas las noches, les doy un beso y a cada una le digo en el oído: "eres una niña sana y feliz", lo hago con toda mi pasión y mis ganas, pero suavecito para no despertarlas.

Si usted quiere, le puede decir a su marido: "fulanito, pasa todo el dinero a mi cuenta" (risas de ambos). ¡Mentira! Con las niñitas hago la programación neurolingüística, y la hago conmigo también, me hablo... bueno yo muchas veces estoy amargada, no vayan a creer ustedes, yo soy lo más alejado de ser perfecta...

¿Y allí?

Me digo a mí misma: "Camila, ¿y entonces? ¿Qué broma es?". No digo broma, digo otra palabra que no quisiera repetir en televisión.

¡No por favor! (risas de ambos).

Entonces digo: "¿qué broma es? Tú te mereces tal cosa". Me hablo, me programo para lo que quiero.

Te programas en positivo.

Exacto, en positivo, no permito que las tristezas, los golpes, las caídas, las amenazas, los miedos, ¡ojo con los miedos! Los miedos existen... No podemos obviar que uno siente temor de muchas cosas.

Pero los enfrenta.

Así es. Mi hija Kiki, que es la que se parece más a mí, es miedosa, yo soy miedosa. A veces la gente me ve así, animando y todo eso, yo creo que lo único que no me da miedo es hacer mis programas de televisión, pero hay muchas cosas que me dan miedo, pero uno los enfrenta.

Camilia, gracias por habernos acompañado hoy, te queremos mucho, te admiramos por todo.

Yo te quiero y te admiro igual, y quiero invitarlos a que me sigan en todas mis redes como @camilacanabal.

Así es, bueno nosotros nos quedamos aquí hablando. ¡Hasta la próxima, bye!

¡Te quiero, los quiero, bye! (beso a cámara).

Ajá, entonces lo que estábamos hablando...

Carlos Mata

"En términos de mis propios valores, he sido tremendamente exitoso y tiene que ver con el amor a todos los seres humanos, a la naturaleza, a los animalitos, al amanecer, a la luna, a todo".

Nelson: Hoy en *Gente que Motiva* queremos dar la bienvenida a Carlos Mata. Carlitos bienvenido.

Carlos: Gracias.

¿Cómo estás?

Yo estoy muy bien, gracias a Dios, gracias Nelsito.

Gracias Carlitos Matito (risas de ambos). Mira Carlos, cada programa tiene como un título, es como un enunciado, y nosotros hicimos una encuesta por las redes sociales, hicimos un consenso...

Hicieron un *focus group*.

Sí, todas esas cosas y el programa se llama: "Que por qué te quiero", a ver qué te parece.

(Cara de suspenso de Carlos).

Okey, no le gustó mucho eso... ¿qué pasó? ¿Por qué no te gusta "que por qué te quiero"?

Que por qué te quiero.

No puede ser. Primero porque es mentira (risas) que ustedes hicieron una investigación de nada, no seas mentiroso vale (risas de ambos). Segundo, "Que por qué te quiero" ¡noooo! Vamos a explicar cuál es el problema de ese título... digamos que fue el primer éxito musical, canción que yo no quería grabar, imagínate tú, es que yo decía "esa letrica es como muy Hello Kitty...." obviamente tenía que ver con la telenovela *Topacio*. Mi mayor sorpresa fue que terminó siendo primer lugar en 14 o 18 semanas seguidas en Estados Unidos de costa a costa.

Eso fue una locura.

Pero el problemita empieza cuando me dicen: "Ay Carlos ¿cómo es que es tu canción?" Pero ¿mi canción? Si yo he hecho cientos de canciones aparte de esa, entonces claro, también porque el tema estaba asociado a la novela *Topacio* y se quedó como el "cumpleaños feliz".

No tengo nada en contra del tema. Lo que tengo en contra es que me digan "tu tema" como si yo no hubiera hecho otra música jamás en mi vida. Entonces tú me lo haces para molestarme, porque te tengo pillado.

No, no, no, no...

Sí, sí, sí, sí...

No es para molestarte.

Sí, sí, sí... esa no es una propuesta cariñosa, afectuosa. No, no, no, lo haces para torturarme.

Okey, pero fíjate, ¿cuándo te diste cuenta de que la gente te quería tanto? Porque una vez me comentaste que tú no querías nada de eso, porque tú estudiabas arquitectura y, de repente, estabas ya en una telenovela y todo el éxito que significaba una telenovela.

Teatro musical.

Fíjate sí, Dios y la vida han sido generosos conmigo, el gran boicoteador número uno de mi carrera he sido yo mismo. Yo empecé en teatro musical, por accidente, cuando estaba en segundo o tercer semestre en la Facultad de Arquitectura, y digo "por accidente", porque yo era extremadamente tímido y, en el fondo, lo sigo siendo. Lo que he aprendido, gracias al teatro, es a disimular la parte tímida. Entonces, la gente empezó a conocerme en teatro, me empezaron a ofrecer televisión pero, en esa época, en la Universidad Central, el mundo del teatro y la televisión no se vinculaba con la intelectualidad...

Se menospreciaba.

Sí, graso error y uno lo aprende.

¡Después, claro!

Sí, en la vida y a pescozones pues, como decimos en Venezuela. Luego de mi tesis de grado, yo hacía teatro musical y punto. Me ofrecieron una novela y yo diije que no, que yo trabajaba en Arquitectura porque siempre trabajé en una oficina de Arquitectura para pagarme mi carrera y el dinerito adicional era haciendo teatro musical.

Después, me ofrecen hacer una telenovela en el canal 8 que era, originalmente, de Garmendia. Yo soy un enamorado de la historia, recuerdo que era sobre la época de la Independencia y necesitaba la plata, entonces dije: "lo voy a hacer, total, el canal 8 no lo ve nadie, no me voy a rayar tanto haciendo telenovelas, además es Garmendia, es literatura" y resulta que, al final, se cambió eso por una novela muy inteligente también, pero no fue muy exitosa. Con eso me di cuenta de que ganaba, a destajo. O sea, que había un beneficio económico muy grande más la experiencia.

Y la telenovela era lo que tú no querías hacer.

Claro, yo no lo quería hacer, estuve por años negándome. Yo empiezo a hacer telenovelas como a los 25 o 26 años y estuve desde los 18 negándome.

Y ¿en qué momento te das cuenta de que hacer telenovelas representaba una carrera importante?

Eso empieza cuando me llamaron de Radio Caracas Televisión. Yo me decía a mí mismo que solo haría novelas por un tiempito, hasta que llegó *Leonela* que fue la primera novela que sale a internacionalizarse.

Recordemos quiénes protagonizaban *Leonela*, para los que no saben...

"Mi papuchi".

Carlos Olivier y Mayra Alejandra, que en paz descansen. Y Jeanette y yo hacíamos la parejita de los pavos; yo era un músico loco, lo cual me encantaba, entonces llevaba mis teclados polifónicos, sintetizadores y mi guitarra para el set. La trama fue muy inteligente, era de Delia Fiallo, esa mujer brillante y uno empieza a descubrir esa sabiduría... allí es cuando empiezan a caerme contratos de Estados Unidos y empiezan a contactarme para cantar. Yo apenas tenía mi primer disco saliendito, fue una locura... hasta Celia Cruz me decía "mi papuchi" por la trama de esa novela, porque él se enamora de la madre de su novia, la cual muere de una sobredosis, entonces a ella le decía "mamuchi" porque era la mamá, y eso causó furor.

Y de allí en adelante se abrieron las puertas del mundo para ti ¿no? Para "mi papuchi" (risas de ambos).

Carlos, telenovelas, muchos discos, música, fama, España, Estados Unidos, América Latina... ¿qué significó para ti, a nivel personal, ese éxito? ¿Qué sacricios hubo, qué tuviste que arriesgar?

"Yo siempre he sentido que no me merezco tanto".

Bueno yo soy bien honesto en mis respuestas. A ti, particularmente, yo te tengo que decir la verdad de la milanesa. Yo nunca estuve preparado para eso, yo hacía teatro y no pensaba ser reconocido ni en mi cuadra, yo lo hacía porque me enamoré de eso y la televisión la hacía porque necesitaba el dinero. Cuando empieza a explotar muy fuerte Viña del Mar, Estados Unidos fue una locura, Buenos Aires, en España fue el reventón, Italia, en Israel pasaban seis veces al día la novela *Cristal*. Yo tengo una TV guía que decía seis horarios distintos. Te digo que yo estaba en Nueva York y los turistas se bajaban de los autobuses, las italianas, gente que venía desde Israel, los mexicanos ni te cuento, o sea, era impresionante. Me daba como susto, esa es la verdad, y el susto tiene que ver con una sensación de pérdida, y te explico qué es lo que pasa — cosa que supo siempre mi psicoanalista— yo soy un individuo tremendamente culposo, yo siento que yo no me merezco nada de esas cosas, porque yo digo: "si yo conozco gente que es 10 mil veces más talentosa que yo como músico y como actor, y resulta que esa gente está pasando trabajo". Me pasó, por ejemplo, en Buenos Aires, en una rueda de prensa, estaba yo de número uno con dos temas seguidos y fui de gira, te estoy hablando de 3.500 personas diarias y quedaban 2.000 afuera, era una locura. Te cuento todo esto para ver si te define un poco el asunto, pues tiene que ver con la culpa... yo siempre he sentido que no me merezco tanto... porque era algo que yo lo hacía porque me gustaba, yo no me lo planteaba, y me acuerdo que en esa rueda de prensa me preguntaron:

— Carlos ¿esa fama que tú tienes de sencillo, de humilde, eso es parte del marketing?

— Mira mi amor, con todo respeto, yo acabo de entrar aquí a este hotel de lujo para la rueda de prensa. Pero afuera hay cinco obreros, porque los conté, la temperatura está a 2 grados centígrados y estaban bañados en sudor, en medio de esa lluvia helada, ni siquiera estaban bien abrigados. Ellos están arreglando las tuberías de las aguas negras del hotel. A mí me pagan, y demasiado bien, por algo que podría hacer gratis, entonces tengo que dar gracias a Dios a cada instante, y no solo me pagan bien, me aplauden y me quieren, cosa que me hace sentir tremendamente culpable, porque esa gente que está allá afuera, trabajando, le pagan y no les alcanza para la leche de sus hijos, además en condiciones paupérrimas y, probablemente, no les guste hacer lo que están haciendo y, lejos de aplaudirlos, seguro el jefe está encima, entonces aparte de la enorme gratitud que yo tengo con la vida y con Dios, por otro lado, eso me crea un sentimiento de culpa porque yo no siento que yo merezca más que esos señores, que están allí fajados trabajando el triple que yo".

Entonces, lo primero que hizo fue afectarme por ese lado. Lo segundo fue afectarme en la relación con la que era mi esposa. Yo nunca perseguí la fama, no te voy a decir que no es grato, pero a mí siempre me produjo como ese miedo porque sabía que había un precio que pagar. Para empezar, dejar el anonimato y luego la separación con los seres que más amo, o sea, yo me montaba en el avión y me tapaba la cara para llorar, o sea, la cara de mi hijo Carlos Javier llorando porque "papá quédate, quédate por favor", era una cosa que me afectaba mucho. Todavía me persigue la cara de él, de ese niño desesperado porque "papá no te vayas" y yo llorando por otro lado, pero no lo podía evitar y, por supuesto, eso trajo consecuencias en la relación. Por más que dejé todo en el mejor momento, cuando todo estaba con disco de platino, con ofertas que no te quiero ni contar lo que se cobraba por cada show de esos, entonces yo lo dejé todo para demostrarle a mi esposa de aquel momento, a mis hijos y, sobre todo, a mí mismo que para mí no había fama ni dinero más importante que mi familia y mi propia tranquilidad. Luego desaparecí, mi manager tardó seis meses en encontrarme y saber que yo me había ido a Nueva York a estudiar cine, como en plena locura. Entonces, no sé si por suerte o por desgracia, pero yo no tuve caída, sino que yo dejé todo eso en el tope, quizás en ese momento pude haber ganando millones de dólares, no lo sé, pero tomé la decisión que me parecía más correcta.

Igual no pude salvar el matrimonio, pero yo me probé a mí mismo qué es lo más importante, que hay cosas que están por encima de la fama o de eso que defines como éxito. Lo ideal sería combinar esas cosas, obviamente, pero llega un momento que tú tienes que elegir, quizás algunos opinen que tomé la decisión equivocada, pero, afortunadamente la gente me sigue queriendo en todos esos países y, en el fondo, lo que siempre te digo Nelson, ni Michael Jackson se llevó los discos de platino cuando murió. Nadie se los lleva, lo que te queda es lo vivido; en el último momento, cuando estás a punto de irte, que les dejes a los demás recuerdos afectivos, ese es el balance que yo quiero hacer. Esa es la única reflexión que yo quisiera hacerle un *check mark* y decir "coye, el balance da ganancia".

Y ese balance da así. Desde afuera, podemos verlos, y allí sí queremos insistir nosotros en que este programa debería llevar por nombre *Que por qué te quiero*. Pero, más allá del tema de la canción, es lo que la gente siente hacia ti, no sabemos si es por tu aura, por tu forma de ser, por tu sencillez o por tu humildad, pero te haces querer.

Muchas personas ven a Carlos Mata con éxito, telenovelas, música, conciertos, pero no ven al ser humano y piensan que tú naciste con esa posición y no saben por lo que has tenido que pasar para llegar hasta allí.

Absolutamente, si esto que yo cuento sirve para motivar a alguien, buenísimo, porque no importan las caídas y los golpes, no importa el dolor, eso es vida también, uno tiene que asumir la tristeza, el dolor, la frustración así como la risa y la sabrosura también... y vivir eso con intensidad. ¿Qué es lo que pasa? Según mis valores, —y lo digo con absoluta humildad— que yo he sido exitoso en la medida que he sabido poner los afectos por encima de la cosa, estrictamente material, y me gustan los reales igualito que a todo el mundo, ojo, eso no tiene nada que ver y una cosa no debe estar peleada con la otra, pero cuando he tenido que elegir, lo he hecho con conciencia, uno toma decisiones y de eso se trata el espectáculo.

Por cierto, ya por fin pienso estrenar un musical que estoy haciendo desde hace 8 años, y es porque toda la vida yo me he burlado, con buena intención, no la burla despectiva, pero sí me he reído de la cosa esa del estrellato, de toda la lentejuela del asunto, la limosina, la champaña, la alfombra roja, porque siempre me han parecido una cosa tremendamente estúpida. Cuando estaba en un concierto, por ejemplo, en la plaza de Salamanca, 55 mil personas y arrancaba la banda, las explosiones, el humo y yo afuera, todos los shows de mi vida decía: "Dios mío, te ruego señor, con el corazón en la mano, que jamás permitas que yo me crea este cuento" y nunca me lo creí, de eso trata el espectáculo, de mucho humor y es burlarnos, yo me burlo en nombre de todos los artistas que tienen esa sensibilidad... chamo ¿a quién vamos a engañar? Nosotros somos unos telebusteros que trabajamos duro, pero esto es un oficio más.

Sí, es un oficio.

"Eso es lo que yo me llevo".

Esto es como ser un zapatero pero ¿por qué le quieres dar una dimensión de que tú eres Dios o de que tú estás en la cima y ves a la gente desde el Olimpo? No, Nelson, entonces en términos de mis propios valores, he sido tremendamente exitoso y tiene que ver con el amor a todos los seres humanos, a la naturaleza, a los animalitos, al amanecer, a la luna, a todo y "eso es lo que yo me llevo" (cantando).

Ajáaaaa, allí tienes el título: "Eso es lo que yo me llevo" (risas de ambos).

Gracias Carlos, qué agradable tenerte en *Gente que Motiva* y esa es, justamente, la idea del programa, que puedas llevar un mensaje diferente.

No vale, gracias a ti. Siempre hemos ido coincidiendo, cuando te tuve en mi programa fue una verdadera delicia porque descubrí mucho más de la calidad de ser humano que eres y eres un maravilloso motivador, qué Dios te bendiga por eso.

Amén y qué Dios te bendiga, eso es lo que yo me llevo.

Y este programa me gusta.

Y eso es lo que nos llevamos.

Eso es lo que nos llevamos (cantando).

¡Hasta la próxima!

Carlos Mata

Epílogo
"Bonus Track"

Entrevista sorpresa realizada por María Alejandra Requena a Nelson Bustamante.

"Venezuela es todo. Venezuela es futuro, es esperanza, es posibilidades. Venezuela es un 'atrévete a soñar' gigantesco, y tenemos que lograrlo entre todos".

[Nelson sorprendido]

Nelson: Con razón, yo sabía que algo pasaba. Yo no entendía por qué me pusieron un micrófono y me decían "te estamos esperando" (risas de ambos).

Mariale: Aquí te estaba esperando yo y, además, sentada en tu silla.

¡Lo lograron!

Siéntese, siéntese, te quiero tricolor con estrellas y todo, Nelson Bustamante.

¡Qué belleza este regalo!

Hoy te toca estar a ti en la silla del que cuenta

Te dieron permiso vale.

Y de paso tengo el permiso porque eres mi amigo y para mí es un placer extraordinario. Si me permites, debo comenzar así: "hay personas que nos impulsan a seguir, que nos ayudan a hacer realidad nuestros sueños, a no decaer, personas que nos ayudan a soñar... a mí, personalmente, me ha ayudado a seguir adelante, ha estado en esos momentos difíciles y también en los momentos de felicidad, para mí es un verdadero honor darle la bienvenida a *Gente que Motiva* a mi querido, a nuestro querido, Nelson Bustamante.

Me quedé sin palabras Dios (se quiebra).

Yo tengo que decir, tú eres una persona muy reservada y por eso hoy me encantaría que el mundo entero conozca un poquito más de Nelson Bustamante, de ese niño que comenzó con un

micrófono cuando tenía cerca de 10 años y decía que era presentador de RCTV. Luego ese joven que comenzó estudiando Biología —que seguro no lo sabían muchísimas de las personas que te están viendo en este momento— y que luego se convirtió en el mejor presentador de Venezuela.

¡Qué bella vale!

¿Cómo fue ese camino?

¡Gracias y gracias! Aún no salgo de mi asombro, y debo agradecer a mi maravilloso equipo de producción, técnico, humano, no me canso de decirlo que el trabajo en equipo obra milagros, el trabajo en equipo es maravilloso.

Hace muchos años, empezando en Radio Caracas, cuando me dieron mis primeras oportunidades, recuerdo que uno se creía una gran cosa por estar en pantalla, y un director me dijo: "Nelsito, ven acá, te voy a dar un consejo, cuando estés frente a cámara, entiende que el protagonista no eres tú, que tú eres como el árbitro de un partido de fútbol y si el árbitro se siente mucho que está pitando, pitando y pitando, es porque está haciendo mal su trabajo, si un presentador se siente mucho que interviene e interviene, él está haciendo mal su trabajo". Eso me enseñó que uno tiene que respetar al equipo de trabajo y que uno es como un puente, y digo esto por mi maravilloso equipo de trabajo que ha logrado traerte, no dejo de sorprenderme (se seca las lágrimas). Bueno Mari, haz tu trabajo, ¡dele!

Sí, háblame de ese niño que soñaba con ser presentador de RCTV.

Tú sabes que vengo de una familia de televisión, mi mamá, mi tía Isa Dobles, presentadora — primero presentadora de Radio Caracas— hace muchos años, tenía un programa de concursos, después fue Periodista insigne, qué Dios la tenga en su gloria, y mi mamá comenzó a trabajar con mi tía Isa, entonces, cuando no tenía dónde dejarnos, a sus hijos, mi mamá nos llevaba a su trabajo, cosa que es muy lógica pues, y su trabajo era en un canal de televisión. Resulta que yo comenzaba a ver las luces y veía los estudios, veía todo lo que significaba vestuario, maquillaje, los almacenes de todo lo que tenían en ese canal y yo pensaba "quiero trabajar algún día en esto". Yo tenía como unos 6 u 8 años de edad y la vida después me regaló vivirlo, esos mismos pasillos que yo recorría como un chamito, lleno de sueños, después fueron los pasillos donde comencé a hacer realidad mis propios sueños, porque eran los de Radio Caracas Televisión.

También hay un libro que hiciste justamente por haber trabajado tantos años allí que se llama: *Por estos pasillos de RCTV*.

Que tú eres parte también de ese libro.

Yo tuve el honor de ser parte también de ese libro, de esa experiencia de RCTV, pero me gustaría saber más, ¿cómo pasaste de vender perros calientes en un carrito, con tu hermano Alejandro, a trabajar en RCTV?

Y de cajero también, yo fui cajero una noche (carcajadas de ambos).

¿En dónde? ¿Cajero de qué?

En un restaurante.

¡Ahhh qué bien!

Sí, pero solo una noche, en serio, porque la peladera era tan grande, tan grande en la casa. Mira, yo empecé a estudiar Biología porque un día en casa —típico el tío cuando están las reuniones familiares los domingos— entonces un tío me dice: "tú tienes cara de médico, claro, con los lentecitos y la cosa". Para ese momento, yo tendría como 12 o 14 años... (se seca una lágrima) es que no salgo todavía de la emoción de tenerte aquí (Mariale le toma la mano a Nelson).

Trato de concentrarme en hablar y no llorar, porque tengo en frente la sorpresa... Bueno, entonces me dieron esa etiqueta "tú tienes cara de médico" y en mi casa todo el mundo trabajaba en televisión, no había nadie médico, entonces yo creía que tenía la responsabilidad de ser médico, el primer médico en la familia.

Claro, claro.

Entonces, cuando llega el momento de inscribirnos en la universidad, yo salí en la Simón Bolívar y, buscando la forma de pasar de alguna carrera de la Simón a Medicina, dije: "¡Biología, esa es!"

¡Esa misma es!

Pero la peladera en la casa era tal que mi mamá me dijo: "tú tienes que salir a la calle a trabajar, tienes que traer real", entonces, un día me consiguieron un trabajo de cajero, en un restaurante en Caracas, y yo cuadré tan bien la caja de esa noche que me quedó una pulla. Muchachos jóvenes, si no saben qué es una pulla búsquenlo, el señor Google debe saber.

Busquen, pregunten (risas de ambos).

Y esa pulla como quedó, sobró de las propinas de todos, me la llevo para la casa, y yo dije: "mamá, chévere el trabajo, el trabajo disciplina a todo el mundo, pero de pulla en pulla no vamos a llegar a nada". Entonces empecé a ayudar a mi hermano, que tenía un carrito de perros calientes en las Mercedes, y él me pidió guardar el carrito en mi casa, porque ya yo vivía solo en un anexo de una casa, y yo le dije: "bueno, vas a guardar tu carrito en mi casa, pero yo voy a ayudarte a trabajar".

Imagínate, el carrito abría a las 9 de la noche y eso era como hasta las 5 de la mañana y, al poco tiempo, ya empecé a trabajar en el canal 8 como la voz del canal de las madrugadas, todo esto en paralelo.

Mi guardia empezaba desde las 5 am hasta las 10 am. En aquella época, los canales cerraban como a las 12 am y abrían a las 5 de la mañana, entonces yo era el que abría el canal, el que tenía la llavecita del canal. Entonces mi voz era la que decía "Venezolana de Televisión, el súper canal les desea muy buenos días, trabajaremos para todos ustedes en ese orden..." y aquella lista de trabajadores gigantesca, y yo era el hilo conductor entre programa y programa.

¡Guaooo, increíble!

Ese era mi horario. Yo, a veces, iba a ayudar a mi hermano con el carrito y, si no era ayudarlo, iba simplemente para estar con los amigos, porque poníamos la mesa de dominó allí al lado.

Y te ibas amanecido a trabajar, capaz.

Muchas veces. A los 20 años de edad uno no duerme casi.

No, uno no duerme y, además, no te afecta, al menos no te ves que te afecta tampoco, pero Nelson, quiero saber cómo comenzaste en RCTV, ¿quién te dio esa primera gran oportunidad?

Mari, sabes que mucha gente que estará viendo este programa ahorita, si no lo vieron desde el principio dirán: ¿y qué pasó aquí?

¿Por qué ella está sentada allí? (risas de ambos).

¡Qué emoción!

Bueno, hoy le toca a Nelson estar en el puesto del entrevistado y es él quien nos tiene que contar todo. Nelson, yo sé que eres reservado, y ya lo hablamos pero necesitamos saber un poquito más de ti.

Todo, todo, Mari, y contigo allí más... tú sabes que eres uno de esos seres, esos regalos de la vida.

Igual, igual.

Siempre lo digo, de esos seres maravillosos que Dios me regaló para compartir. Bueno, mi otra pasión es el fútbol, pero es una locura, o sea, esa es una pasión desde chamito que he estado corriendo detrás de un balón. Yo ya les conté que estuve en la Simón Bolívar, entonces, allí jugaba en la selección de la universidad. Después dije que no quería estudiar Medicina, así que dejé Biología.

"Esto no es lo mío", dijiste.

Yo quería Comunicación Social, arranqué la carrera en la Católica Andrés Bello y empecé a jugar fútbol allí en la universidad. Hay un cuento que me lo echa el protagonista del mismo, mucho tiempo después, porque yo no lo sabía — después les digo el nombre si quieren—. Entonces, él dice que un día estábamos jugando un partido entre los profesores, donde él jugaba, contra el equipo donde yo estaba y le dicen: "cuidado con el catirito número 9, el catirito número 9", ese era yo ¿no? Entonces, él cuenta que termina el primer tiempo y cuando estaba en los camerinos del vestuario, él dice: "eso es un muerto, el número 9 no ha hecho nada, eso es un muerto", bueno, resulta que el "catirito número 9" le hizo un gol y ganamos uno a cero, y el profesor, que después me llamó para que trabajara con él, en un programa sabatino en Radio Caracas Televisión, era Henrique Lazo.

¡Henrique Lazo era el profesor! Claro, amante también del fútbol.

Amante hasta más no poder del fútbol. Entonces, un día yo le pregunto: "Henrique, ¿por qué tú me llamas a trabajar en Radio Caracas?", y él me echa todo este cuento y yo le digo: "ajá, pero ¿qué tiene que ver el fútbol con la televisión?", y una de las enseñanzas más grandes fue esta: "todo buen futbolista es buen productor de Televisión".

Muy de Henrique (risas de ella).

Bueno, pero gracias a esa lógica extraña, en la cabeza de Henrique Lazo, es que yo le debo la entrada a Radio Caracas Televisión. Aunque, para ser honesto, yo no creía tanto en esa entrada a RCTV, porque yo estaba, en ese momento, tan cómodo en el canal 8 que, durante unos tres o cuatro meses, trabajé en los dos canales a la vez, yo era productor en Radio Caracas y locutor de cabina en el 8. Es decir, yo abría el canal 8 a las 5 de la mañana y a las 10 de la mañana salía de mi guardia y me iba para el teatro La Campiña y, en paralelo, estudiaba Comunicación Social. Ya a los cuatro meses dije "no puedo más con esto, yo tengo que tomar una decisión".

Claro.

Y recuerdo que me reuní con el Gerente de Recursos Humanos del canal 8 y le dije:

– Tengo que tomar una decisión, yo estoy muy agradecido con ustedes, tengo tres años trabajando aquí.

– Ajá y ¿qué tienes?

– Bueno, yo tengo ya cuatro meses trabajando en Radio Caracas.

– Ajá y ¿qué estás pensando?

– Bueno, que yo no sé cómo decirle a Radio Caracas que yo me quiero quedar con ustedes.

– Ya va Nelson, no te entiendo.

– Bueno sí, que yo estoy muy agradecido con ellos que me están dando la oportunidad, pero yo me quiero quedar con ustedes.

– Mira mijo, fírmame aquí. ¡Adiós! Tú te vas pa´ Radio Caracas, allí se te van a dar otras oportunidades.

Y así fue, así entré a RCTV como productor, detrás de cámaras, y allí empezaron a abrirse todas las puertas de mi vida.

¿Y cuándo agarraste, por primera vez, un micrófono frente a cámara?

Lo había hecho en el canal 8, en un programa que se llamó *Retazos*, era un programa juvenil. Yo tenía pollina y el pelo largo, parecía un surfista, sin lentes. De ese programa me botaron, duró como tres meses al aire, pero quedaron las ganas.

La espinita.

Sí, y después de esto, en el programa *Festival,* que era donde yo estaba como productor. Como estudiaba Comunicación Social, Henrique me dijo: "empieza a hacer entrevistas a los invitados internacionales". En una de esas entrevistas, uno de los productores tenía un sueño que era hacer un programa de televisión todo alocado de video clips y, cuando me vio, me dijo: "yo quiero que tú hagas el piloto, que tú pruebes, haz la prueba de ese piloto que vamos a presentar en Radio Caracas", y ese programa se llamó *SonoClips*. Y cambió mi vida por completo.

Definitivamente cambió tu vida, y ya que hablas de esto y estabas hablando también del fútbol, te quería preguntar ¿tú todavía juegas caballos?

¿Caballos? (muy sorprendido y entre risas).

El 5 y 6, quizás (carcajadas de ambos).

Estás bien dateada, hablando de caballos, estás bien dateada.

¡Lo estoy!

Hablaste con mi mamá, vale.

Sí, me lo contó tu mamá (entre risas).

En este programa se van a decir unas cosas que jamás se me hubiese ocurrido contar en ningún lugar Mari.

Cuéntanos ¿por qué?

A mi mamá le encantaba jugar caballos tooooodoooos los domingos, ella jugaba su 5 y 6, claro, pero jugaba el 5 y 6 más pobrecito de todos porque, en serio, la peladera era muy grande, entonces ella jugaba el de 4 bolos (entre risas). Eso era lo mínimo que se podía jugar, y en dos carreras podías poner dos caballos, entonces ella siempre nos ponía a los chamos. Mi mamá siempre ha dicho que yo tengo muy buena suerte. Entonces, ella nos ponía a llenar las cosas y yo llenaba que si los nombres de los caballos, pero esa vez era el Mundial de Fútbol, creo que era la final —hace dos mil años— (risas). Total que nosotros estábamos debajo en el edificio jugando y eso es típico de nuestras casas que todo era por grito ¿no?

Claro.

Y, de repente, mi mamá grita: "heyyyy gordoooo, pegaste la primera válida" y yo: "ahh okey, chévere" y sigo jugando fútbol. Después, a la media hora: "gordo, gordo, pegaste la segunda carrera". Luego pegué la tercera, la cuarta, la quinta y la sexta, o sea, ¡pegué los seis caballos por nombre!

¡Guaooo, qué suerte!

Claro, y con esa peladera, imagínate. Entonces ganamos un cuadro de seis caballos.

Tu mamá dice que tú la ayudaste mucho con eso que sucedió, porque había una situación económica que no era la mejor y con eso, justamente, ella pudo también estudiar, lo que, luego, le sirvió para su carrera como directora, además.

Es un orgullo grandísimo, mi mamá se convirtió en la primera mujer Directora de televisión en Venezuela y hace poco, justamente, con la gira de charlas de *Atrévete a Soñar*, me conseguí con una compañera de trabajo de ella, cuando el canal 8, y me entregó unas fotos de mi mamá con sus audífonos dirigiendo y todos los que estaban alrededor eran hombres todos. Cuando le muestro las fotos a mi mamá, ella me dice (se quiebra): "hijo, no te imaginas lo duro que fue para mí, como mujer, sentarme allí, porque ninguno de esos hombres respetaban que una mujer fuese directora de televisión", y allí entendí que la fortaleza no viene de gratis, nada de esto viene de gratis, todo viene de la enseñanza y del ejemplo que yo vi en mi mamá. Ella cuenta que un día los camarógrafos se negaban a hacer lo que ella decía y entonces bajó hacia el noticiero del 8 y les dijo: "cámara uno, dos y tres, se salen del estudio, no pueden hacer eso, yo soy directora de esto, ustedes se me van". Era el noticiero, ancló las cámaras, las puso fijas y subió el Gerente de Prensa: "¿qué estás haciendo?" y ella respondió: "yo voy a hacer el noticiero sin cámaras" y así lo hizo.

¡Imagínate!

Sin camarógrafos, y de allí dijeron: "guaooo, esta las tiene bien cuadradas" (risas de ambos).

Y todavía, porque tu mamá tiene un carácter, pero eso la hace la mujer que es, esa mujer de la que tú

estás tan orgulloso, así como ella está muy orgullosa de ti también, Nelson. Y te voy a decir un poquito más del porqué ella y toda tu familia está orgullosa de ti.

Tu madre, Beatriz, dice: "estoy muy orgullosa de mi hijo, es el mejor hijo, el mejor hermano, el mejor padre"...

Me vas a dar por todos lados hoy ¿verdad? Estás sacando el bate de las emociones hoy.

Nooo, pero es que es cierto (entre risas). Es que yo me voy a atrever a decir que mejor amigo también, porque Nelson, tú has estado allí para mí como amigo, en muchas oportunidades me has visto llorar, me has escuchado, pero tu familia dice eso mismo.

¿Cuál ha sido el momento más difícil en familia?

Ha habido muchos, pero yo creo que la muerte de mi abuela materna, Margot; de esos momentos donde a mamá se le caía el mundo pues. Mi abuela vivía en Margarita, entonces bueno, había que buscar la forma de traerla y recuerdo que pude hablar con un amigo que nos ayudó a resolver todo eso y, a nivel familiar, fue como un momento muy especial donde, gracias a Diosito y a la Virgen del Valle, pude quitarles a ellos, a los hijos, a mis tíos, el peso de la responsabilidad de todo lo que tenían que hacer en ese momento para traerla y todo lo que eso significaba, para que vivieran y sufrieran su luto al ciento por ciento, pues. Son esos momentos en la vida donde uno dice "me toca a mí apoyarlos".

Pero a ti te ha tocado apoyar mucho a tu familia y, en el caso de tus hijos, más todavía, porque hubo

un momento, y fue en el año 1998, lo recuerdo muy bien, porque comenzamos nosotros a hacer *Atrévete a Soñar,* que tuviste que decidir ser papá y mamá. ¿Cómo fue ese momento de decidir "voy a ser papá y mamá de mis hijos"? Beatriz, tu hija, dice que ella recuerda, sobre todo, que en la casa no había muebles pero, su cuarto que compartía con Gabo, sí era el único lugar que tenía muebles...

¡La litera! Yo siempre he dicho que el divorcio es muy duro y, en mi caso, era más duro porque me estaba separando de los dos seres que yo he amado más en la vida, Beatriz y Gabriel, que son mis dos hijos. Tú me conoces, Mari, tú sabes que yo soy muy fastidioso, y cuando quiero algo soy muy terco y me enfoco mucho en las cosas. Bueno, yo todos los días le decía a Dios: "Diosito, está bien, entiendo el dolor del divorcio, pero el dolor de separarme de mis hijos no, regálame a mis hijos, regálame a mis hijos. (Se descubre el brazo izquierdo para mostrar su tatuaje de Beatriz) y lo que estoy haciendo es justamente para que vean, aquí está este tatuaje que es Bea y, del otro lado, está Gabo (descubre su otro brazo). Aquí están mis dos hijos, es la muestra de lo importante que son en mi vida. Entonces, yo les decía a mis hijos...

¿Son los únicos tatuajes que tienes?

Sí, son los únicos tatuajes. Bueno yo decía: "Diosito, regálame mis hijos, regálame mis hijos, regálame mis hijos", y yo creo que lo fastidié tanto que lo logré. Un día me regaló a mis hijos, un día recibí una llamada, yo estaba recién mudado a un apartamento vacío, con un colchón en el piso y un ventilador, no había ni nevera, y yo estaba... esto nunca lo he contado Mari, nunca, nunca... yo estaba en ese apartamento vacío y recibí una llamada telefónica de la mamá de mis hijos. Carolina me dijo: "ven a buscar a tus hijos"; era un miércoles, y yo le digo: "no, me tocan el fin de semana", y me dice: "no, los vienes a buscar, porque se van a vivir contigo definitivamente". Yo me acuerdo que yo estaba en ese momento en la Candelaria, en un sitio donde vendían los electrodomésticos muy baratos, comprando un microondas, porque en la casa no había nada y los reales me daban para comprar algo.

Claro, claro.

Yo estaba estacionando el carro y me guindé a llorar como un niñito, y dije "Gracias Diosito", fui a buscar a los chamos, me los llevé para la casa y compré una cava porque no había dónde meter el queso, agua, jamón, en fin, compré dos platicos, para tenerle sus platicos, y allí empezamos los tres durmiendo en nuestro colchón en el piso, con nuestra cavita para hacerles el sanduchito y llevarlos al colegio todos los días.

Era suficiente...

Era... era... un regalo de Dios tenerlos a ellos allí conmigo. Ya después, la siguiente quincena, fuimos y compramos la litera para metérselas en su cuarto, no había nevera, pero había litera. Empezamos de cero, poco a poco, luego compramos sus sabanitas y sus almohadas, después las toallas, y así cada quincena.

Yo me levantaba todos los días a las 5:30 am, los llevaba para el colegio, regresaba a la casa, les preparaba el almuerzo, después llevaba a Bea al ballet, después al fútbol, en el Ítalo. Gracias a Dios, en ese momento, había como un bajón de programas en Radio Caracas porque, justamente, me estaban cambiando de *Gente de la Mañana* para *Atrévete a Soñar* y lo que tenía era ensayos. Allí es donde vienen los regalos de Dios, los Ángeles que Dios nos pone, y recuerdo una gran amiga, Nathaly, que me llamaba y me decía: "¿gordito, en qué te puedo ayudar?" y Nathaly me ayudaba con la cena de los chamos. Mi mamá vivía en Margarita y un día me dijo: "¿gordito, cómo vas?" y le respondí: "yo no puedo más... (se quiebra, llora) pero yo no devuelvo a mis chamos, mis chamos pa´ atrás no van", y ella dejó todo, se fue de su Margarita, donde tenía su trabajo, su estabilidad, y se vino a vivir conmigo y los chamos. Así le echamos pichón, Beatriz tenía 9 años y Gabo tenía 5, ahora ella ya tiene 27 y Gabo 23.

Gabo, guapísimo, por ejemplo, bello, tan familiar como su padre. Bea ha pasado por mucho también, pero siempre ha tenido el apoyo de su papá. Bea vive ahora en Los Ángeles ¿no? ¿qué hace Bea en Los Ángeles?

Bea trabaja en sus sueños. Un día me dijo: "yo me agarré el nombre de *Atrévete a Soñar*, ¡que era nuestro programa Mari, nuestro programa! (risas de ambos).

Sí, yo también me lo agarré, no te preocupes.

Ahora las charlas que hago se llaman así: *Atrévete a Soñar*. Ese programa marcó tanto mi vida y yo siempre le he dicho a mis hijos: "tienen que hacer realidad sus sueños, no el mío, el de ustedes", así que un día me dijo: "papá, yo me voy a Los Ángeles y voy a hacer realidad mis propios sueños, yo quiero trabajar en televisión, en cine, en los medios de comunicación; lo quiero hacer en grande y este es el momento para hacerlo", así que está trabajando *freelance,* a destajo, en diferentes proyectos, salen video clips; el otro día trabajó en una película, como extra, en esas de tercera, con presupuesto de tercera...

Exacto, sin presupuesto.

Sin presupuesto, correcto, pero está trabajando por sus sueños, yo le he sembrado esas ganas y siempre le digo: "Beatriz, el día que vayas a recibir tu primer Oscar, recuerda que tú tienes una sola invitación".

Exactamente.

Esa invitación es para papá.

Es la de papá, es la de papá.

Ni lo pongas en duda (risas de ambos).

Pero es que, además, Beatriz también es *Gente que Motiva* porque tiene un padre maravilloso como Nelson Bustamante, una persona que todos conocimos, a través de las pantallas de RCTV y, como bien saben, fue también el encargado de hacer esa última transmisión.

Sí, allí estuvimos.

Un 27 de mayo, hace 9 años ya.

Así es.

Allí estuvimos y todavía está la esperanza, la fe. Por supuesto, ese trabajo, ese día fue tan impecable, porque fue toda tu carrera y lo seguirá siendo.

"Hay un corazón que grita".

"Hay un corazón que grita", y miren que sigue gritando porque un amigo es para siempre.

(Nelson ríe y se seca las lágrimas).

Durante la última transmisión de RCTV al aire ¿qué pasaba por tu cabeza? ¿Cuáles eran tus sentimientos?

Primero, no me lo podía creer. No creía que eso pudiese estar pasando en Venezuela y estar pasando en nuestras vidas. Como cuando uno ve esas películas y tú piensas "eso solamente ocurre allí" y cuando ocurre en tu propia vida, te quedas como "ya va, esto no pega con la realidad de Venezuela, no pega con nuestro país, no pega con el canal que le ha dado tanto al país". Aparte, un canal que me ha dado tanto a nivel personal, llegué 20 años atrás, con un cargamento de ilusiones y Radio Caracas me apoyó en todo para hacerlo realidad. Recuerdo que uno de los momentos más duros del cierre fue cuando me dijeron: "ya estamos por terminar", te tenía a ti al lado, a Camila, estaba Daniel Somaró, los ejecutivos de Radio Caracas, pero, detrás de cámara, estaba Carmen Victoria, nuestra productora, quien empezó a hacerme señas de que nos quedaba poco tiempo. Yo le pregunté al coordinador "¿cuánto falta?" y, cuando me dijo que nos quedaban 5 minutos, yo pensé "Dios, nos quedan 5 minutos de vida", y ya me habían dicho que el último en hablar iba a ser yo. Rogelio Jaua, "Ringo", nuestro jefe, ya me había dicho: "Nelson, por decisión de la directiva, el último en hablar serás tú, ese micrófono eres tú" y yo: "Dios, ¿qué digo?".

¡Qué responsabilidad!

Yo creo mucho en Dios y en mi Virgencita del Valle.

Yo pensaba "que sea lo que tú quieras, pero que sea con dignidad" y dije algo así como: "Venezuela, jamás, jamás pierdas la esperanza, nos vemos pronto". Ese "pronto" han sido ya nueve años.

Exactamente.

Ojalá que se acorte ese tiempo. Fue un momento tan fuerte. Yo no había querido ver esa despedida hasta que un día, luego de uno o dos años, alguien me la puso en YouTube "Últimos minutos de Radio Caracas Televisión al aire", y recuerdo que fue impactante verme diciendo esas palabras, yo sentía que era otra persona que estaba hablando...

Pero son palabras que están muy vigentes: "Venezuela jamás pierdas la esperanza". ¿Qué significa RCTV, hoy en día, para ti?

Yo digo que es mi futuro o es el futuro de Venezuela. Es un gran futuro, una gran esperanza. Yo estoy muy agradecido con la vida, aunque tú y yo hemos hablado de lo duro que han sido los cambios, lo duro de tener que dejar Venezuela. Tú y yo que somos venezolanos y sentimos tanto el dolor de Venezuela, pero los cambios nos ayudan a crecer y nos enseñan también a agradecer otras "casas".

En tu caso, CNN en español, o sea, con la gente que te brindó oportunidades. En mi caso, haber trabajado en Panamá, en Estados Unidos, ahora con Televen y esta nueva familia, pero el hecho de tener una nueva familia, no significa que uno no pueda decir que extraña a la otra. Yo digo que RCTV es un gran futuro que hace falta en Venezuela. Cuando se levante esa santa maría y mira, con estas dos manos quiero que suene así (haciendo el acto de subirla con las manos): "taca, taca, taca, taca" y que juntos digamos: "Venezuela, aquí estamos".

¡Aquí estamos!

Como debe ser.

Como siempre estuvimos, pero hablaste de cambios, cuando el cierre de Radio Caracas, te tocó empezar en otra etapa en tu vida, un nuevo país, una nueva realidad.

Y llorar a más no poder, porque hay algo que creo que tú y yo tenemos que decir en cámara y es que la gente, cuando te ve en CNN, piensa "oye, qué chévere que estás afuera en Miami triunfando". A mí, por ejemplo, cuando me ven afuera me dicen eso. Pero ambos sabemos que no hay nada más duro que el exilio, no hay nada más duro que dejar atrás tu tierra, tus recuerdos, tu familia, tu comida, el Ávila, la Virgen del Valle, comer pescadito frito con mi papá en Puerto la Cruz... es que no hay nada igual. Aparte del luto o de la muerte, lo más duro que puede existir es el exilio, por eso, los romanos o los griegos — no recuerdo bien quiénes eran— pero el castigo más grande, la sanción más grande, era el exilio, no era la muerte.

Estar afuera hace que nos sintamos más orgullosos de ser venezolanos, porque somos seres de éxito, estemos dónde estemos, y es allí donde uno celebra tus logros, Mariale, porque cuando tú ganaste el Emmy, toda Venezuela aplaudía.

Y cuando Nelson Bustamante ganó sus Emmys, toda Venezuela aplaudía también...

Pero nadie sabe que en el medio de todo eso hubo momentos de cuestionamiento, de incertidumbre. En mi caso, de volver a dormir, otra vez, en un colchón prestado, en un piso de Miami, que esto no lo sabe nadie Mari.

Un día, después de 10 meses viviendo en Estados Unidos, regresé a Venezuela y fui para tu cumpleaños, estaban todos mis amigos de Radio Caracas y yo te dije llorando: "Mari, yo no regreso a Estados Unidos, yo no me quiero ir más de Venezuela".

¿Y qué te dije yo?

"Tú te vas".

Tú te vas a ir, así te tenga que llevar al aeropuerto, saliendo de acá. Ya no tenemos Radio Caracas, vas a triunfar ahora afuera, si tú quieres te llevamos, porque tú vas a poner el nombre de Venezuela bien en alto.

Ujum, así mismo me lo dijiste.

Porque tienes talento, Nelson. Ojo, eso no quiere decir que tú no ames a Venezuela, todo lo contrario. ¿Qué significa Venezuela para ti?

Venezuela es todo. Venezuela es futuro, es esperanza, es posibilidades. Venezuela es un "Atrévete a Soñar" gigantesco, y tenemos que lograrlo entre todos. Lo hemos hablado, y tú sabes que yo siempre llevo las cosas al fútbol porque el fútbol ha sido un gran aprendizaje para mí; me enseñó a trabajar en equipo, me enseñó el esfuerzo, tener que entrenar para lograr lo que uno quiere; y yo digo que Venezuela es como una gran Vinotinto. El día que, entre todos los jugadores, nos pongamos de acuerdo para pasarnos el balón y hacer goles a otros equipos, en ese momento vamos a tener el éxito que nos merecemos como país pero... ¿tú te imaginas que, en la Vinotinto, no le pasaran el balón a Rondón, a Juampi o a Rincón?

Es un trabajo en equipo.

Es un trabajo en equipo y eso es Venezuela para mí, al estilo de la Vinotinto, donde todos marquemos gol, pero por Venezuela, a favor de Venezuela y que le ganemos al resto de los equipos.

¡Que seamos el mejor! Porque tenemos el potencial para serlo.

Porque cuando tú ves a una Mariale Requena o a jugadores de grandes ligas... cuando tú ves a todos nuestros grandes músicos, nuestros grandes artistas, grandes empresarios, tú ves todo y piensas "pero somos gente de éxito, ahora lo que falta es ponernos todos de acuerdo", claro, todo esto con el director técnico en el medio, ese es el que tiene que ponernos a todos a jugar para que marquemos gol en el equipo.

Es así, que nos dejen demostrar lo que podemos hacer, porque definitivamente hay mucho talento. Ahora Nelson, ¿por qué hay que atreverse a soñar?

Para mí, los sueños son la base de todo y, en esta gira de charlas, he aprendido tanto de los jóvenes de Venezuela. Nuestros sueños son el norte y cuando tú tienes ese norte bien claro, la vida te va llevando como un GPS hasta llegar a esa meta. En mi caso, los sueños han sido tan maravillosos, me han regalado la oportunidad de conocer a gente única, de trabajar en Radio Caracas, en Televen. Siempre les digo a los muchachos en las charlas que no es solo atreverse a soñar, sino a soñar en grande y a cumplirlos.

Exactamente.

No le pongas límites a tus sueños porque no sabes cómo la vida te va a sorprender. También comento en las charlas que hay un solo lugar llamado Disney y está allá en Orlando o en las películas, pero la vida real no es Disney, o sea, que no estoy diciendo "atrévete a soñar" y viene Disney, no. La vida no es Disney, la vida es trabajar con un bate durísimo, una vez que tú crees que tienes éxito, vuelve a darte con un bate y de allí te vas a levantar otra vez, pero que tu sueño sea el norte. Hay gente que me dice también "pero hay cosas que son imposibles" y yo les respondo que eso lo descubrirán en el camino.

Claro, totalmente.

Trabaja por ello y disfrútalo. En mi caso, que siempre fui centro delantero ¿cuántas veces crees que fallé el gol?

Muchas veces.

Bastantes, pero las veces que marqué gol, lo disfruté muchísimo y, mientras lo intentaba, lo iba disfrutando. Ese es mi consejo, disfrutar el camino mientras se busca el objetivo.

¿Tú soñaste, en algún momento, con ganarte un Emmy? Ya llevas cuatro ¿no?

Lo soñé, sí lo soñé, porque hubo un momento en que varias personas me dijeron que yo no serviría para esto, y creo que ese es uno de los mayores impulsos que uno puede tener. Cuando te dicen que "no", porque eso pica y nosotros los venezolanos somos picados y es sabroso porque te pica pero en positivo, te dicen "no puedes, tú no vas a servir para ser presentador", y yo dije "pues mírame cómo lo hago".

Hay mucha satisfacción detrás de esto, por haberlo logrado, pese a lo que te dijeron, satisfacción interna de saber que lo estás logrando, de hacer sentir orgullosa a tu familia. Cuando tú entras a la casa de mi papá, ves que está forrada de periódicos, donde estamos mi hermana, mi hermano y yo, entonces eso es orgullo. Mi mamá está orgullosa, mis hijos están orgullosos, no hay nada más hermoso que eso.

¿Con qué sueña Nelson Bustamante?

Yo sueño con una Venezuela de posibilidades, una Venezuela... y lo digo sin ánimos de ponernos en cosas políticas, pero cuando uno vive en el exilio, uno aprende mucho y vivir en el primer mundo te enseña cosas del primer mundo, entonces, sueñas con una Venezuela, no de cuarta ni de quinta, yo sueño con una Venezuela de primer mundo.

Así debe ser para todos. Nelson, tú no sabes lo bonito que ha sido para mí hacer este programa junto a ti, ¡qué honor! (se toman de la mano).

¡Gracias!

De verdad, eres de esas personas que siempre nos han motivado a seguir adelante, que cuando tengo un problema sé que puedo contar contigo y, aunque he guapeado toda la entrevista para que no se me salgan las lágrimas, me siento más orgullosa que

nunca de ser tu amiga, porque eres un venezolano de esos que quiere bonito a Venezuela. Gracias por tanto.

Y te quiero...

Te quiero tricolor con estrellas y todo (risas de ambos).

Te quiero tricolor con estrellas y todo.

Gracias por tanto.

Y gracias a mi equipo maravilloso por este regalo el día de hoy y a esta casa maravillosa, a esta familia de Televen.

Y a Venezuela por tanto cariño.

Sí.

Así que ustedes pueden ser "Gente que Motiva". Te quiero.

Te quiero...

[En un abrazo termina el programa.]

Índice

Dedicatoria **3**
Agradecimientos **4**
Introducción **7**
Prólogo 1 **12**
Prólogo2 **14**

Ana María Simón 16
Jalymar Salomón 34
Laureano Márquez 46
Leonardo Padrón 64
María Alejandra Requena 80
Amílcar Rivero 96
Kiara 110
Luis Chataing 126
Sergio Novelli 142
Valentina Quintero 156
Ramón, Moncho, Martínez 168

Carlos Rodríguez: Rafucho 190
Mónica Pasqualotto 202
Rosario Prieto 218
Víctor Drija 234
Annarella Bono 248
Luis Olavarrieta 262
Raúl González 278
Carlos Cruz 294
Carlos Fraga 308
Nelson Bocaranda 324
Juan Carlos García 336
Osman Aray 350
Josemith Bermúdez 362
Gustavo Aguado 374
Camila Canabal 390
Carlos Mata 406
Epílogo: Bonus Track 418

Este libro se imprimió

en el mes de abril de 2019

en Tampa, Florida.